中青年经济与管理学者文库

经济政策不确定性：
社会资本与公司债务政策

李 余 肖作平 李 红 著

中国财经出版传媒集团
中国财政经济出版社

图书在版编目（CIP）数据

经济政策不确定性：社会资本与公司债务政策／李余，肖作平，李红著． －－北京：中国财政经济出版社，2023.7

（中青年经济与管理学者文库）
ISBN 978 - 7 - 5223 - 2188 - 2

Ⅰ．①经… Ⅱ．①李… ②肖… ③李… Ⅲ．①中国经济 - 经济政策 - 研究 Ⅳ．①F120

中国国家版本馆 CIP 数据核字（2023）第 073961 号

责任编辑：高文欣　康婧琳　　　责任印制：党　辉
封面设计：智点创意　　　　　　责任校对：张　凡

经济政策不确定性：社会资本与公司债务政策
JINGJI ZHENGCE BUQUEDINGXING：
SHEHUI ZIBEN YU GONGSI ZHAIWU ZHENGCE

中国财政经济出版社 出版

URL：http://www.cfeph.cn
E - mail：cfeph@ cfeph.cn

（版权所有　翻印必究）

社址：北京市海淀区阜成路甲 28 号　邮政编码：100142
营销中心电话：010 - 88191522
天猫网店：中国财政经济出版社旗舰店
网址：https：//zgczjjcbs.tmall.com
北京财经印刷厂印刷　各地新华书店经销
成品尺寸：148mm×210mm 32 开　8.125 印张　206 000 字
2023 年 7 月第 1 版　2023 年 7 月北京第 1 次印刷
定价：38.00 元
ISBN 978 - 7 - 5223 - 2188 - 2
（图书出现印装问题，本社负责调换，电话：010 - 88190548）
本社质量投诉电话：010 - 88190744
打击盗版举报热线：010 - 88191661　QQ：2242791300

策划人语

题记：一个人的精神成长史，取决于他的阅读史。只有阅读能最有效地培养精神生活习惯，而好的习惯又培养性格，性格决定人生。

——我们自豪，因为我们就是创造这精神产品的人。

选择了飞翔，总能看到蓝天；选择了远航，总能感受大海。人生不仅要作出选择，也要坚持住自己的选择。学会计、当编辑是我的意外选择。人说编辑是为人作嫁，可是这一选择我坚持了30年，苦在其中，乐在其中，也算是有声有色。每当我把一本本好书呈献给人们的时候，我觉得我是"富贵"的人：富，不是你身上的钱财，而是你心里的满足；贵，不是你地位的显赫，而是你被人需要的程度。

书海探寻，情怀永恒

　　我要说，做编辑我幸运，因为我不仅是第一个读者，可以对作品"品头论足"，也可以对作品"生杀予夺"；更重要的是，这是一个有很高层次的平台，在多年与名家的交往和名著的"对话"中，深深地为他们的人格和才学所感动，被作品的精彩所吸引，这不仅使我"下笔如有神"，更使我的思想和灵魂也受到一次次洗礼和震撼，得到一次次升华。对于我的作者我的书，如数家珍，作者中不乏才学和为人同样过人的多位泰斗和"颜值高责任大"的众多才子佳人；策划的作品不仅立足专业还兼顾人文，也是情怀所在，专业加人文路才会更宽更远。

　　多年的体会是，作为一名编辑，起码要"三心二意"，即"责任心、细心、耐心"和"服务意识、创新意识"。要多策划一些拳头产品，用一个选题推动一个系统工程，用一个系统工程培养一个出版社品牌。给新入职编辑讲座时我做过一个比喻：编辑两项基本功，审稿——甚至要比博导审批学生论文还要全面、细致；选题策划——要像电影导演一样做"星探"，善于发现优秀作者和挖掘好的原创作品。记不清 30 年来我策划和编辑了多少书，组织和策划了大批教材、业务培训用书、通俗读物、理论专著等，有的获得过国家、省部级各类奖项，有的以其填补空白、社会热点、风格新颖、开拓尝试等特点受到读者的欢迎。正是：

　　一入书门情似海，

　　探寻经典职责在。

　　苦辣酸甜何其乐，

　　编辑人生也精彩。

想是问题，做是答案

　　众所周知，目前的图书出版业在行业竞争和纸质图书受到严重冲击的情况下，出版人无不感到莫大的危机。在这种背景下，我们还要积极应对，完善纸质图书的固有特质，拓宽纸媒的功能，挖掘出版内容和形式都精彩的原创作品，适应新形势下读者的更高需求。2017 年至今，在新的时代环境下不断出新，我又策划了多套系列丛书和单本图书，不乏名家著作、教材、学术专著和实务丛书等，继续为扶持学术研究和总结实践最新成果，在高端研究与专业知识普及和应用之间搭建一座座有益的桥梁。

每一个时代的经济环境不同，理论研究和实务探索所需要解决的问题也有所差别。当前我国处于新的历史时期，市场环境和组织模式不断演变发展、推陈出新，经济、管理、财税等领域的新理论、新思想、新方法、新工具也层出不穷。乱花渐欲迷人眼，击水三千浪几何？这些领域的研究人员被时代赋予了更艰巨的责任，也面临着更高、更多元的要求，我们不仅要具备更广阔的学术视野，而且要有更严谨的学术思维。

输在犹豫，赢在行动

《中青年经济与管理学者文库》的作者，都是我国经济与管理领域的中坚力量，也是未来的大家。他们中有些人潜心从事理论研究，有些人则深耕在实务一线，但无论现实身份如何，视野全都没有被拘泥在"象牙塔"内。他们从不同视角对市场经济的不同要素进行细致审视，然后汇聚于"财经版"这面旗帜之下，相互碰撞，彼此激荡，力求在市场经济转型升级的关键时期留下最新鲜的"中国印记"。

这些经济与管理领域的中青年学者，就是我国市场经济发展的潜力与优势，他们的研究成果，不仅将引领市场经济的各个组成环节向更科学、更先进的方向发展，而且将成为我国政府和企业在未来经济世界扮演更重要角色的支点与动力。祝愿这些中青年学者能攀上更高的学术之山，走向更远的研究之路，也期待宏观、中观、微观各个层面的市场参与者都能从这套文库中得到切实的启发与指引，在全面深化改革、增强发展活力的关键时期，发挥正能量和积极作用，为经济社会发展增添新的动力！——这也是我策划此套丛书的初衷。

经济政策不确定性：社会资本与公司债务政策

作始也简，毕也必巨

2021年，是一个非凡之年，纵观世界风云，抗击疫情"风景这边独好"，"十四五"规划开局，我们喜迎建党百年。"其作始也简，其将毕也必巨。"从"开天辟地""改天换地"到"翻天覆地""惊天动地"，我们党经历了四个历史时期——救国大业、兴国大业、富国大业、强国大业，四件大事铸就了中国共产党百年辉煌。我们不禁感叹——风雨百年创辉煌，"天地"之间"有杆秤"。

2021年，还是一个纪念之年，出版社成立65周年和我从事编辑工作30周年。65年来，财经出版社始终坚持正确的舆论导向和鲜明的出版特色，努力为经济建设和财政工作服务，致力于为读者奉献经典作品，在中国财经出版传媒集团旗下发挥着更大的作用，取得更大的成就。作为一个有着20多年党龄的党员，我是生在新中国长在红旗下的幸运的一代，怀着对党无限的热爱和感恩，浓情做事、淡泊做人，用30年的情怀和坚守见证了出版业的转型，践行了编辑的天职，向党递交一份努力的答卷。

2017年策划出版《中青年经济与管理学者文库》至今已五年，得到了众多中青年学者的热烈响应与大力支持，文库诞生至今已囊括专著60余种，为中青年学者们提供了展示学术研究成果的平台，作者队伍不断壮大，作品陆续出版。如果您认可，如果您有意愿，欢迎您和您的朋友加盟我们的作者队伍！在中国财经出版传媒集团的"旗舰"下，中国财政经济出版社这"老字号"，一定励精图治，谱写新的篇章。敬请关注"龙媒玉制新书坊"微信公众号，我们用"龙的精神，玉的品质"来助力您实现梦想！

 **策划人：樊清玉**
邮箱：qingyuf@sina.com
2021年12月31日

　　银行贷款和商业信用融资是公司获取外部融资资金的主要方式,公司债务融资一直是财务学研究的热点和难点议题。银行贷款和商业信用融资的设计和安排可能受到外部金融环境和制度环境等的影响,而基于宏观经济环境中最重要的影响因素,从经济政策不确定性视角(一种基于当前经济政策不确定性对未来经济政策的判断)和社会资本视角(一种非正式制度环境)研究公司债务融资则是近年来财务学研究领域的前沿课题。本书在对公司债务融资影响因素相关实证研究文献进行综述回顾的基础之上,对中国民营上市公司的融资制度背景进行全面地剖析,对社会资本的发展脉络、定义内涵和度量方法进行详细地阐述,结合中国融资制度背景构建适合中国上市公司的社会资本综合度量指标体系,并对上市公司社会资本的指数特征进行深入地分析。基于中国特殊的融资制度背景,研究宏观经济因素(经济政策不确定性)、社会资本如何影响公司债务融资,以及经济政策不确定性与公司债务融资之间的关系如何受社会资本的影响。

　　本书基于沪深两市A股上市民营企业组成的非平衡面板数据为样本,运用OLS回归、固定效应回归等静态估计技术,系统

GMM动态估计技术，检验经济政策不确定性、两个维度的社会资本如何影响公司银行贷款（贷款总额、贷款期限、贷款利率、贷款方式和贷款偏离度）和商业信用融资（商业信用模式、商业信用获取、商业信用供给、净商业信用），以及两个维度的社会资本能否有效地抑制经济政策不确定性上升对民营企业银行债务融资、商业信用融资的负面影响。全书主要内容为前6章，第7章为研究结论与展望：

第1章为绪论，论述研究背景和研究意义，通过归纳和总结研究文献，形成研究思路和研究框架。

第2章文献综述梳理和归纳了经济政策不确定性、社会资本与债务融资方面的研究文献。

第3章关键指数的设计、度量及有效性评价采用因子分析法对社会资本的两个层面（高管社会资本和区域社会资本）进行度量和分析；采用滚动回归分析法构建影响经济政策不确定性指数，并对分析结果进行有效性评价。

第4章经济政策不确定性与债务融资的实证研究构建了经济政策不确定性如何影响企业债务融资的模型，并进行了经济政策不确定性与债务融资（商业信用融资和银行债务融资）各变量之间的静态估计分析，借以探讨经济政策不确定性对债务融资（商业信用融资和银行债务融资）各变量之间的影响是否受到上一期各被解释变量的影响，以及被解释变量之间是否具有正负向的累计效应。

第5章社会资本与债务融资的实证研究构建了社会资本影响企业债务融资的模型，并展开了社会资本与债务融资（商业信用融资和银行债务融资）各变量之间的静态估计分析，借以探讨社会资本对债务融资（商业信用融资和银行债务融资）各变量之间的影响是否受到上一期各被解释变量的影响，以及被解释变量之间是否具有正负向的累计效应。

第6章经济政策不确定性、社会资本与债务融资展开了对经济政策不确定性与债务融资行为（商业信用融资和银行债务融资）各变量之间的静态估计分析，以及经济政策不确定性、社会资本与债务融资行为（商业信用融资和银行债务融资）各变量之间的静态和动态估计分析，探讨经济政策不确定性、社会资本对债务融资（商业信用融资和银行债务融资）各变量之间的影响是否受到上一期各被解释变量的影响，以及被解释变量之间是否具有正负向的累计效应。

本书的主要研究结论如下：

（1）经济政策不确定性越高，民营企业获得银行贷款总额越少、贷款期限越短、贷款利率越高、贷款偏离度越大且贷款担保方式越严格；民营企业使用高成本商业信用融资模式的比例越高、获取商业信用融资的金额越少、对外提供的商业信用融资金额越多、净商业信用融资金额越少。

（2）两个维度的社会资本越高，企业获得银行贷款总额越大、贷款期限越长、贷款利率越低、贷款偏离度越小且贷款担保方式越宽松；企业使用高成本商业信用融资模式的比例越低、获取商业信用融资的金额越多、对外提供的商业信用融资金额越少、净商业信用融资金额越多。

（3）两个维度的社会资本越高，越有助于抑制经济政策不确定性对企业获得银行贷款总额和贷款期限的负向影响，有助于削弱经济政策不确定性对贷款利率、贷款偏离度的正向作用，有助于降低经济政策不确定性对贷款担保方式的要求标准。经济政策不确定性对使用高成本商业信用融资模式的正向影响作用减弱、对获取商业信用融资负向影响作用减弱、对外提供的商业信用融资正向影响作用减弱、对净商业信用融资负向影响作用减弱。

第1章	绪论 …………………………………………（1）
1.1	研究背景和研究意义 …………………………（1）
1.2	研究目标和研究内容 …………………………（4）
1.3	研究方法和技术路线 …………………………（9）
1.4	研究创新和研究贡献 …………………………（10）
第2章	文献综述 ……………………………………（13）
2.1	经济政策不确定性和金融市场 ………………（19）
2.2	非正式社会制度和金融市场 …………………（25）
2.3	文献评述 ………………………………………（32）
第3章	关键指数的设计、度量及有效性评价 ………（34）
3.1	经济政策不确定指数的概述、度量及有效性评价 …………………………………………（34）
3.2	社会资本指数的构建、度量及有效性评价 ……（38）
3.3	本章小结 ………………………………………（60）
第4章	经济政策不确定性与债务融资的实证研究 …（62）
4.1	引言 ……………………………………………（62）
4.2	研究样本和研究假设 …………………………（63）

1

  4.3 实证结果与分析 ………………………………（69）
  4.4 本章小结 ………………………………………（85）

第5章 社会资本与债务融资的实证研究 ………………（86）
  5.1 引言 ……………………………………………（86）
  5.2 理论分析与研究假设 …………………………（87）
  5.3 研究样本和研究设计 …………………………（91）
  5.4 实证结果与分析 ………………………………（96）
  5.5 本章小结 ………………………………………（128）

第6章 经济政策不确定性、社会资本与债务融资 ………（129）
  6.1 引言 ……………………………………………（129）
  6.2 理论分析与研究假设 …………………………（130）
  6.3 研究样本和研究设计 …………………………（133）
  6.4 实证结果与分析 ………………………………（139）
  6.5 稳健性检验 ……………………………………（188）
  6.6 本章小结 ………………………………………（218）

第7章 结论与展望 ………………………………………（220）
  7.1 主要研究结论 …………………………………（220）
  7.2 主要研究创新点 ………………………………（221）
  7.3 主要研究贡献 …………………………………（223）
  7.4 政策性启示 ……………………………………（223）
  7.5 研究局限与未来研究展望 ……………………（225）

参考文献 ………………………………………………………（227）

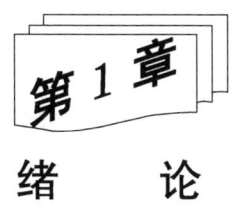

绪 论

1.1 研究背景和研究意义

1.1.1 研究背景

Allen et al.（2005）提出在资本市场成熟的发达国家，法律制度对金融体系具有显著的促进作用，国家法律制度越完善，金融体系越发达，经济增长越强劲。相对于发达国家，虽然中国存在法律制度不健全，金融体系不发达等问题，但经济始终保持高速增长，其原因是中国民营企业的非正式社会制度（主要是政企关系）可以在一定程度上弥补法律保护机制缺失所造成的影响，从而促进民营企业获得更多的外部融资。Durlauf（2002）的研究表明，社会资本作为一种重要的非正式社会制度形式，主要依靠社会关系网络将经济资源连接成一个有机的整体，从而形成一个资源共享和互利合作的机制。

在银行债务融资的研究文献中，大多数国内外学者从微观层面的公司治理、所有权性质、高管个人特征和股权结构等方面研究影响银行债务融资的因素，很少有学者研究宏观层面的经济政策和经济现象对微观财务行为的传导机制。企业高层管理者会对未来的经济政策不确定性做事前的判断，从而影响企业在银行债务融资、商业信用融资、存货购买、现金持有量和资产结构等方面的决策行为（饶品贵和张会丽，2015；李青原等，2015；张永冀和孟庆斌，2016）。国外的文献在高管社会资本对企业融资的研究中，更多关注高管间的相互信任对企业交易成本和投融资效率的影响（Bromiley，1995；Ding et al.，2015；Gupta et al.，2018）。然而目前尚未有学者研究经济政策不确定性、社会资本对民营企业的商业信用融资和银行债务融资的作用机理。在预期经济政策不确定性上升的宏观经济环境中，企业所具有的社会资本能否有效地抑制经济政策不确定性上升对商业信用融资和银行债务融资所带来的负面效应？社会资本越高的企业，是否获得的商业信用融资成本越低、商业信用获取越多、商业信用供给越少和净商业信用越多？社会资本越高的企业，是否获得的银行贷款总额越大？

上市公司的融资能力很大程度上影响了公司在资本市场上的价值和对外投资能力，而公司股票价格是公司价值和再投资能力最显著的衡量指标。沈坤荣和谢勇（2012）、Gilchrist et al.（2014）等学者从信贷资金的角度出发，研究认为经济政策不确定性是通过信贷信息差等渠道影响企业投资水平，进而影响企业价值和股票市场价格。邱兆祥和刘远亮（2010）从银行业角度出发，研究经济政策不确定性对商业银行发放贷款的影响。当经济政策不确定性显著增强时，银行对企业发放贷款数量会显著降低。同时，企业获得的银行信贷资金显著减少，且对外投资能力显著减弱。非正式社会制度（社会资本）对民营企业的融资能力也具有显著的影响，且间接影响公司的市场价值和股票价格。Colla 和 Mele（2010）从资本市场交易者的社会关系网络的信息传导路径视角来研究社会资本对股票价格、数量和股价波动性等方面的影响，研究认为资本市场交易背后是关联信息的相互交织，交易者之间复杂的社会网络是资本市场信息传导的重要渠道和纽带，通过社会网络传导的信息会显著影响股票市场的交易量和股票价格。对于上市公司而言，不同的融资结构传递的公司经营状况信息明显不同。以银行贷款模式为主的公司，表明经营业绩指标已经过银行等金融机构的严格审核，进而获得较多的银行贷款；以商业信用融资模式为主的公司，表明经营业绩指标不好，无法通过银行等金融机构获得融资，只能通过商业信用获取等方式占用供应商的资金间接获得融资。

基于上述分析，本书以我国 A 股上市民营企业为研究样本，从经济政策不确定性的视角探讨社会资本对债务融资的影响机理。本书主要就以下几个问题进行深入的分析和探讨：首先，在经济政策不确定的宏观环境下，不确定性是否会显著影响我国民营上市公司的银行贷款和商业信用融资；其次，高管社会资本和区域社会资本能否有效抑制经济政策不确定性对债务融资的负面影响。

1.1.2 研究意义

在公司金融和公司财务管理的研究领域中，公司债务融资理论一直是公司财务研究领域的重要课题和研究难题，一直备受经济与财务领域学者的关注。20 世纪 70 年代，Jensen 和 Mecking（1976）首次提出公司债务融资研究领域的核心理论——代理理论，其研究表明公司股东与债权人之间会产生严重的利益冲突，由于公司管理层受雇于董事会和股东大会，所以公司管理层会采取与公司股东利益相一致的企业经营行为，这些行为通常会损害债权人的经济利益。Fama 和 Schwert（1977）的研究表明，公司管理层从债权人获得债务融资后，更倾向于将资金投放到获利能力强的高风险项目，如果高风险项目获利能力较强，股东和管理层将会成为主要受益者，如果高风险项目获利能力较弱，资金损失的风险将显著增加，债权人的利益会受到严重的损害。

随着债务融资领域研究的不断拓展，研究人员逐渐认识到原有的债务融资契约化理论存在许多的不足之处，即没有将一些对债务融资具有重要影响的非正式社会制度和宏观经济影响因素纳入研究范围。社会资本作为一种典型的非正式社会制度，对企业的债务融资行为和企业绩效具有显著的影响（Stam et al.，2014；游家兴和邹雨菲，2014；Javakhadze et al.，2016；Skousen et al.，2018）。

如何选择适合企业不同经营环境下的融资方式是管理者最为关心的问题之一（郭斌，2005）。银行债务融资作为企业最重要的融资方式，其融资能力和效率对企业的生产运作、持续经营能力和股权融资策略都具有重要的影响（Davydov，2016；Zemzem et al.，2017）。在经济政策不确定性上升时期，加强企业社会资本的构建，将能有效地降低银行信贷融资成本，增强银行信贷融资能力，从而缓解企业的资金压力。本书不仅从理论上研讨了社会资本、经济政策不确定性对债务融资的作用机理，而且从实践上有助于我们了解民营企业构建社会资本的现实意义，进而对缓解民营企业融资难和融资贵等问题提供理论依据。

1.2　研究目标和研究内容

1.2.1　研究目标

本书的研究目标在于深入研究我国当前的宏观经济现象（经济政策不确定性）、非正式社会制度理论（社会资本）对公司财务行为的影响机制。第一，考察非正式社会制度对公司的商业信用融资和银行债务融资的影响机理，将社会资本分为宏观层面（区域社会资本）和微观社会资本（高管社会资本）两个层面，并将两个层面的社会资本与商业信用融资和银行债务融资分别进行静态和动态回归分析。第二,根据宏观经济因素对微观财务行为影响的研究理论,本书重点考察基于我国经济政策不确定性对民营企业债务融资行为的作用机理。第三,考察经济政策不确定性、非正式社会制度(社会资本)的交互项对公司的商业信用融资和银行债务融资的影响机理,深入探究在我国经济政策不确定性上升的情况下,民营企业构建自身所具有的社会资本能否有效地抑制经济政策不确定性上升对企业融资行为的不利影响。

本书结合中国当前的宏观经济形势,对经济政策不确定性、社会资本以及经济政策不确定性和社会资本的交互项与债务融资的关系进行实证分析和检验,从而全面认识社会资本、经济政策不确定性对公司债务融资方式选择的影响机理,有助于公司管理层在经济政策不确定性上升的情况下,选择有利于公司发展的融资方式。

具体目标包括:

第一,检验经济政策不确定性对债务融资的作用机理。

第二,检验企业高管社会资本和区域社会资本对债务融资的作用机理。

第三,检验经济政策不确定性和社会资本两个维度代理变量的交互项对债务融资的作用机理。

1.2.2 研究框架

本书具体的研究内容可见框架图 1-1。

1.2.3 研究内容

根据上述的研究思路,本书共安排了 7 章研究内容,具体安排如下:

第 1 章为绪论,主要阐述了在我国经济政策不确定性日益上升的宏观经济背景下,社会普遍预期未来经济政策不确定性持续上升

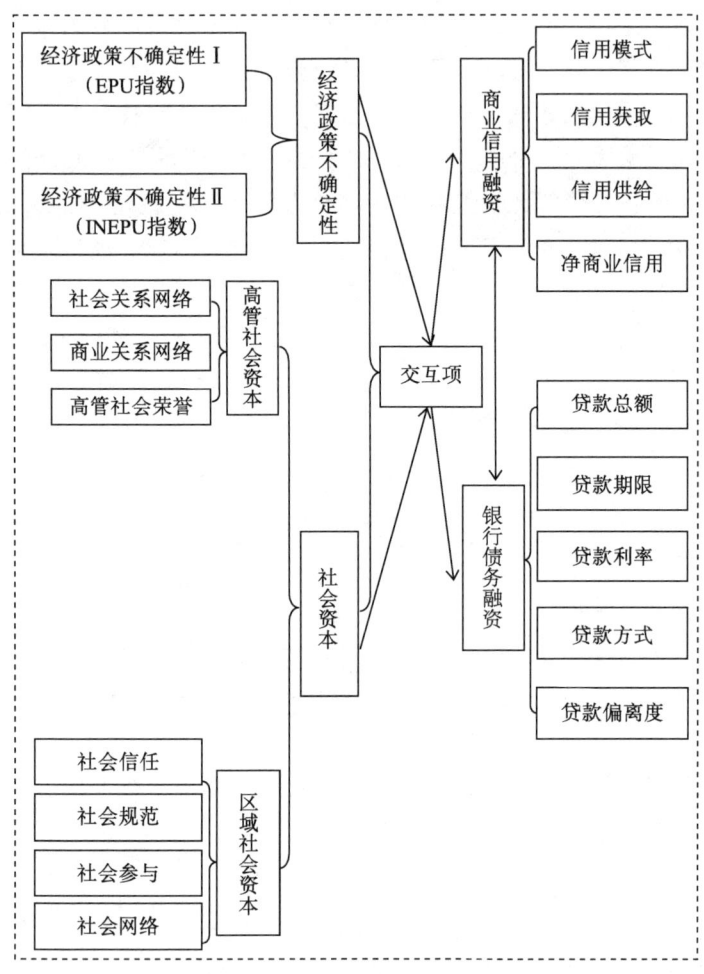

图 1-1 研究思路与研究内容

如何对企业债务融资行为产生影响？企业所具有两个层面的社会资本能否有效地抑制经济政策不确定性上升对企业债务融资行为产生的影响？通过归纳和总结涉及上述两个问题的研究文献，形成研究思路和研究框架。

第 2 章梳理和归纳了经济政策不确定性、社会资本与债务融资方面的研究文献。通过对已有文献的分析,理清研究思路和研究假设,并确定经济政策不确定性指数分别采用基于 Baker et al. (2016) 发布的中国经济政策不确定性指数和中国物价指数滚动回归法计量;社会资本采用主成分分析法(因子分析法)分别计量高管社会资本和区域社会资本。

第 3 章采用因子分析法对社会资本的两个层面(高管社会资本和区域社会资本)进行度量和分析,并对分析结果进行有效性评价;同时,采用基于 Baker et al. (2016) 发布的中国经济政策不确定性指数和中国物价指数滚动回归法计量经济政策不确定性指数,并对分析结果进行有效性评价。

第 4 章构建经济政策不确定性与债务融资的模型,并对经济政策不确定性与债务融资(商业信用融资和银行债务融资)各变量之间实施静态和动态估计分析。

第 5 章构建了社会资本影响企业债务融资的模型,并通过社会资本与债务融资行为(商业信用融资和银行债务融资)各变量之间的静态估计分析,探讨两个层面的社会资本(高管社会资本和区域社会资本)与企业债务融资(商业信用融资和银行债务融资)各变量之间的相关性关系。同时,通过对社会资本与债务融资行为(商业信用融资和银行债务融资)各变量之间的动态估计分析,探讨社会资本对债务融资(商业信用融资和银行债务融资)各变量之间的影响是否受到上一期各被解释变量的影响,以及被解释变量之间是否具有正负向的累计效应。

第 6 章构建了经济政策不确定性、社会资本与企业债务融资行为的模型,并对经济政策不确定性与债务融资行为(商业信用融资和银行债务融资)各变量之间开展静态估计分析,通过对经济政策不确定性、社会资本与债务融资行为(商业信用融资和银行债务融资)各变量之间的静态估计分析,探讨两个层面的社会资本(高管社会资本和区域社会资本)是否能够抑制经济政策不确定性上升对企业债务融资（商业信用融资和银行债务融资）各变量之间的影响。同时，通过对经济政策不确定性、社会资本与债务融资行为（商业信用融资和银行债务融资）各变量之间的动态估计分析，探讨经济政策不确定性、社会资本对债务融资（商业信用融资和银行债务融资）各变量之间的影响是否受到上一期各被解释变量的影响，以及被解释变量之间是否具有正负向的累计效应。

第 7 章为结论与展望。内容包括：本书主要研究内容的概括和总结、研究结论和研究不足之处，以及未来可拓展的研究领域和研究规划。通过对以上内容的概括和总结，制作本书的研究内容框架，如图 1-2 所示。

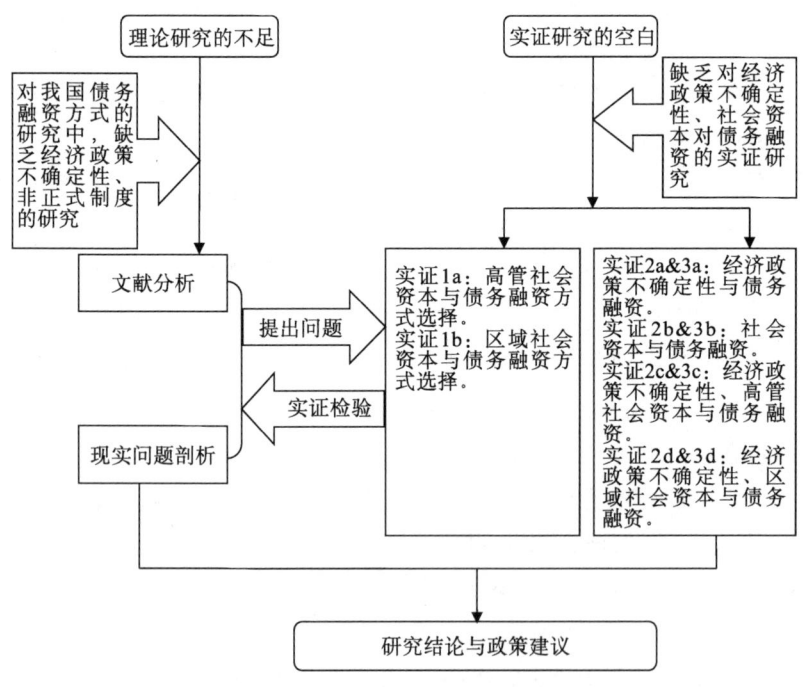

图 1-2 研究思路与研究内容

1.3 研究方法和技术路线

1.3.1 研究方法

本书的研究内容是一项涉及到宏观经济学、社会科学和公司财务学的多学科研究课题,将采用经济学、金融学、统计学、社会学和财务学等相关领域的前沿研究方法。主要的研究方法包括:

(1) 文献研究法。本书需要全面阅读和梳理国内外相关领域的最新研究文献,深入分析国内外相关领域的最新研究动态和研究方法。根据数据的可获得性和真实性等原则,选取符合我国基本国情的研究变量,提出研究的创新性和研究贡献。

(2) 比较研究法。通过全面归纳和总结国内外对经济政策不确定性、社会资本、债务融资的度量方法,本书拟采用基于Baker et al. (2016) 发布的中国经济政策不确定性指数和中国物价指数滚动回归法计量经济政策不确定性指数,并结合中国的融资环境、社会资本结构和数据的可获得性原则对各类社会资本指标进行对比研究,找到一套最符合衡量我国社会资本结构的指标体系。

(3) 实证研究法。本书的实证方法主要是固定效应回归分析法、系统GMM动态面板分析等静态回归分析技术;社会资本指标衡量方法采用主成分分析方法(因子分析法);经济政策不确定性衡量方法主要采用滚动回归法。

1.3.2 技术路线

本书的研究技术路线可用图1-3加以概括。

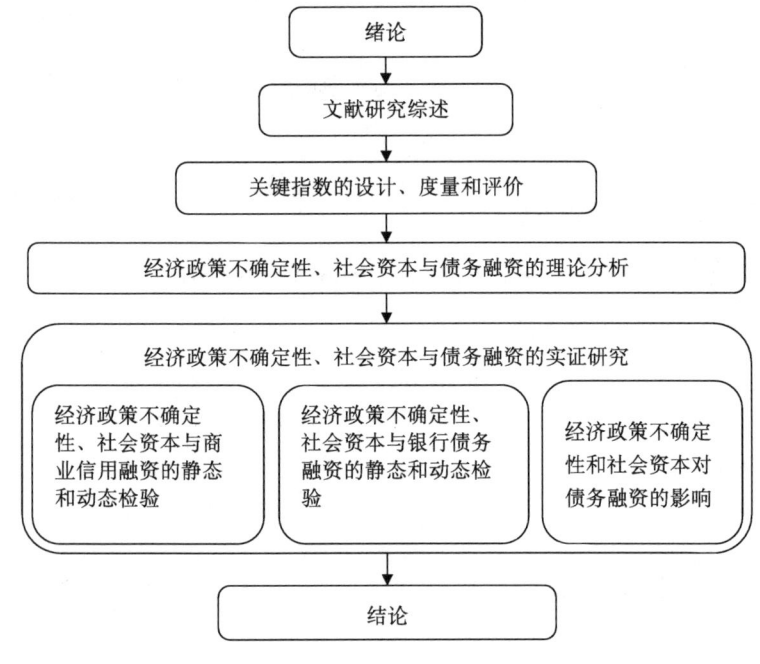

图1-3 技术路线

根据图1-3可见,本书的技术路线可归纳为以下9个步骤:①绪论→②文献研究综述→③关键指数的设计、度量和评价→④经济政策不确定性、社会资本与债务融资的理论分析→⑤提出研究假设→⑥构建面板数据的静态和动态计量模型→⑦确定研究样本和数据范围→⑧实证结果分析→⑨研究结论、创新点和政策建议。

1.4 研究创新和研究贡献

1.4.1 研究创新

本研究的创新主要体现在:

第一，本书在探讨影响债务融资的因素层面进行了创新，从宏观经济（经济政策不确定性）视角开展债务融资研究，并把社会学领域的社会资本和财务学领域的股价波动性纳入研究框架，构建了一个经济政策不确定性、社会资本与债务融资关系的理论框架，利用因子分析法、滚动回归、静态面板分析和动态 GMM 分析等方法将宏观经济现象（经济政策不确定性）、社会资本等现有研究所忽略的因素引入到债务融资研究模型中，丰富和完善了已有的研究成果。

第二，本书在研究社会资本和债务融资研究对象层面进行了创新，突破了社会资本衡量指标的局限，将微观层面（高管社会资本）的衡量指标体系拓展至三个维度，将宏观层面（区域社会资本）的衡量指标体系拓展至四个维度，逐一考察不同层面社会资本对债务融资（银行贷款融资和商业信用融资）的影响关系。首先，本书明确了社会资本是否有效抑制不良宏观经济现象（经济政策不确定性上升）对微观财务行为（债务融资）的负向传导机制问题。目前，虽然从宏观经济的视角研究公司财务行为是一大热点，但是国内外几乎没有学者从社会资本的视角研究其成为不良宏观经济现象与微观财务行为之间的"防火墙"作用。

第三，本书在探究债务融资的功能层面进行了创新，为我国民营企业构建社会资本和增强债务融资能力提供了理论依据。在实证设计上，本研究在单独检验社会资本如何影响企业债务融资的基础上，进一步将经济政策不确定性与社会资本的交互效应对债务融资的影响纳入研究框架，以反映经济政策不确定性与企业债务融资行为之间的基本关系如何受到社会资本的影响，并考虑研究中的内生性问题和债务融资的多维度问题。本书对上述问题的研究，具有重要的政策参考价值。

1.4.2 研究贡献

本研究是一项涉及公司金融、公司财务、社会学和宏观经济学

的交叉学科研究,研究的特色主要在于以下几个方面:

第一,考虑债务融资研究领域中的显性融资(银行债务融资)和隐性融资(商业信用融资),全面系统地分析银行债务融资的价格条款(贷款利率)、非价格条款(银行贷款总额、贷款期限、贷款方式)和银行贷款波动性(贷款偏离度);分析商业信用融资的信用融资模式、信用融资获取总量、信用融资供给总量和净商业信用。

第二,考虑银行债务融资和商业信用融资之间的联立决定关系,构建面板数据的静态回归分析模型(OLS 和固定效应模型)和动态回归分析模型(系统 GMM 估计分析法),使用工具变量法分别回归分析社会资本与债务融资之间的关系、经济政策不确定性与债务融资之间的关系,并探讨了经济政策不确定性与社会资本之间的交互项与债务融资之间的关系,探寻有利于提高企业银行贷款和信用融资能力的非正式制度因素,以及非正式社会制度因素对不良宏观经济现象(经济政策不确定性)在债务融资活动中的抑制作用,推动公司财务与金融、社会学、债务融资研究、宏观经济与微观财务行为研究等领域的创新和发展。

第 2 章
文献综述

　　融资，尤其是债务融资，是公司财务战略的重要组成部分。一般而言，债务可能以多种形式出现，例如从银行获得贷款（Kouvelis 和 Zhao，2011；Sycara，2009），从供应商处获得商业信用（Cai et al.，2014）。Stiglitz 和 Weiss（1981）的债务均衡供给模型提出债务融资与道德风险、逆向选择、宏观环境制度和社会制度等方面具有显著的相关性。具体而言，由于公司的内部管理层和外部债权人之间的信息存在不对称，潜在的债权人不能保证企业能够获得优质项目（逆向选择问题）或确保资金不会转用到其他项目（道德风险问题）；宏观经济政策的不确定性对企业经营管理具有显著的影响；企业自身所具有的社会关系网络等非正式社会制度与经营管理具有显著的内在联系，因此企业债务融资能力与公司治理、宏观经济制度环境和非正式社会制度具有显著的相关性。

　　债务融资是企业重要的资金来源，融资难问题一直是我国经济发展的一个障碍，学术界以及实务界都积极寻找能降低企业债务融资成本的方法和途径，取得了大量关于债务融资的实证研究成果（王营和曹廷求，2014；陈汉文和周中胜，2014；徐倩，2014；李维安等，2015）。早期的实证文献主要集中于公司特征因素方面，很多文献探讨了公司特征对银行债务融资的影响，如：Barclay 和 Smith（1996）发现公司的成熟度和公司规模对债务期限结构有显著影响。高市账比公司（成长期公司）比低市账比公司（成熟的公司）持有更少的债务，且债务期限更短。规模大的公司相对于规模小的公司具有更高的负债率和更长的债务期限。Bharath et al. (2008) 研究了借款人会计质量在债务契约中的作用，发现会计质量会影响市场的选择。具有较低的会计质量的借款人更倾向于向银行贷款，并且会计质量对债务合同设计有重要的影响。Mansi et al. (2011) 考察了分析师的预测特征与债务融资成本之间的关系，发现分析师的行为降低了债券收益率的范围。并且当企业价值的不确定性最大时（即当公司具有高的特质风险时），分析师的经济影响最为明显。Ding et al. (2016) 用中国的私企数据研究了财务报告质量与私企业债务融资的关系，实证结果表明，财务报告质量高，可以增加企业获得融资的机会，并且降低债务成本。这种影响在中国的欠发达省份更加明显。Anagnostopoulou (2017) 进一步研究了会计质量与贷款定价的关系。认为国家的执法力度会对贷款定价的会计质量的价值相关性起作用。较强的执行力度应会使财务报表信息的可信度增加，从而导致会计质量对贷款定价的影响更大。实证结果证明，只有结合法律执行的水平，会计质量才是确定贷款价差的主要影响因素，且适用于执法力度较强的国家。在国内，张纯和吕伟（2007）的实证研究表明，信息披露水平和市场关注程度能改善融资约束的状况。企业获得市场的关注度越高，企业的私有信息和公开信息传播就越广，因此会减缓企业与市场之间的信息不对称，即信息披露水平和市场关注程度的提高能显著降低企业的融资约束。李增泉等（2008）对2003~2006年间发行股票的88家民营企业数据进行研究，结果发现：企业集团的资产负债率与金字塔层级正相关，层级越多，负债率越高；而金字塔层级又与公司所在地区融资约束情况正相关。张金鑫和王逸（2013）的研究表明，提高会计信息质量有利于缓解融资约束，且提高公司会计制度的稳健性比事后进行稳健性处理更有助于缓解融资约束。

随着代理理论的发展，公司治理问题得到了热烈的关注。关于债务融资的实证文献也集中关注公司内外部治理角度。首先，内部治理方面，如：Francis et al.（2009）研究发现，董事会的独立性越强，银行贷款的优惠程度越大。Costello 和 Wittenberg – Moerman（2011）研究发现，当公司内部控制较差时，债权人会提高贷款利率，同时会倾向使用担保贷款替代财务限制性条款。Ge et al.（2012）研究发现，公司内部治理越好，银行贷款利率越低、贷款金额越大、贷款期限越长、限制性条款越少，且这种关系在法律制度较好的国家中更加显著。Rahaman 和 Zaman（2013）以美国中型制造企业为样本，考察了企业内部各种管理质量对外债融资成本的影响。结果发现更好的管理质量可以通过降低企业的银行贷款成本来提高企业的外部融资能力。并且，与高质量管理公司相比，低质量管理公司面临着更严格的契约条款。因此，在定价和设计债务合同时，银行确实会考虑到管理不善导致的风险。Yeh et al.（2013）利用台湾的数据研究发现政治关系与银行贷款优惠正相关，而公司治理与银行贷款优惠呈负相关，并提出后者的这种现象可能是因为具有良好公司治理能力的公司拥有更多的替代性资金来源。Paige et al.（2012）分析了董事会质量与银行债务成本和非价格条款之间的关系。结果表明，具有更高质量董事会的公司借贷利率更低，董事会规模大，经验越丰富，贷款成本越低。Chen（2012）研究了董事会结构与债务成本的关系，董事会分类能够限制恶意收购行为，保护债权人利益，因此董事会分类与债务成本负相关，且这一关系在低评级的公司更显著。Lin et al.（2014）研究发现，当控制股东两权分离度越低、董事持股比例越低、公司不存在双层董事会模式时，银行贷款利率越低、贷款期限越长、贷款金额越大。Tanaka（2016）研究发现，公司管理者所有权越高，公司债券发行期限越短、发行利率越高、债券信用评级越差。Lin et al.（2016）以1999年至2007年期间5104个贷款机构的数据为样本，考察了董事声誉对银行贷款的影响。实证结果表明：董事信誉越高的公司，获得的银行贷款利率越低,并且限制性条款越少,抵押担保的情况也越少。Liedong 和 Rajwani（2017）认为公司治理质量影响借款利率,公司治理不会降低公司绩效、增加信息不对称性或导致缺乏监督。因此银行会通过高利率来平衡治理环境差的公司所伴随的风险。Lin et al.（2018）的研究表明控制权私利越高的公司,贷款期限较短,贷款规模较小,合约更严格,抵押品也较多,并且结果对公司治理薄弱的公司更显著。国内的肖作平和廖理（2008）研究了公司治理与债务期限水平之间的关系,研究发现:当公司治理水平高时,公司的债务期限越短。陈德球等（2013）用 2003~2010 年家族上市公司数据实证研究了公司的家族控制权特征与银行贷款的关系。研究发现,家族控制权程度越高的公司,其获得银行信用借款的比例越低,担保借款比例越高。在具有较多政治关系、更高的声誉和透明度高的公司中,这种负相关性会减弱。江伟等（2017）实证检验了客户集中度与银行贷款的关系。研究结果表明,银行贷款额先随着客户集中度的增加而增加,后随着客户集中度的增加而减少。即客户集中度与银行贷款呈倒 U 形关系,而且这一非线性关系在民营企业和金融发展水平高的地区更强。

外部治理的实证文献也不在少数,如:Himmelberg et al.（2002）考察了投资者保护程度对企业资本成本的影响,结果表明:投资者保护力度越弱,内部股权所有权集中度越高;内部股权集中度越高,资本隐含成本越高。Qian 和 Strahan（2007）以 43 个国家的银行贷款数据为样本,研究了银行贷款合同的影响因素,实证结果指出,在债权人保护环境较好的国家,企业获得的银行贷款期限更长,利率更低。Fan et al.（2008）认为除了行业因素的影响,企业融资也受到制度因素的影响。研究结果显示:相对于其他公司,有贿赂丑闻的上市公司的杠杆率更低,债务期限更短。国内文献中,江伟和李斌（2006）研究发现,公司债务期限结构与公司所在地区金融发展水平呈负相关关系,且金融发展水平越高,国有银行的差别贷款行为越少。张纯和吕伟（2007）实证研究了机构投资者持股与企业融资约束的关系，结果发现：机构投资者能缓解信息不对称，降低民营企业对内部资金的依赖，从而提高企业的债务融资能力。朱凯和陈信元（2009）研究了不同金融发展环境中审计意见与企业融资的关系，结果表明：在发达的金融生态环境中，相对于其他公司，被出具非标准审计意见的公司面临的融资约束更大；而在金融不发达的环境中，审计意见差异不会导致较大的融资约束差异。马文超和胡思玥（2012）研究发现，当货币政策变化时，未受约束企业的资本结构在政策紧缩时受影响较小，而受约束企业的杠杆率随着政策的紧缩（宽松）而减小（增大）。

除了银行贷款，企业常用的债务融资手段还有商业信用（Cai et al., 2014）。商业信用是指供应商允许公司"当期购买后期付款"的这样一种信贷模式（Tsao, 2017），是公司短期外部融资的非常关键的来源。对许多企业而言，商业信用是增长融资的重要工具。因此，商业信用在当今的商业中起着至关重要的作用（Jean 和 Jean, 2006）。近年来，多位学者研究了商业信用对缓解融资约束的作用，认为企业在受到银行贷款约束时，通常会采用商业信用融资手段（Fisman 和 Love, 2003；Burkart 和 Ellingsen, 2004）。Petersen 和 Rajan（1997）的研究发现，在美国的中小公司中，相对于拥有良好的银企关系的公司，缺乏银行关系的公司持有的应付账款水平要高得多。Nilsen（2002）发现在货币收缩时期，更多的企业通过向供应商借款以缓解融资约束。Giannetti et al.（2011）认为虽然供应商可能拥有优于银行的监督能力，但他们的选择能力却低于银行，因为他们只能在供应链和客户群中选择企业，而银行家则可以在所有行业的企业中进行选择。Molina 和 Preve（2012）研究发现，在面临融资约束时，规模小和市场地位低的公司的商业信用在其融资额中占比更高。Elsilä（2015）研究表明股权激励与商业信用供给正相关。Cole 和 Sokolyk（2017）分析了企业创业期间不同形式的债务融资与随后的企业成果之间的关系。结果表明，具有更好业绩前景的创业公司更有可能使用商业信用债务。与其他公司相比，在运营的第一年使用商业信用债务的公司更有可能在公司成立三年后幸存下来并获得更高的收入水平。McGuinness et al. (2018) 使用 2003 年至 2012 年期间 13 个欧洲国家的 202696 家中小企业的数据，研究了商业信用是否有助于面临融资约束的中小企业在金融危机中幸存。数据结果显示商业信用对企业生存有显著的积极影响，当银行信贷受到限制时，较高的商业信用可以显著降低中小企业陷入财务困境的可能性。国内的石晓军和张顺明（2010）研究了商业信用与融资约束的关系，实证结果发现：相对于银行贷款，商业信用具有更大的规模效率。张杰等（2013）研究结果显示，获得银行贷款数量多的公司，商业信用供给为负，而规模小、没有能力获得银行贷款的公司，其商业供给为正。王彦超（2014）的研究发现，企业所在地区的金融竞争越激励，企业对外的商业信用供给越多。袁卫秋和汪立静（2016）研究发现企业信息披露质量与商业信用融资呈正相关关系，说明信息披露能够提高商业信用融资，在货币政策宽松时期企业更易获得商业信用，而在货币紧缩时期企业更难获得商业信用融资。唐松等（2017）的研究发现企业的可抵押资产和社会网络有助于公司获取商业信用。

除了以上关于商业信用的选择及影响商业信用因素的研究，一些学者则关注商业信用的使用对公司的影响。Martinez et al. (2012) 的研究发现偏离目标应收账款水平会降低企业价值。Jacobson 和 Schedvin（2015）量化了商业信用对企业破产传播的重要性。研究结果表明，一方商业信用的破产会增加另一方的破产风险。Abuhommous（2017）采用应收账款占总资产的百分比作为衡量商业信用供给的代理变量。研究结果发现应收账款投资和企业的盈利能力呈正相关关系。Agostino 和 Trivieri（2018）发现商业信用提高了公司效率。国内的石晓军和张顺明（2010）以及杨勇等

(2009) 发现商业信用能够提高规模效率。周定根和杨晶晶（2016）发现商业信用的使用有助于促进企业的出口贸易业务。马述忠和张洪胜（2017）的研究也得出了这一结论。Cao et al. （2017）发现，在中国，商业信用能够显著降低公司的股价崩盘风险。

2.1 经济政策不确定性和金融市场

2.1.1 经济政策不确定性和企业财务决策

在企业财务决策的研究文献中，大多数国内外学者从微观层面的公司治理、所有权性质、高管个人特征和股权结构等方面研究影响企业财务决策的因素，很少有学者研究宏观层面的经济政策和经济现象对微观财务行为和决策的传导机制。由于企业高层管理者会对未来的经济政策的不确定性和宏观经济现象（例如：经济政策不确定性、通货膨胀、货币政策和经济周期波动等）做事前的判断，从而影响企业在银行债务融资、对外投资、资产配置和现金持有量等方面的决策行为（饶品贵和张会丽，2015；李青原等，2015）。

Julio 和 Yook（2012）、王中义和宋敏（2014）、Gulen 和 Ion （2015）、饶品贵等（2017）、谭小芬和张文婧（2017）等学者讨论了不确定性对社会总体投资水平和企业对外投资能力产生的影响。Julio 和 Yook（2012）研究认为在选举年间导致的政治不确定性相较于非选举年会显著降低企业的投资意愿和投资水平。王中义和宋敏（2014）采用中国上市公司资金需求用途数据，研究发现宏观经济不确定性会降低企业的流动性资金和长期资金需求，进而降低企业的对外投资能力。Gulen 和 Ion（2015）基于新闻报道中的政治和经济事件发生频率建立了一套影响经济政策不确定性指标,他们研究发现经济政策不确定性会诱发企业的预防性行为,从而显著降低企业的扩张意愿,并抑制投资行为。饶品贵等(2017)研究认为经济政策不确定性越强,企业对外投资能力将显著下降,且对政策敏感性较强的企业影响更显著。谭小芬和张文婧(2017)研究认为中国经济政策的不确定性会显著抑制企业投资,其影响主要是通过实物期权和金融摩擦两种方式产生抑制作用,此外良好的外部融资环境和企业财务状况又会显著抑制经济政策不确定性对企业投资产生的负面影响。

邱兆祥和刘远亮(2010)、沈坤荣和谢勇(2012)、Gilchrist et al.(2014)等学者从信贷资金的角度出发,研究了经济政策不确定性如何通过信贷息差等渠道影响企业投资水平。邱兆祥和刘远亮(2010)从银行业角度研究了经济政策不确定对商业银行发放贷款的影响。他们的研究结果表明,当经济政策不确定性显著增强时,银行对外发放贷款数量会显著降低。同时,企业获得的银行信贷资金显著减少,且对外投资能力显著减弱。沈坤荣和谢勇(2012)指出经济环境的不确定性越高,城镇居民的储蓄率水平越高;而参加养老保险和医疗保险可以显著降低城镇居民对外部环境不确定性的焦虑感,进而降低居民的储蓄率水平。Gilchrist et al.(2014)的研究认为金融市场中的股票市场和债务市场存在明显的摩擦,不确定因素主要是通过信贷资金的利息差来影响企业投资资金的流动性,进而影响企业的投资和产出。

王红建等(2014)、李凤羽和史永东(2016)等学者研究了经济政策不确定性对企业持有现金的影响。王红建等(2014)同样认为企业在不确定性越高的宏观经济环境下,市场化程度较低地区的企业具有较强持有现金的意愿,其现金边际价值会显著降低。他们建议政府应该通过推进区域市场化程度来降低企业由于预防性动机而持有的大量现金,从而增强现金的边际效用和价值。李凤羽和史永东（2016）发现在经济政策不确定性上升时期，企业面临融资约束越高，现金持有的意愿越强，其主要原因是企业投资意愿降低导致现金持有增加。

Kim 和 Kung（2017）、陈国进等（2017）、彭俞超等（2018）等学者研究了不确定性对金融资产等的影响。Kim 和 Kung（2017）研究了在不同程度的资产再配置条件下，采用一定时期内重大经济和政治事件的发生频率来衡量经济不确定性如何影响企业投资。他们发现，企业资产的重新配置会影响清算价值，从而导致管理层在外部经济和政治不确定性增强的条件下对投资决策持谨慎态度。陈国进等（2017）将政策不确定性引入到资产定价模型中，他们发现政策不确定性对股票价格的影响主要是企业盈利水平、消费水平和投资水平三个方面。彭俞超等（2018）发现经济政策不确定性与企业的金融化趋势显著负相关关系，与企业持有投资性金融资产的意愿成显著负相关关系，与持有保值性资产成正相关关系，且对中西部地区和竞争性行业的影响更为显著。

Bloom（2009；2010）发现经济政策不确定性上升会导致生产效率降低、生产资源被重新分配，投资者投资意愿降低。不确定性期限越长，社会生产效率、就业水平、劳动力增长和资本成本调整会受到更显著的抑制作用。沈坤荣和谢勇（2012）指出经济环境的不确定性越高，城镇居民的储蓄率水平越高；而参加养老保险和医疗保险可以显著降低城镇居民对外部环境不确定性的焦虑感，进而降低居民的储蓄水平。Nguyen 和 Phan（2017）研究了经济政策不确定性与企业并购之间的关系，经济政策不确定与企业并购量呈显著负相关性，与并购完成时间呈显著正相关性。经济政策不确定性越高，被收购企业的溢价能力越低，收购企业的购买意愿越强。

Bomberger（1996）、Damico et al.（2008）等学者研究发现通过测量通货膨胀预期值的变化可以间接衡量经济不确定性指标。Bomberger（1996）研究认为未来通货膨胀的预期值会显著影响当前的经济变量，从而可以通过基于 ARCH 模型的不确定性估计测算预期通货膨胀率的方式来间接衡量该指标。Damico et al. (2008) 通过对通货膨胀率的预测值的残差分析间接反映经济不确定性，他们认为随着平均预期通货膨胀率上升，经济不确定性加大，两者存在显著的正相关关系。综上所述，通货膨胀率变动是影响经济不确定性的重要因素，本书也从通货膨胀及其预期值的视角研究经济政策不确定性对企业财务决策的影响。根据 Barro（1995）的研究，通货膨胀会对一个国家和地区的经济增长带来负面的作用，从而对企业资源的获取和分配形式产生显著的影响。通货膨胀会诱发经济政策不确定性的增强，进而导致企业的生产要素成本上涨，在金融市场上，货币随之涨价；而在企业内部，经营性和投资性的现金流量会显著降低，对外融资需求会相应提高。面对过高的通货膨胀率，央行会通过增加公开市场操作、提高再贴现率、提高存款准备金率等方式抑制通货膨胀水平，进而增加金融市场的不确定性，从而导致企业的贷款利率上升，融资成本增加且融资难度增大。Baum et al.（2002）利用美国银行的年度和季度数据研究发现通货膨胀会导致银行的行为更加保守，加剧企业融资难度。企业为降低通货膨胀所导致的资金压力，通常会通过加强银企关系、政企关系和企业间关系等方式间接增强获取银行贷款的能力。Jackman (1998) 认为通货膨胀预期是一个国家和地区的经济活动参与者对未来通货膨胀水平的预期判断。Ang et al.（2007）的研究表明，获得可靠的通货膨胀预测值可以为经济政策决策者、企业的经营管理者和金融市场的投资者提供重要的参考依据。目前国内只有少数的学者研究经济政策不确定性对企业微观财务行为的影响机制，饶品贵和张会丽（2015）的研究表明通货膨胀与企业现金持有量具有显著的负相关性，且与国有企业相比，这种作用机制对民营企业的影响更为显著。饶品贵等（2016）的研究表明，预期通货膨胀率与企业的存货持有水平和经营业绩呈显著的正相关关系。李青原等（2015）的研究表明预期通货膨胀率与企业的银行贷款正相关，且与国有企业相比，这种作用机制对民营企业的银行贷款影响更为显著。李青原等（2015）研究发现，在企业高管预期未来通货膨胀率会上升的情况下，企业的存货成本和生产成本会显著增加；金融市场的流动性减弱会导致融资成本和难度显著增加。因此，为了应对日益趋紧的信贷政策，企业的高层管理者会主动调整信贷策略，加大银行贷款的获取力度，积极储备充足的资金，以便应对经济形势的不确定性。由于企业在获取银行贷款的过程中会面临诸多限制性因素的影响，一方面企业会通过增加银行贷款的方式获取更多的货币资金，另一方面企业会通过延迟支付供应商货款和加大应收账款回收力度等方式，减少货币资金的流出总量，进而将企业正常运营所需的货币资金量维持在正常的水平。通货膨胀上升的情况下，企业的存货持有水平会显著地增加（饶品贵等，2016）。在通货膨胀持续上升时期，企业用于生产的原材料价格、人力成本和金融衍生品价格等都会出现不同程度的上涨（Cfa 和 Harvey，2006），因此理性的企业高管会增加存货的采购水平，抑制缺货成本的增加。在资金储备压力加大和存货采购水平提升的压力下，企业一般会采用延迟支付供应商货款的方式间接占用供货商的货币资金。随着预期经济政策不确定性上升和实体经济的资金流动性减弱，企业间的交易成本会显著增加，使用高成本商业信用融资模式的比例增大且无偿占用对方企业商业信用的难度增大。企业的存量资金消耗增大，对外融资需求显著增加。在资金储备和存货采购水平提升的双重压力下，企业一般会采用银行贷款和股权融资等方式进行外部融资。随着预期经济政策不确定性上升和实体经济的资金流动性减弱，银行等金融机构的资金成本会显著增加，民营企业对信贷资金的需求显著增大。由于民营企业在获取银行贷款的过程中会面临诸多限制性因素的影响，一方面，银行等金融机构会通过各种方式提高贷款的门槛，比如提高利率、缩短期限、限制担保类型等。另一方面,企业会通过加强银企关系、政企关系和企业间的合作关系等方式间接拓宽银行贷款和非银行类资金的获取通道(余明桂和潘红波,2008b)。

2.1.2 经济政策不确定性和企业价值

国内外涉及经济政策不确定性对企业价值的研究文献不多。由于企业股票价格是企业价值的直接体现,本书从股票价格的角度对企业价值进行深入的探讨。Pástor 和 Veronesi(2013)研究发现政治不确定性降低了政府为市场提供隐性保护的能力,从而导致经济疲软情况下股票市场呈现出更强的波动性。Girardin 和 Joyeux(2013)研究了中国经济基本面对股票市场长期波动的影响,他们指出中国 A 股市场在 2001 年加入 WTO 之前呈现出典型的投机特征,股票市场的长期波动性与中国经济的实际情况出现严重脱节现象。Engle 和 Ghysels(2013)建立了股票市场的长期时间序列波动性模型和短期波动性模型,研究表明通货膨胀率和工业增加率等基本经济变量会显著影响股票市场的长期波动,同时也对股票市场的短期波动产生影响。郑挺国和尚玉皇(2014)通过宏观经济指标构建多因子混频波动模型,发现宏观经济波动对股票市场波动性具有显著的正相关性。Liu et al.(2017)、Liu 和 Zhang(2015)将经济政策不确定指数(EPU)作为解释变量添加到股价波动率模型中,他们发现 EPU 指数可以有效预测股票市场波动性。同时,Du-an et al.(2018)研究认为将经济政策不确定指数(EPU)引入 HAR - RV 模型中可以获得比 RV - type 和 GARCH - class 模型更精确的股价波动性预测。

国内外学者也重点研究了经济政策不确定指数(EPU)对股票市场回报率的影响(Bekiros et al.,2016;Christou et al.,2017;Li,2017),以及股票市场的溢出效益和轮动效应(Bernal et al.,2016;Fang et al.,2017;Li et al.,2017;Liow et al.,2018)。

Lam 和 Zhang（2013）研究了政治风险（官僚风险）对全球 49 个国家股票回报的影响，他们发现政治风险与股票收益正相关。陈国进等（2014）研究发现政策不确定性与股票市场波动性之间存在双向溢出效益，整体呈现负相关性。Brogaard et al.（2015）采用 Baker et al.（2016）的方法来检验经济政策不确定性（EPU）在资产定价和投资组合中的作用，研究发现 EPU 指数对股息增长的影响不显著，但对股票贴现率影响显著。

2.2 非正式社会制度和金融市场

2.2.1 非正式社会制度和企业财务决策

Allen et al.（2005）提出在资本市场成熟的发达国家，法律制度对金融体系具有显著的促进作用，国家法律制度越完善，金融体系越发达，经济增长越强劲。相对于发达国家，虽然中国存在法律制度不健全，金融体系不发达等问题，但经济始终保持高速增长，其原因是中国民营企业的非正式社会制度（主要是政企关系）可以在一定程度上弥补法律保护机制缺失所造成的影响，从而促进民营企业获得更多的外部融资。Durlauf（2002）的研究表明，社会资本作为一种重要的非正式社会制度形式，主要依靠社会关系网络将经济资源连接成一个有机的整体，从而形成一个资源共享和互利合作的机制。Petersen 和 Rajan（1994）根据美国中小企业的财务数据的实证研究表明，与金融机构关系密切的公司相对于没有关系的公司，具有更低的资本成本和较高的资金可获得性。Karolyi（2017）认为私人关系是贷款的重要因素，特别是在宏观经济低迷时期。高管与借款方的私人关系可以被看作在企业最难融资的时候减轻信贷限制的一种融资机制。

国外的文献在高管社会资本对企业融资的研究中，更多的是关注高管间的相互信任对企业交易成本和投融资效率的影响（Bromiley，1995）。然而目前尚未有学者研究经济政策不确定性和社会资本对民营企业债务融资的影响，在经济政策不确定性上升的宏观经济环境中，企业所具有的社会资本能否有效地抑制不确定性上升对债务融资所带来的负面效应？社会资本越高的企业，是否获得的融资总额越大、融资期限越长、贷款利率越低、贷款偏离度越小且贷款担保方式越宽松？

企业经营性融资来源的主要途径包括银行贷款和商业信用。其中，银行贷款需要向银行等金融机构支付贷款利息，商业信用融资可能会造成企业的商誉受损，及时付款的优惠折扣也可能会形成机会成本。由于企业在融资方式上通常会选择资金成本最低的方案，因此企业会根据内外部融资环境状况平衡使用两种融资方式，所以二者具有较强的"替代效应"（张新民等，2012）。社会资本可以有效地缓解企业间的信息不对称问题，降低合作双方的不信任程度，从而提升企业间商业信用的使用水平。前面的分析表明，在信贷紧缩的融资背景下，商业信用融资可以有效地规避银行贷款政策的限制和繁琐的贷款程序，通过"延迟支付"和"加快回收"的方式间接获取短期资金。

那么，在不同经营环境中商业信用与银行贷款之间的"替代效应"是否具有显著的差异呢？银行等金融机构对民营企业具有明显的"信贷歧视"，社会资本发展水平高的地区，民营企业可以依托自身建立的非正式社会关系网络提升企业间的相互信任和合作水平，进而增强企业间运用商业信用融资的能力。同时社会资本越发达，企业获取银行贷款的能力越强，但银行贷款能力的增强程度会弱于商业信用融资，进而产生商业信用与银行贷款之间的"替代效应"。

Baron 和 Markman（2003）及 Cassar（2007）提出企业融资方

式的选择不仅受各种正式社会制度的影响，非正式的社会制度也能制约企业的融资方式选择。当企业处于银行信贷收缩时期，在正式制度环境中处于稳态的企业间关系、银企关系和政企关系都会发生显著的变化，银行等金融机构提高民营企业的贷款门槛，信贷资金逐步向国有企业倾斜。民营企业内部资金流动性减弱会促使企业加大应收账款的回收和拖欠供应商货款等方式进行间接短期融资，这种融资方式虽然能够满足企业暂时的资金需求，但是融资成本偏高且需要企业双方具备较高的信任水平和联系强度。企业所在地区的社会资本发展水平会显著影响债权债务双方的信任水平和合作效率，因此社会资本能有效地改善融资环境，从而更有利于企业通过商业信用融资的方式获取短期资金。

Kim 和 Surroca（2009）研究发现，社会资本发展水平越高，企业间的信任程度和合作水平越高，越有利于降低合作双方的违约率，缓解交易双方的信息不对称问题，从而降低交易成本、机会成本和监督成本。Du et al.（2013）研究发现，发展中国家的法律制度和金融体系不完善，作为非正式社会制度的社会资本可以帮助企业获得更多的经济资源，降低运营成本。商业信用融资作为企业隐性（间接）的债务融资方式，交易双方的信任水平与商业信用融资规模呈正相关关系，与融资成本呈负相关关系。通过建立高管人员之间的信任，高管的社会资本促成商业合作，这种情况的交易违约风险更小、交易成本更低，从而扩大了交易双方的商业信用融资规模，降低了高成本信用融资的比例。公司与金融机构、政府、供应商、客户等长期建立的社会连带关系，可以通过隐性担保提升公司的信誉度，使债权人对债务人的财务状况和经营前景抱有良好预期，有助于降低债务双方之间的信息不对称程度，提高债权人的放款意愿（Le 和 Nguyen，2009）。与金融机构建立紧密关系有助于降低信息不对称程度、放宽对借款公司的流动性约束（Petersen 和 Rajan，1994）。公司与政府之间因社会互动或人际交往而形成的连带关系被称为政治关联,有政治关联的公司在业务上享有更多的优待:一方面,债权人会将政治关联的存在视为与债务人信誉度有关的有利信号;另一方面,政治关联有助于公司获得有利的监管条件和优惠的待遇,从而增加公司价值,降低违约风险,因此有助于公司获得更宽松的债务契约条款(Houston et al.,2014)。与供应链上下游(供应商和客户)之间的良好关系是公司的一项无形资产,有助于公司应对外界的竞争压力和经济冲击,降低公司的经营风险,帮助公司建立积极的形象,从而获得更优惠的债务融资(Nagar 和 Rajan,2005;Tuli 和 Bharadwaj,2013)。董事高管网络作为公司社会资本的一部分,能为公司带来稀缺的资源和信息,当公司高管与金融机构的管理者有相似的教育、工作背景或者是亲戚、朋友等关系时,公司的债务成本越低、金额越大(Engelberg et al.,2012)。

正式的社会制度,例如法律制度(Demirgüç – Kunt 和 Levine,2005;Kaplan et al.,2007)、金融市场机制(Ongena 和 Smith,2000)对银行贷款具有保护作用,同时非正式社会制度,例如社会资本(Guiso et al.,2004)对银行贷款等金融契约的执行效率也具有显著的影响。社会资本有助于提升企业与银行等金融机构之间的信任水平,缓解银企之间信息不对称造成的"决策误判"。Kim 和 Surroca(2009)研究发现,社会资本的发展水平越高,当地的企业更容易获得银行等金融机构的信贷资金。社会资本的提升能增强企业间商业合作的诚信水平,增加成功合作的可能性。

我国商业银行在放贷对象的选择上具有明显的倾向性,例如,Lock Lee et al.(2009),Houston et al.(2014)及 Haas et al.(2010)研究发现,企业的公司治理结构和财务状况是影响银行贷款的主要因素,同时社会宏观层面的因素也间接影响企业的银行贷款,商业银行在评价企业的信用标准时不仅考量企业的经营状况,更多地考虑企业的产权属性、社会关系、地区信用状况和关联企业的实际背景等因素。在选择贷款对象时，商业银行不仅根据贷款企业的财务指标测量其信用水平，更多是要深入企业调研，从社会资本的角度来衡量企业的真实还贷能力和意愿（Woolcock 和 Narayan，2000；Guiso et al.，2004）。

社会资本作为一种非正式的替代性机制，可以在社会信用缺失、法律制度不健全、产权保护制度不完善的社会环境中缓解由此产生的负面作用（Putnam，2000；Goss 和 Roberts，2011）。同时，社会资本还具有"催化剂"的作用，企业凭借其自身建立的社会资本网络，能够通过这种非正式制度快速地和商业银行达成借款契约，从而有效地降低了借贷双方的交易成本。在一个社会资本发达的地区，企业更容易获得银行贷款且长期贷款的比重会更大（Allen et al.，2005）。

与宏观层面的社会资本相比，微观层面的社会资本可能对银行贷款效应的影响更大一些。商业银行在与企业进行银行贷款契约的谈判过程中，微观层面的社会资本直接影响商业银行领导层的放贷决策（Agrawal et al.，2000）。由此可以看出，通过建立微观层面的社会资本衡量指标体系可以有效地拓展已有文献的研究范围，更加全面地衡量社会资本对企业银行贷款的影响。

微观层面的社会资本主要是从民营企业领导层的政治地位视角去度量（Talavera et al.，2012）。在我国，良好的政企关系可以给商业银行塑造较好的企业形象，从而有利于企业获得更多的银行贷款（张敦力和李四海，2012）。因此，我们可以预期，民营企业在微观层面的社会资本越发达，可能更容易且更多获得银行贷款。在我国，法治体系的建设步伐远远落后于经济体制的改革（Du et al.，2010），企业之间的交易合同在实施过程中难以得到法律制度的保护，企业的营运风险较大，导致企业资金运作风险增加，进而增大了银行给企业贷款的风险，企业很难从银行获得较长期限的贷款。由于市场机制不完善，政府监管和协调机制缺失加之政府部门拥有资源调控和分配的主导权，导致企业无法完全依托市场机制获取所需求的资源。我国的金融市场主要由国有四大银行占据主导地位，虽然金融市场化改革不断深化，股份制银行的地位日渐突出，政府仍然作为一双"看不见的手"掌握着信贷资源的调配权，从而使国企或者与政府关系较好的私营企业能够获得更多的信贷资源（Graham et al., 2008）。在市场经济转型期，法律对企业的产权保护制度不完善，导致部分政府官员利用手中的权力去侵占中小企业的利益，政府可能通过制定不利于企业的政策来干预甚至掠夺私营企业（Demiroglu 和 James, 2010）。不同产权属性的企业，银行对其采用的信贷审批标准也不同，因此间接地增加了民营企业获得银行贷款的难度（Chava 和 Roberts, 2008）。罗党论和甄丽明（2008）研究了政治关系与融资约束的关系，实证结果表明：民营企业拥有的政治关系越多，融资约束越少。

2.2.2 非正式社会制度和企业价值

目前，我国股票市场受到国内外经济环境和政策不确定性的影响，企业价值受到外部不确定性因素影响较大。国内外学者主要从上市公司信息不对称理论和宏观经济变量等方面展开研究，对于属于非正式社会制度研究范畴的高管社会资本（社会关系网络）和区域社会资本研究较少。Colla 和 Mele（2010）从资本市场交易者的社会关系网络的信息传导路径视角来研究社会资本对股票价格、数量和股价波动性等方面的影响，研究认为资本市场交易背后是关联信息的相互交织，交易者之间复杂的社会网络是资本市场信息传导的重要渠道和纽带，通过社会网络传导的信息会显著影响股票市场的交易量、股价波动和股票价格。Gray 和 Kern（2011）研究认为证券公司分析师、基金经理和股票推荐人员通过其自身的社会关系网络向投资者推荐股票的行为会显著影响股价波动率，投资机构工作人员的社会关系网络具有信息传导和股票价格发现的功能。Pareek（2012）考察了共同基金形成的信息网络对股票收益和股价波动率的影响。他们利用社会关系网络密度来衡量交易信息在投资者中的传播速度，研究发现投资者社会网络密度越大，股票价格波动性越强，平均股票波动率随时间变化的特征越明显。

Kaustia 和 Knupfer（2012）研究了拥有不同社会学习机会的地区和股票短期收益率如何影响个人投资者进入股票市场。他们认为社会学习机会较多的地区，即使股票市场收益率为负时，个人投资者仍然会选择进入股票市场，从而表明个人投资者在复杂信息网络（社会网络）条件下，具有较强的"跟风"效应。王福胜和王摄琰（2012）以 A 股非金融上市公司为研究样本，发现上市公司 CEO 外部和内部社会网络嵌入性与公司股票价值和债务资本的市场价值具有显著的正相关性。Grullon et al（2014）考察了投资银行社会网络如何影响股票价格和股票交易行为。他们研究发现，拟上市公司在股票发行过程中使用同一主承销商的公司股票价格波动趋于一致。当公司在首次公开发行（IPO）和经验丰富的投资银行发行（SEO）之间转换承销商时，股价与原承销的其他股票价格波动趋同度越低，与新承销商的股票趋同度越高，这说明了承销商作为不同上市公司社会交易信息传递的纽带，对上市公司股价波动性具有显著的影响。Larcker et al.（2013）研究了董事会成员之间的社会网络关系对股票价格波动和股票回报率的影响。研究认为董事会是上市公司信息或资源最集中的机构，影响上市公司的关键信息（如：行业发展趋势、市场信息、监管政策变化和其他关键市场数据）可以通过董事会网络的信息传导机制，进一步影响投资者购买上市公司股票的决策，从而导致上市公司的股价波动。Baschieri et al.（2015）引入了空间离差指数来度量与公司地理位置相关公司的特征，研究发现企业市场价值（股票价格）与企业所在地之间具有显著的"集群"效应。他们认为上市公司受益于地点溢价，企业市场价值随着企业所在地之间的距离和当地投资者收入而增加，本地企业的集群和风险承受能力也会显著影响上市公司的 IPO 溢价能力。杨松令等（2018）从董事网络中心度和网络位置的视角研究发现，董事联盟数量越多，股价收益率越低、股价波动性越大，股价崩盘的风险越高。

2.3 文献评述

事实上，国内外关于经济政策不确定性、社会资本、公司债务融资的研究文献还存在较多的不足和研究空白，作者通过对已有文献的梳理和分析，认为上述研究领域还需在以下几个方面进一步深入和完善：

第一，随着代理理论的发展，公司治理问题得到了强烈的关注。关于债务融资的实证文献也主要集中到探讨内外部公司治理角度，鲜有文献从宏观经济变量和非正式社会制度，以及非正式社会制度因素对不良宏观经济现象（经济政策不确定性）在债务融资活动中的抑制作用等视角研究债务融资问题。本书认为当前造成我国民营企业融资难、融资贵等问题最大可能的因素不是民营公司内部治理结构以及其自身融资条件不足等，更多的是外部经济环境和宏观调控政策的不确定性导致银行等金融机构不敢贷、不愿贷给民营企业。因此，要深入认识民营企业融资难和融资贵等问题产生的根本原因，还需要进一步考察宏观经济及政策变动对民营企业融资的影响，以及非正式社会制度对民营企业融资活动产生的作用。

第二，非正式社会制度与债务融资关系的研究引起了国内外学者的广泛关注，这类研究现状主要集中在社会资本、社会网络、地区信任、融资约束和融资融券等方面，鲜有文献深入研究高管社会资本、区域社会资本和债务融资的影响。然而，上市公司的社会资本和融资能力是否会直接影响企业价值，还需实证研究补充相关的经验证据，以便深入分析上市公司内部的社会关系网络如何作用于融资行为和企业价值的机理。

第 3 章
关键指数的设计、度量及有效性评价

3.1 经济政策不确定指数的概述、度量及有效性评价

3.1.1 经济政策不确定性指数的概述

Knight 首次对未来可能产生的不确定性事件界定为"无法通过预测某事件在未来特定时间段内发生的概率及其可能性"。Bloom（2009）采用具有时变二阶矩阵的模型和向量自回归模型（VAR）分析宏观经济与不确定性之间的相关性，并采用企业股票波动指数和宏观经济数据进行参数化模型估计宏观经济和政治波动对企业投资和生产率所造成的影响。Jurado et al.（2015）通过选取众多经济测量指标中最重要的指标，而非通过增加或减少经济指标的衡量数量来优化经济政策不确定性的度量来改善经济政策不确定性指标。计算已选取宏观经济指标的时间序列测度误差方差作为该指标的代理变量。研究结果表明，股票市场波动和其他不确定性指标的变动并非由整体经济的不确定性引发，而是由于代理变量的权重过大，导致将上述可预测的波动归因于不确定性的变动，经济政策不确定性指标在股票市场的衰退期表现得比非衰退期更强烈，说明不

确定性与股票市场波动是反周期行为。Caggiano et al. （2014）运用非线性（平稳过渡）VAR 模型的方法来研究不确定性冲击对二战以后美国分别处于衰退和扩张时期时劳动力市场（失业率）的反应程度。他们研究发现，美国劳动力市场处于衰退期时 EPU 对失业率的影响会更加显著。Bloom（2014）研究认为不确定性是一个无形的概念，它反映了经济市场中消费者、管理者和决策者对未来可能的宏观经济和微观企业行为的判断。当经济处于衰退期时，宏观和微观的不确定性显著上升；当经济处于繁荣期时，不确定性则显著下降。经济不确定性的上升会显著降低消费者的支出意愿和投资者的投资意愿，但可以有效地刺激企业大力投入研究开发等方面的支出，通过研发创新来应对更加不确定的未来。Bloom（2009）、Bakaert 和 Hoerova（2013）和 Caggiano et al. （2014）都是采用芝加哥期权交易所的市场波动率（Volatility Index，波动率指数），并运用向量自回归（Var）模型来研究不确定指数与宏观经济和企业行为。王义中等（2014）采用异方差模型，以中国统计局对外公布的季度 GDP 变动率的方差来衡量中国经济的不确定性，研究中国经济不确定性对上市公司的投融资行为的影响。

3.1.2 经济政策不确定性指数的度量

Baker et al. （2016）在国外已有研究文献的基础上，进一步提出了一种新的经济政策不确定性指数（EPU）的指标构建方法。通过统计报纸、电子杂志等媒体中提及的不确定性字样的文章频率来衡量该指标。研究发现 EPU 指数的上升会显著降低企业的对外投资和员工招聘效率。该指数被国内外学者广泛认可并使用，本书为了保证研究的准确性和客观性，也采用 Baker et al. （2016）发布的中国经济政策不确定性指数来计算季度变量，并根据已有的研究方法（Gulen 和 Ion，2015）将上述指数转变为季度数据，具体的计算公式为：

$$EPU_t = (3EPU_i + 2EPU_{i-1} + EPU_{i-2})/6$$

其中 $i=3,6,9,12$，为保证数据结构的一致性和可比性，本书将计算得出 $EPU_i/100$。

国内外已有的研究文献，采用了多种方法间接衡量经济政策不确定性。Ludvigson 和 Ng（2007）采用主成分分析法（PCA）将众多宏观经济变量和处于经济不确定阶段的代理变量中的有效信息提取出来预测股票风险溢价，研究表明主成分分析法（PCA）合成的经济政策不确定性指标优于已有的不确定性指标计算方法。Baker 和 Wurgler（2007）研究了投资者对未来的不确定性情绪对股票市场的影响。研究认为投资者情绪受散户投资者股票交易量、封闭式基金折价、期权隐含波动率、派息股票的溢价、首次公开发行 IPO 的数量、内幕交易事件报告频数等因素的影响，采用主成分分析法（PCA）将影响投资者情绪指标的主要信息提取出来，合成一个能够代理投资者对未来不确定因素判定的指标。Neely et al.（2014）采用主成分分析法（PCA）从 14 个宏观经济变量和 14 个技术指标中测算出一个经济政策不确定性的表征变量，研究表明通过主成分分析法合成的经济政策不确定性指标包含了主要指标的信息，更能够有效地预测股票市场波动性。根据国内外已有的研究文献，本书尝试构建一套符合中国国情的经济政策不确定性衡量指标，同时利用国外学者建立的经济政策不确定性指标数据（http：//www.imf.org/en/Data），结合 G7 国家的经济政策不确定性指标数据，共同考察全球一体化背景下，国际市场的不确定性是否会冲击国内资本市场以及上市公司的融资决策。

Bomberger（1996）研究认为未来通货膨胀的预期值会显著影响当前的经济变量，从而可以通过基于 ARCH 模型的不确定性估计测算预期通货膨胀率的方式来实现对该指标的间接衡量。Damico et al.（2008）通过对通货膨胀率的预测间接反映经济不确定性，研究认为随着平均预期通货膨胀率上升，经济不确定性越大，两者存在显著的正相关关系。Bachmann et al.（2013）利用公司经营指标的预期变动值和真实值之间的残差值作为经济不确定性的代理变量。Giordano 和 Soederlind（2003）采用时间序列模型（VAR、GARCH、非对称 GARCH）测算通货膨胀不确定性与实际产出的不确定性，通过分析通货膨胀预期变动的不确定性与宏观数据波动性的一系列指标，认为通货膨胀率的预期不确定性能够有效地反映经济不确定性。Mankiw（2004）采用 sticky-information 模型对美国 50 年的通货膨胀预期数据进行测算，研究发现实际通货膨胀率与预期通货膨胀率之间的残差值能够很好地反映经济政策的不确定性。本书也将通货膨胀预期作为关键衡量指标，来间接衡量经济政策的不确定性。Stock 和 Watson（1999）通过对多种通货膨胀率预测方法的研究发现，简单菲利普斯曲线（Phillips curve）是衡量预期通货膨胀率最准确的方法。Fama 和 Schwert（1977）以本国财政部门发行的国债利率作为通货膨胀率的预期值。Ang et al.（2007）通过对菲利普斯曲线、ARIMA 时间序列模型和基于问卷调查数据分别对通货膨胀率的预期值进行测算，他们的研究表明基于问卷调查的数据能够更加全面和准确地衡量预期通货膨胀率。国内的研究学者根据中国人民银行每季度发布的城镇储户调查问卷所获取的未来物价预期指数进行滚动回归，从而计算出滚动回归的拟合值和残差，其回归方程的拟合值表示预期通货膨胀率，残差值表示非预期通货膨胀率（饶品贵和张会丽，2015；李青原等，2015）。

　　根据 Ang et al.（2007）和李青原等（2015）的研究，本书采用基于中国人民银行每季度发布的城镇储户调查问卷所获取的未来物价预期指数（INDEX）进行滚动回归。中国人民银行发布的未来物价预期指数是基于我国 50 个城市，2 万户储蓄用户每个季度定期开展的调查问卷数据。该指数采用百分位形式，数值大于 50% 表示受访者普遍认为下一个季度的物价将上涨，数值等于 50% 表示下一季度的物价与本季度持平，数值小于 50% 表示预期物价将下降。为了保持数据的平稳性，并消除变量间异方差的影

响,本书对未来物价预期指数进行对数化处理,并采用以下的计算公式进行滚动回归:

$$EI_{t+1} = \alpha_0 + \alpha_1 \log(INDEX_t) + \varepsilon_t$$

其中,EI_{t+1} 表示下一期的实际通货膨胀率,根据饶品贵和张会丽(2015)的测量方法,本书采用统计局已公布的月度环比 CPI 连续相乘的方式计算出每季度的环比 CPI,再通过季度实际通货膨胀率 =(本季度环比 CPI - 100)/100×100% 的公式计算出季度实际通货膨胀率。$INDEX_t$ 表示本季度的未来物价预期指数,将对数化处理后的 INDEX 指数代入模型(1)滚动回归,上述滚动回归方程的拟合值作为当期的通货膨胀预期值(EI),残差值 ε_t 作为经济政策不确定性的间接代理变量。为了保证本书所采用的经济政策不确定性指标具有更好的可扩展性,预期通货膨胀率的残差值将作为经济政策不确定性的间接衡量指标之一。

3.2 社会资本指数的构建、度量及有效性评价

3.2.1 社会资本理论的概述

资本的概念最早起源于古典经济学家亚当．斯密所创作的《国富论》一书,他认为资本是一种能够创造出商品的物质资本,同时资本和土地资源、人力资源共同构成经济增长的三个要素。

社会资本理论在西方社会学和政治学领域的发展始于 20 世纪初,并在 20 世纪 50 年代至 70 年代快速发展,并逐步应用于社会学、政治学、战略学、人类科学和经济学等领域。20 世纪 80 年代以后社会资本理论逐步在各社会学科的研究领域发展繁荣和应用推广,这一阶段也涌现出以"关系网络"为研究中心的人类学学派以及以"行为规范"为研究中心的行为学派。社会资本理论的发

展主要经历了以下几个阶段的发展和演变。

(1) 初创时期:"社会资本"理论的兴起

Hanifan (1916) 在其著作《乡村学校的社区活动中心》一书中提出"社会资本"概念并定义为个人、家人与邻居的日常交往活动过程中形成的价值和行为规范,这种共同的价值和行为规范有利于提高个体、家庭和社区的生活质量和生活水平,并创造出更多有价值的物品。美国的经济学家 Becker 和 Schultz 在总结已有研究文献的基础上,开创新的提出资本的构成要素不仅仅是经济资本和物质资本,还包括"人力资本"的要素。他们认为劳动力、劳动者的技术水平和工作能力也是创造商品和推动经济增长必不可少的要素。Becker 和 Schultz 对资本的重新定义开创了经济研究的全新领域,使经济理论研究者的后续研究思维摆脱了物质资本(或者有形资本)的观念束缚,逐步扩展到更加广阔的人力资本(或者无形资本)的层次,从而使资本的概念由单一的物质资本向多元化的非物质资本(物质资本和人力资本)方向发展,为后续的社会资本理论的提出奠定了坚实的理论基础和研究依据。

(2) 发展时期:"社会资本"理论的全面应用

20 世纪 60 年代至 90 年代是社会资本理论高速发展和成果收获的阶段,这一阶段的社会资本理论在社会学、政治学、战略学、人类科学和经济学等领域应用广泛。

社会学研究领域的学者普遍认为,最早系统提出"社会资本"理论及相关定义的学者是法国社会学家 Bourdieu (1986)。布尔迪厄 (Bourdieu) 将社会资本定义为一种镶嵌于社会生活中的社会资源。他认为:社会资本是个人、团队和社区共同占有的一种资本,这种资本能够提高资源的整合效率,从而获取更多的社会资源和提高生产效率。人们在日常生活中需要付出巨大的努力才能构建起自身所拥有的社会资本,这种资本一旦形成就能够带动人力资本和物质资本共同产生经济利润。通过社会资本、人力资本和物资资本的相互促进和整合，从而建立起一套既定规则和运行条件下的"稳态"，逐步演变为社会资本概念的两个重要组成部分，即"规范"和"信任"。

Coleman 作为这一阶段社会资本研究领域最著名的代表人物之一，在其代表性著作《社会理论的结构》一书中指出，社会结构主要是由"行为人"和"资源"两个部分组成，行为人的日常活动都是建立在对其自身拥有的社会资源的利用，从而获取一定的经济利益的基础之上。每一个行为人都具有特定的社会资源，不同的行为人为达到共同的经济利益，通常会相互交换和交易自己掌握的社会资源以获取所需的经济利益。社会资本便是在这一相互协作和相互交换社会资源的过程中，逐步形成利益相关者的经济资源。

Lin Nan 在 20 世纪 80 年代提出了"社会资源"的概念和理论。它是指镶嵌在个人、家庭和社区组织组成的社会关系网络之中的经济资源（或者经济资本），这种经济资源独立于个体和组织中的任何团体，通过社会关系网络的联结通道使资源的配置达到最优，从而使这种资源为组织中每一个个体、组织或者团队所服务，拥有这种资源可以有效提高个人财富的产出效率。只有通过社会关系网络的调节作用，才能够形成个人所具有的社会资本。Lin Nan 认为在分层的社会结构中，个人所拥有的"弱关系"比"强关系"更能够提升社会资源的利用率（但前提条件是"弱关系"所在的社会关系层级高于"强关系"所在的社会关系层级）。个人所拥有社会资源的丰富程度取决于以下三个因素：一是个体所拥有关系网的差异化程度，二是关系网中成员所在的社会层级，三是个体成员与网络组织间的关系强度。一般情况下，个人所拥有的社会关系网络差异化程度越大，社会资源越丰富；社会关系网络成员所在的社会层级越高，社会资源越丰富；个体成员与网络组织间的关系强度越大，社会资源的利用率越高，社会资源越丰富。

（3）成熟和扩展时期："社会资本"理论的多学科交叉扩展及应用

20 世纪 80 年代，西方社会学家和经济学家 Bourdieu（1986）、

Coleman (1990)、Putnam (1993) 等对社会资本理论进行了全面的研究和应用探索。Bourdieu 和 Coleman 对社会资本的研究更多是关注社会学和人类行为学等领域，Putnam 继承并发展了 Bourdieu 和 Coleman 的社会资本理论研究成果，从而成功地将社会资本理论运用到经济学、管理学和政治学等多学科领域。Putnam (2001) 对意大利的企业和政府之间具有的社会关系进行了深入的研究和分析，他认为影响意大利的中部和南部企业的竞争力和发展质量的关键因素是两个地区的社会资本发展水平。社会资本发展水平越高的地区，企业的竞争力越强，企业的发展水平越高。他同时也指出社会资本具有的社会关系网络、社会信任和社会规范等属性有利于提高企业间相互合作的水平，从而提高社会资源的利用率。

Lin Nan 在已有的研究基础上进一步提出人力资本理论体系和物质资本理论体系可以统称为新资本理论体系，并系统地论证了社会资本的衡量指标和理论模型。他认为社会资本理论是从社会学中演变和分化出最具有发展和应用前景的理论之一。社会资本理论将人类行为学说、社会制度因素、社会文化因素和资本理论等因素纳入研究范围，使得后来经济研究领域的学者能够将更多的研究视角放在社会因素对经济发展的影响上面，极大地扩展了宏观经济增长领域和微观企业行为领域的研究思路。社会资本理论的发展脉络如表 3-1 所示。

表 3-1　　　　　　　　社会资本理论的发展脉络

发展时期	代表性学者	理论贡献
初创时期	Hanifan (1916)	首次提出个人、家庭和社区构成"社会资本"的概念
	Loury (1977)	首次将"社会资本"的理论用于解释种族和地区收入差异化形成的影响因素，将社会资本理论应用于经济学的研究领域，为经济领域的研究学者提供全新的研究视角

续表

发展时期	代表性学者	理论贡献
发展时期	Bourdieu（1986）	最早系统提出并论述"社会资本"理论的学者，他将"个体"、"组织"和"社区"定义为社会资本构成的三个基本层面，并开创性地提出"社会关系网络"是"社会资本"的基本属性
	Granovetter（1985）	首次提出社会资本具有"镶嵌性"（或者"嵌入性"）的概念，并提出社会资本"弱关系强力量"的假设
	Coleman（1988）	对"社会资本"理论在社会学研究领域的推动和发展做出巨大的贡献，他认为"社会规范"、"社会义务"和"社会网络"是社会资本的三种具体表现形式
	Burt（1992）	在 Coleman 和 Granovertter 的研究基础上，首次提出社会关系网络的连接紧密程度取决于"断开"的弱关系。关系的紧密程度与社会资本的发展水平和个体具有的社会资源丰富程度没有直接的关联关系，而是取决于社会关系网络中"弱关系"的关联程度
成熟和扩展时期	Putnam（1993；1995）	在 Coleman 的研究基础上，将社会资本的研究从个体层面上升到宏观层面（集体层面），他认为一个地区具有的共同属性（文化属性、历史属性、种族和血缘属性）使该地区个人更多地参与到社会活动中，这种公民参与程度是社会资本构成的核心要素
	Fukuyama（1995；1997）	社会资本的核心要素是信任关系，实证研究证明社会信任程度的增强可以有效促进社会资本的发展，并提高企业经营效益，扩大企业发展规模

续表

发展时期	代表性学者	理论贡献
成熟和扩展时期	Lin Nan（1999；2002）	通过对社会资本的实证研究，系统地提出社会资本具有的功能属性，采用计量经济学的方法定量测算和构建出衡量社会资本的指标体系和模型

3.2.2 社会资本的定义

社会资本作为一门社会学理论体系下产生的较新理论，不同的时代背景和研究背景下，社会资本的概念和定义具有很大的差异。到目前为止，社会资本还没有形成一个具体的、公认的和规范的定义。通过对已有研究文献的归纳和总结，本书从以下四个方面来定义社会资本的基本概念，如表3-2所示。

表3-2　　　　　社会资本的定义（四类理论）

理论	代表性学者	定义
关系网络理论	Bourdieu（1986）	社会资本是指组织中的个体通过家庭、阶级、部落、学校和政党等关系网络建立的资源集合体，通过特定的身份符号将组织中的个体紧密连接在一起。组织中个体所拥有的经济资本在关系网络中自由流动，进而提高了经济资本的利用效率，同时创造了经济利润。组织中个体所拥有的社会资本量取决于他所调动关系网络中的总资本量
	Burt（1992）	认为企业获取资源的能力取决于其所处社会关系网络的节点位置和结构洞，不同节点位置和结构洞聚集的资源量即是社会资本
	Bowles和Gintis（2002）	认为社会资本是组织内的个人通过关系网络形成的相互间信任，制定组织内成员的共同行为规范，排除不符合规范标准的行为人，从而达到组织成员的共同目标和愿景

续表

理论	代表性学者	定义
资源理论	Coleman（1988）	认为社会资本是镶嵌入特定社会结构中的一种行动资源，它可以使各种社会资源在特定的社会结构中产生经济利润。社会资本具有三种形式（义务与期望、信息渠道和社会规范）。义务与期望是指在特定社会结构中具有相同责任与义务的个体所形成的有效行为链接，在某种特定的目标期望中采取一致性的行为方式，进而创造出产品和经济利益
	Lin Nan（1999；2002）	认为社会资本是经济资源（或者经济资本）镶嵌在个人、家庭和社区组织组成的社会关系网络之中，这种经济资源独立于个体和组织中的任何团体，通过社会关系网络的联结通道使资源的配置达到最优，从而使这种资源为组织中每一个个体、组织或者团队所服务，拥有这种资源可以有效提高个人财富的产出效率。社会资源镶嵌于社会关系网络之中，但是只有通过社会关系网络的调节作用，才能够形成个人所具有的社会资本
信任与规范理论	Putnam（1995）	社会资本是指组织内各成员通过互惠互利、相互信任和诚信规范组成的一个社会网络，组织成员将信任和行为规范嵌入在互惠的社会关系网络中形成的一种资源
	Fukuyama（1995；1997）	认为社会资本是一种由规范、关系、信任和行为规则等非正式社会制度构成，使参与者能够更有效地共同行动和追求共同的利益，有利于协调和规范组织内各成员之间的行动，从而达到组织成员共同利益的最大化

续表

理论	代表性学者	定义
能力理论	Portes（1998）	认为社会资本是通企业家与家庭成员和朋友建立联系，以获得建立稳固生存能力所需的关键资源的能力。社会资本的关键性指标为社会适应能力、社会感知能力、公众表现力和情绪管理能力（情绪的自我调节能力）

3.2.3 社会资本指数的构建

3.2.3.1 社会资本指数的构建理论

西方学者关于社会资本的研究主要基于地区社会资本（宏观层面）和高管社会资本（微观层面）的多指标体系构建一个或者多个维度的综合社会资本指标。本部分通过对国外学者的社会资本研究文献进行梳理，根据中国社会资本数据的可获取性，构建出符合我国实际研究背景和衡量标准的社会资本度量指标体系。

Durlauf（2002）研究表明社会资本不能通过单一的指标来衡量，需要将多个指标体系综合成一个指标来衡量。社会资本具有五种结构（资产网络、信息网络、业务网络、关系网络和认知社会资本（互惠信任）。社会资本的主要构成要素为信任、规范和网络。社会资本的衡量指标需要综合计量多个表征变量，通过因子分析法和主成分分析法，提取多个表征变量的共同影响因素（公因子），进而合成一个能够代表社会资本的单变量。

Ferrary（2003）研究认为银行等金融机构为了减小信贷风险，一般采用工具指标衡量法和特定信息判定法对债务人的信贷资格进行审核。工具指标衡量法指通过对企业特定的财务指标和经营指标进行综合分析，衡量企业的经营状况和违约风险。特定信息判定法是指银行等金融机构通过主观认知和社会网络关系收集债务人的特定信息加以研判，最终确定借款人的信用等级和违约风险。

Baron 和 Markman（2003）研究表明企业家具有较高的社会资本发展水平（如良好的声誉和广泛的社会网络），有助于提升企业获取更多财务资源的能力。较高社会资本水平的企业家（基于他们的声誉、社会网络等），能够获得更多关键人员（例如，风险资本家和潜在客户）的支持。假设在其他因素相同的情况下，企业家的社会资本发展水平越高，获得财务成功的概率就越大。社会资本的衡量方法采用问卷调查法和指标综合法，通常将衡量社会资本的关键指标综合为一个关键性指标。社会资本的关键性指标为社会适应能力、社会感知能力、公众表现力和情绪管理能力（情绪的自我调节能力）。

Fan 和 Wong（2002）研究认为各地区社会资本发展水平与该地区法律保护程度和司法执行效率紧密相关，各地区社会资本发展水平可以采用法律保护指数和司法效率指数综合计量。社会资本指标可以根据省级政府的腐败控制能力（简称为"腐败控制"）为基础进行构建，具体衡量：（1）企业在处理官僚主义时所花费的时间；（2）政府征收非税费用的程度（其中包括非正式收费、任何形式的摊派和非法罚款的总和占销售额的百分比）；（3）非国有企业短期贷款占总贷款比例，该指标值越大，表明该地区非国有企业经营活动水平越高，竞争越激烈；（4）非国有金融机构存款占总存款比重，该指标值越大，表明该地区国有金融机构主导市场力量越弱，金融市场化程度越高。

Sabatini（2006）的研究表明社会资本不能依靠单一指标的衡量，而是各种不同指标的综合测度。所有的测度指标都包含社会结构的某个方面，并能够促进结构内行动者的某些行为。研究认为社会资本的计量指标应该采用间接指标综合衡量，而不是代表社会资本的关键指标（社会网络、信任和社会规范），这些间接指标主要为青少年犯罪率、青少年献血率、高等教育参与率、志愿者组织数量占总人数比例、文化产业消费占比和司法行政效率。采用计量经济学中的因子分析法和主成分分析法，提取上述指标所具有的共同特征因子，构建一个能够反映社会资本的综合性指标。

Boytsun et al.（2011）研究了乌克兰地区的非正式制度（社会规范和社会凝聚力）与公司治理之间的关系。研究认为社区是由一系列非正式社会制度组成的最小社会结构单元。当一个国家或地区的社区具有较强的社会规范和社会凝聚力，该国家和地区的企业具有更开放的公司治理结构；社会凝聚力可以作为社会规范和公司治理之间关系的有效传导介质。社会资本采用宗教团体人数与当地总人口数比例、总生育率、地区种族数量与总人口比例、语言种类数量与总人口比例和地区凶杀率等指标综合衡量。研究认为一个国家和地区的非正式社会制度主要以社会规范和社会凝聚力等要素构成，正式的社会制度主要以法律规范和政策机制等要素为代表。非正式的社会制度可以有效地替代正式的社会制度，从而间接影响公司治理结构。

Ang et al.（2009）的研究中衡量社会资本采用了两个测度指标：企业诚信度水平和人均献血率。为了能够排除直接影响企业投资行为的因素（例如：执法效率和经济发展水平），选择了人均献血率指标来衡量该省份和地区社会资本的发展水平，献血行为既不是法律上的强制执行措施，也没有受到经济政策上的鼓励，只有社会参与程度和内部规范的作用因素，所以该指标能够较好地衡量一个省份和地区的社会资本发展水平。

Cheng et al.（2016）研究表明社会资本的衡量指标有以下四个：总统选举中的投票率、人口普查应答率、民间组织数量与该地区总人数比例和非政府组织与该地区总人数比例。其中总统选举投票率和人口普查应答率两个指标代表社会规范程度和公民合作态度；该两项指标数值越高，表明该地区公民的社会行为规范性越强，社会合作的程度越高。民间组织数量与该地区总人数比例和非政府组织与该地区总人数比例指标代表社会组织参与社会活动的频繁程度；该两项指标数值越高，表明该地区的社会组织参与社会事务的参与度越高，社会交往越频繁。

综上所述，国内和西方学者主要从宏观层面（区域社会资本）或者微观层面（高管社会资本）衡量社会资本。本书从上述两个维度全面衡量我国民营企业的社会资本构成体系，深入研究并建立了一套符合我国社会资本衡量情况的指标体系。

3.2.3.2 社会资本指数的指标体系

（1）高管社会资本指数的指标体系

根据国外学者 Peng 和 Luo（2000）、Talavera et al.（2012）、Du et al.（2013）对企业管理者所具有的社会资本内涵定义，结合国内学者赵延东和罗家德（2005）、肖作平和张樱（2014）对高管社会资本的衡量方法，本书选择高管人员三个维度的关系网络：①社会关系网络（公司高管与政府部门和银行机构的关系）；②商业关系网络（公司高管与商业合作伙伴的关系）；③高管荣誉（公司高管与社会团体的关系）。具体变量定义如表3-3所示。

表3-3 高管社会资本代理变量的定义

变量名称	变量符号	变量定义	变量符号	测度指标
社会关系网络	SRN	公司高管与银行机构关系	SRN1	当公司高管具有银行等金融机构的工作经历时取值为1，否则为0
		公司高管与政府机构关系	SRN2	当公司高管具有政府及政协等行政部门的工作经历时取值为1，否则为0
		公司高管的社会交际关系	SRN3	当公司高管具有EMBA/MBA硕士的学习经历时取值为1，否则为0
商业关系网络	BRN	公司高管与商业协会关系	BRN1	当公司高管是某协会或经济组织的成员时取值为1，否则为0
		公司高管与同行业企业关系	BRN2	公司高管曾经任职或兼职的公司数量

续表

变量名称	变量符号	变量定义	变量符号	测度指标
高管社会荣誉	HNR	公司高管获得政府颁发的荣誉	HNR1	当公司高管获得政府颁发的荣誉时取值为1，否则为0
		公司高管获得民间机构颁发的荣誉	HNR2	当公司高管获得民间机构或者非官方组织颁发的荣誉时取值为1，否则为0

①社会关系网络：借鉴 Talavera et al.（2012）、Du et al.（2013）以及 Dass 和 Massa（2011）的方法，本书通过手工收集和整理 CSMAR 中国上市公司治理结构研究数据库、RESSET 组织治理结构中管理层介绍和管理层职位信息数据库以及 CCER 上市公司治理结构数据库，获取研究样本公司中的高管是否具有在政府部门或银行等金融机构的工作经历（当公司高管具有政府部门或银行等金融机构工作经历时，取值为1，否者为0）。通过手工收集并整理上述数据库中研究样本的高管是否具有同等硕士教育经历（当公司高管具有 EMBA/MBA 等硕士教育经历时，取值为1，否者为0）来度量高管与横向企业间的关系网络。

②商业关系网络：借鉴 Talavera et al.（2012）的方法，本书通过判断高管成员是否为某行业协会或者经济组织的成员（当高管成员是某行业协会或者经济组织的成员时定义为1，否则为0）来定义高管与行业协会成员之间的关系网络，拟采用高管成员曾经任职或现在兼任其他公司相应职务的数量来定义高管成员与同行业管理人员之间的关系网络。以上数据均通过手工收集和整理 CSMAR 中国上市公司治理结构研究数据库、RESSET 组织治理结构中管理层介绍和管理层职位信息数据库、CCER 上市公司治理结构数据库以及锐思金融研究数据库组织治理结构数据库，且部分数据通过手工查询样本公司的官方网站获取。

③高管社会荣誉：本书拟采用高管成员获得政府部门和民间社会组织所颁发的荣誉（当高管成员获得政府部门和民间社会组织所颁发的荣誉时取值为 1、否则为 0）来衡量高管成员与评价机构之间的联系程度。以上数据均来自国泰安公司研究数据库治理结构部分的高管动态，CSMAR 中国上市公司治理结构研究数据库、RESSET 组织治理结构中管理层介绍和管理层职位信息数据库、CCER 上市公司治理结构数据库以及锐思金融研究数据库组织治理结构数据库，且部分数据通过手工查询样本公司的官方网站获取。研究样本中缺失部分的数据采用手工收集和整理的方式获得。

（2）区域社会资本指数的指标体系

本书手工收集和整理 CSMAR 中国上市公司治理结构研究数据库、RESSET 组织治理结构中管理层介绍、管理层职位信息数据库、CCER 上市公司治理结构数据库、中国城市商业信用环境指数官方网站和中国统计年鉴等数据库。本书选择以下 4 个指标衡量区域社会资本发展水平：①社会信任（商业信用环境指数和省级区域信任水平）；②社会规范（市场化法律保护指数和 GN 中国城市综合竞争力指数）；③社会网络（民间组织密度）；④社会参与（社区服务机构、区域献血率和金融发展深度）。具体变量定义如表 3 - 4 所示。

表 3 - 4　　　　区域社会资本代理变量的定义

变量名称	变量符号	变量定义	变量符号	测度指标
社会信任	STT	商业信用环境指数	CEI	公司所在地级市的城市商业信用环境指数得分
		省级区域信任水平	PTT	"中国企业家调查系统"地区信任度得分除以该地区当年 GDP 的自然对数

续表

变量名称	变量符号	变量定义	变量符号	测度指标
社会规范	SSD	市场化法律保护指数	LPM	中国市场化指数（市场中介组织的发育和法律制度环境指数）
		GN中国城市综合竞争力指数	AMT	中国城市竞争力研究报告的《GN中国城市综合竞争力指数》
社会网络	SNK	民间组织密度	NGO	民政部登记的各地区民间组织数量除以该地区总人数（万人）
社会参与	SPP	社区服务机构	CSE	各地区社会服务机构总数量的自然对数
		区域献血率	BDR	中国输血网公布的各地区献血总人数除以该地区总人数
	HNR	金融发展深度	FDD	国家统计局统计年鉴数据库分省年度数据子库中的金融发展深度指标数据

①社会信任：借鉴 Talavera et al.（2012）、Dass 和 Massa（2011）以及 Du et al.（2013）的方法，本书手工收集和整理了 CSMAR 中国上市公司治理结构研究数据库、RESSET 组织治理结构中管理层介绍和管理层职位信息数据库以及 CCER 上市公司治理结构数据库。通过中国城市商业信用环境指数官方网站获取研究样本公司所在地级市的城市商业信用环境指数得分，构建了我国民营上市公司注册所在地的城市商业信用环境指数（CEI）。通过手工收集并整理中国企业家调查系统数据库中研究样本注册所在地的地区信任度得分并除以该地区当年 GDP 的自然对数，最终获得我国民营企业注册所在地的省级区域信任水平指数（PTT）。

②社会规范：本书拟采用樊纲和王小鲁编制的中国市场化指数中市场中介组织的发育和法律制度环境指数来定义我国民营企业所处地区的市场化法律保护程度（LPM）。该指数得分越高，表明我

国民营企业所处地区的市场化法律保护程度越高；该指数得分越低，表明我国民营企业所处地区的市场化法律保护程度越低。本书拟采用中国城市竞争力研究会定期发布的《GN中国城市综合竞争力评价指数》来定义我国民营企业所处地区的社会规范程度（AMT）；该指标体系涵盖了地区经济、社会、环境和文化等方面的评价指标，由反映地区综合经济、产业、商业、环境、社会体制、资源、人力资本、教育、商业贸易、科技实力和文化形象等10项一级指标、50项二级指标、216项三级指标综合构成的评价指标体系。以上数据均通过手工收集和整理CSMAR中国上市公司治理结构研究数据库、RESSET组织治理结构中管理层介绍和管理层职位信息数据库、CCER上市公司治理结构数据库以及锐思金融研究数据库组织治理结构数据库获得，且部分数据通过手工查询中国城市竞争力研究会的官方网站获取。

③社会网络：本书拟采用中国统计年鉴每年对外公布的各地区民政部门登记在册的民间组织数量除以该地区总人数（万人）来定义我国民营企业所处地区的民间组织密度指数（SNK），该指数得分越高，表明我国民营企业所处地区的民间组织体系越发达，民间组织和人员之间的信息交流越频繁，社会网络发展程度越高；该指数得分越低，表明我国民营企业所处地区的民间组织体系越落后，民间组织和人员之间的信息交流频率越低，社会网络发展程度越低。以上数据均通过手工收集和整理中国统计局对外公布的2007—2015年统计年鉴中社会组织总表、中国社会组织网站对外公布的2007—2015年各地区社会组织情况表和中国统计年鉴中地区总人数总表，部分数据通过手工查询各地区民政部网站获取。

④社会参与：本书拟采用中国统计年鉴每年对外公布的各地区民政部门登记在册的社区服务机构总数量的自然对数来定义我国民营企业所处地区的社区服务机构发达程度指数（CSE），该指数得分越高，表明我国民营企业所处地区的社会服务体系越发达，社区

服务机构和全社会成员之间的参与程度越高，社会参与和相互之间的合作水平越高；该指数得分越低，表明我国民营企业所处地区的社会服务体系越落后，社区服务机构和全社会成员之间的参与程度越低，社会参与和相互之间的合作水平越低。本书采用中国输血网和中国输血杂志每年对外公布的各地区献血总人数除以该地区总人数来定义我国民营企业所处地区的区域献血率指数（BDR），该指数得分越高，表明我国民营企业所处地区的民众参与社会公益事业的程度越发达，社区服务机构和全社会成员之间的参与程度越高，社会参与和动员能力越强；反之，则表明我国民营企业所处地区的民众参与社会公益事业的程度越低，社区服务机构和全社会成员之间的参与程度越低，社会参与和动员能力越低。本书拟采用中国统计年鉴每年对外公布的分省份年度数据库中金融深度数据子库2007—2015 年金融发展深度指标来定义我国民营企业所处地区的金融发展程度指数（FDD），该指数得分越高，表明我国民营企业所处地区的社会各组织之间的经济交往和相互参与程度越高，经济体之间的利益交互和业务合作程度越高，社会组织之间的参与和协调能力越强；该指数得分越低，表明我国民营企业所处地区的社会各组织之间的经济交往和相互参与程度越低，经济体之间的利益交互和业务合作程度越低，社会组织之间的参与和协调能力越低。

3.2.4 社会资本指数的度量

本书使用数据分析软件（SPSS），采用因子分析法对衡量社会资本的两个指标体系进行降维处理，提取两个社会资本维度的公因子，同时分别计算每个维度所获得公因子的方差贡献率，并以方差贡献率为权数构建社会资本的综合得分指数。通过对构成社会资本两个维度的指标体系进行主成分因子分析，提取并保留特征值均大于 1 的公因子。通过因子分析最大方差正交旋转后的公因子载荷矩阵，用公因子的列数据表示旋转后的公因子对测度指标的解释程度。最后根据社会资本的两层关系网络维度得分系数和公因子的得分系数矩阵,我们最终可以获得研究样本公司社会资本得分指数,用以反映各公司社会资本的总体状况。

3.2.4.1 社会资本指数的数据选取

本书主要研究在经济政策不确定的宏观经济环境下,民营企业的社会资本对债务融资的作用机制。由于社会资本的衡量需要采用手工方式收集多个特征指标,同时为了保证样本企业的社会资本是自发性建设的成果,而不是国有产权性质所赋予的外生属性,所以本书选取的原始研究样本为沪深两市A股上市的民营企业,同时以下原则对样本筛选:(1)剔除金融类上市公司;(2)剔除ST、PT类上市公司;(3)剔除无法手工收集到高管人物特征变量的公司;(4)剔除财务数据缺失和极端异常的公司;(5)剔除原产权性质为国有,但通过股权转让方式转变为民营的上市公司。根据上述原则,本书最终获得由1488个观测值构成的非平衡面板数据。文中使用的财务数据来自CSMAR数据库、CCER数据库和WIND数据库,社会资本的构成数据来自各公司网站和CSMAR数据库的企业特征数据。

3.2.4.2 社会资本指数的计算

(1)高管社会资本指数的计算

表3-5的因子分析结果表明,通过对构成高管社会资本三个维度关系网络的7个指标进行主成分因子分析,提取并保留特征值均大于1的公因子共有两个,本书将其分别命名为:高管社会资本(1)和高管社会资本(2)。高管社会资本(1)的特征值为4.8851,累计方差贡献率为0.6972,说明构成高管社会资本(1)的测度指标间有较多的共同因素且变量间存在显著相关性,高管社会资本(1)的测度指标总体上非常适合进行因子分析。高管社会资本(2)的特征值为1.0040,累计方差贡献率为0.8411,说明构成高管社会资本(2)的测度指标间有较多的共同因素且变量间存

在显著相关性,高管社会资本(2)的测度指标总体上非常适合进行因子分析。因子分析模型的总体 KMO 样本测度值为 0.8961,接近于 0.9,Bartlett 球体检验的显著性 P 值为 0.0000,说明高管社会资本的总体测度指标间有较多的共同因素且变量间存在显著相关性,高管社会资本的 7 个测度指标总体上非常适合进行因子分析,因子分析模型的效果非常显著,见表 3-6。

表 3-5　高管社会资本三层关系网络维度的因子分析情况

	高管社会资本(1)	高管社会资本(2)
特征值	4.8851	1.0040
方差贡献率(%)	0.6972	0.1431
累计方差贡献率(%)	0.6972	0.8411
Bartlett 球体检验	近似卡方值	2480.0712
	显著性	0.0000
总体 KMO 值	0.8961	

表 3-6　高管社会资本三层关系网络维度旋转后公因子的载荷矩阵

变量名称	测度指标	高管社会资本(1)	高管社会资本(2)	Uniqueness
社会关系网络	SRN1	0.9801	0.0160	0.0391
	SRN2	0.8917	0.0267	0.2041
	SRN3	0.8960	0.0556	0.1940
商业关系网络	BRN1	0.8486	-0.0185	0.2795
	BRN2	0.0096	0.8990	0.0019
高管社会	HNR1	0.8969	-0.0453	0.1935
	HNR2	0.8948	0.0202	0.1988

从表 3-6 可见,高管社会资本的三层关系网络维度,可通过因子分析最大方差正交旋转后的公因子载荷矩阵来分析。高管社会资本(1)和(2)两个公因子的列数据表示旋转后的公因子对测

度指标的解释程度,Uniqueness 列数据表示测度指标不能被解释的程度。表 3-6 的结果表明,公因子高管社会资本(1)主要解释了 SRN1、SRN2、SRN3、BRN1、HNR1 和 HNR2(公司高管与银行机构关系、公司高管与政府机构关系、公司高管的社会交际关系、公司高管与商业协会关系、公司高管获得政府颁发的荣誉和公司高管获得民间机构颁发的荣誉)这 6 个测度指标的信息,旋转后的公因子载荷矩阵得分分别为 0.9801、0.8917、0.8960、0.8486、0.8969 和 0.8948。公因子高管社会资本(2)主要解释了 BRN2(公司高管与同行业企业关系)这 1 个测度指标的信息,旋转后的公因子载荷矩阵得分为 0.8990。构成公因子高管社会资本(1)的测度指标分别表示高管具有银行等金融机构的工作经历、高管具有政府及政协等行政部门的工作经历、高管具有 EMBA/MBA 硕士的学习经历、高管是某协会或经济组织的成员、高管获得政府颁发的荣誉和高管获得民间机构或者非官方组织颁发的荣誉。构成公因子高管社会资本(2)的测度指标表示高管曾经任职或兼职的公司数量,见表 3-7。

表 3-7　高管社会资本三层关系网络维度公因子的得分系数矩阵

变量名称	测度指标	高管社会资本(1)	高管社会资本(2)
社会关系网络	SRN1	0.2006	0.0038
	SRN2	0.1824	0.0155
	SRN3	0.1829	0.0443
商业关系网络	BRN1	0.1741	-0.0289
	BRN2	-0.0104	0.9948
高管社会荣誉	HNR1	0.1843	-0.0562
	HNR2	0.1831	0.0091

表 3-7 所列示的是高管社会资本的三层关系网络维度得分系数,根据公因子的得分系数矩阵,本书最终可以获得研究样本公

高管社会资本（ESC）综合得分指数，用以反映各公司高管社会资本的总体状况。具体计算公式如下：

高管社会资本（1） = 0.1824 × SRN2 + 0.2066 × SRN1 + 0.1829 × SRN3 + 0.1741 × BRN1 − 0.0104 × BRN2 + 0.1843 × HR1 + 0.1831 × HR2

高管社会资本（2） = 0.0155 × SRN2 + 0.0038 × SRN1 + 0.0443 × SRN3 − 0.0289 × BRN1 + 0.9948 × BRN2 − 0.0562 × HR1 + 0.0091 × HR2

高管社会资本指数（ESC） = 0.6979 × 高管社会资本（1） + 0.1434 × 高管社会资本（2）

（2）区域社会资本指数的计算

表3−8所列示的因子分析结果表明，通过对构成区域社会资本四个维度关系网络的8个指标进行主成分因子分析，特征值均大于1的公因子共有2个，本书将其分别命名为：区域社会资本（1）和区域社会资本（2）。区域社会资本（1）的特征值为3.9191，方差贡献率为0.4898，累计方差贡献率为0.4898，说明构成区域社会资本（1）的测度指标间有较多的共同因素且变量间存在显著相关性，区域社会资本（1）的测度指标总体上非常适合进行因子分析。区域社会资本（2）的特征值为1.8550，方差贡献率为0.2319，累计方差贡献率为0.7217，说明构成区域社会资本（2）的测度指标间有较多的共同因素且变量间存在显著相关性，区域社会资本（2）的测度指标总体上非常适合进行因子分析。因子分析模型的总体KMO样本测度值为0.6970，接近于0.8（KMO值为0.8~0.9表示适合因子分析，0.9以上非常适合因子分析），Bartlett球体检验的显著性P值为0.0000，说明区域社会资本的总体测度指标间有较多的共同因素且变量间存在显著相关性，区域社会资本的8个测度指标总体上非常适合进行因子分析，因子分析模型的效果非常显著。

表 3-8　　区域社会资本四层维度的因子分析情况

	区域社会资本（1）	区域社会资本（2）
特征值	3.9191	1.8550
方差贡献率（％）	0.4898	0.2319
累计方差贡献率（％）	0.4898	0.7217
Bartlett 球体检验	近似卡方值	44788.1231
	显著性	0.0000
KMO 值	0.6970	

表 3-9 所列示的是区域社会资本的四层关系网络维度，通过因子分析最大方差正交旋转后的公因子载荷矩阵。区域社会资本（1）和区域社会资本（2）两个公因子的列数据表示旋转后的公因子对测度指标的解释程度，Uniqueness 列数据表示测度指标不能被解释的程度。表 3-9 的结果表明，公因子区域社会资本（1）主要解释了 CEI、PPT、LPM、BDR 和 FDD（商业信用环境指数、省级区域信任水平、市场化法律保护指数、区域献血率和金融发展深度）这 5 个测度指标的信息，旋转后的公因子载荷矩阵得分分别为 0.6810、0.9304、0.6090、0.8899 和 0.8732。公因子区域社会资本（2）主要解释了 AMT、NGO 和 CSE（行政管理水平指数、民间组织密度和社区服务机构）这 3 个测度指标的信息，旋转后的公因子载荷矩阵得分分别为 0.6812、0.6989 和 0.7915。构成公因子区域社会资本（1）的测度指标分别表示公司所在地级市的城市商业信用环境指数得分、"中国企业家调查系统"地区信任度得分除以该地区当年 GDP 的自然对数、中国市场化指数（市场中介组织的发育和法律制度环境指数）、中国输血网公布的各地区献血总人数除以该地区总人数和国家统计局统计年鉴数据库分省年度数据子库中的金融发展深度指标数据。构成公因子区域社会资本（2）的测度指标表示中国城市竞争力研究报告的《GN 中国城市综合竞争力指数》、民政部登记的各地区民间组织数量除以该地区总

人数（万人）和各地区社会服务机构总数量的自然对数。

表3-9 区域社会资本四层关系网络维度旋转后公因子的载荷矩阵

变量名称	测度指标	区域社会资本（1）	区域社会资本（2）	Uniqueness
社会信任	CEI	0.6810	0.0208	0.5358
	PTT	0.9304	-0.1083	0.1227
社会规范	LPM	0.6090	0.5037	0.1338
	AMT	0.4729	0.6812	0.3123
社会网络	NGO	0.0576	0.6989	0.5082
社会参与	CSE	-0.3741	0.7915	0.2336
	BDR	0.8899	0.2106	0.1637
	FDD	0.8732	0.1477	0.2157

表3-10所列示的是区域社会资本的四层关系网络维度得分系数，根据公因子的得分系数矩阵，本书最终可以获得研究样本公司区域社会资本（RSC）综合得分指数，用以反映各公司注册所在地的区域社会资本的总体状况。具体计算公式如下：

表3-10 区域社会资本四层关系网络维度公因子的得分系数矩阵

变量名称	测度指标	区域社会资本（1）	区域社会资本（2）
社会信任	CEI	0.1996	-0.0575
	PTT	0.2863	-0.1467
社会规范	LPM	0.1102	0.2898
	AMT	0.0721	0.2922
社会网络	NGO	-0.0526	0.3424
社会参与	CSE	-0.1897	0.4316
	BDR	0.2425	0.0162
	FDD	0.2438	-0.0135

区域社会资本（1）= 0.1996 × CEI + 0.2863 × PTT + 0.1102 ×

LPM + 0.0721 × AMT − 0.0526 × NGO − 0.1897 × LNCSE + 0.2425 × BDR + 0.2438 × FDD

区域社会资本（2） = − 0.0575 × CEI − 0.1467 × PTT + 0.2898 × LPM + 0.2922 × AMT + 0.3424 × NGO + 0.4316 × LNCSE + 0.0162 × BDR − 0.0135 × FDD

区域社会资本指数（RSC） = 0.4899 × 区域社会资本（1） + 0.2319 × 区域社会资（2）

3.3　本章小结

社会资本作为一门社会学理论体系下产生的较新理论，在不同的时代背景和研究背景下，社会资本的概念和定义具有很大的差异。以往的研究没有对社会资本进行具体的和公认的定义。本书通过对已有研究文献的归纳和总结，研究主要基于地区社会资本（宏观层面）和高管社会资本（微观层面）的多指标体系，从而构建了一个或者多个维度的综合社会资本指标。根据中国的社会资本结构和数据的可获得性，构建出符合我国实际研究背景和衡量标准的社会资本度量指标体系。本书选择高管人员3个维度的关系网络，即社会关系网络（公司高管与政府部门和银行机构的关系）；商业关系网络（公司高管与商业合作伙伴的关系）和高管荣誉（公司高管与社会团体的关系）。选择以下4个指标衡量区域社会资本发展水平，即社会信任（商业信用环境指数和省级区域信任水平）、社会规范（市场化法律保护指数和GN中国城市综合竞争力指数）、社会网络（民间组织密度）和社会参与（社区服务机构、区域献血率和金融发展深度）。

采用因子分析法对衡量社会资本的多个指标体系进行降维处理，提取多个社会资本维度的公因子，同时分别计算每个维度所获得公因子的方差贡献率，并以方差贡献率为权数构建社会资本的综合得分指数。通过对构成社会资本多个维度的指标体系进行主成分因子分析，提取并保留特征值均大于1的公因子。通过因子分析最大方差正交旋转后的公因子载荷矩阵，用公因子的列数据表示旋转后的公因子对测度指标的解释程度。最后根据社会资本的四层关系网络维度得分系数和公因子的得分系数矩阵，我们最终可以获得研究样本公司社会资本得分指数，从而反映各公司社会资本的总体状况。

第 4 章 经济政策不确定性与债务融资的实证研究

4.1 引言

在企业财务决策的研究文献中,大多数国内外学者从微观层面的公司治理、所有权性质、高管个人特征和股权结构等方面研究影响企业财务决策的因素,很少有学者研究宏观层面的经济政策和经济现象对微观财务行为及决策的传导机制。由于企业高层管理者会对未来的经济政策不确定性和宏观经济现象(例如:经济政策不确定性、通货膨胀、货币政策和经济周期波动等)做事前判断,从而影响了企业在银行债务融资、对外投资、资产配置和现金持有量等方面的决策行为(饶品贵和张会丽,2015;李青原等,2015)。

目前国内只有少数的学者研究经济政策不确定性对企业微观财务行为的影响机制。已有的研究文献认为经济政策不确定性与企业现金持有量具有显著的负相关性,并且这种作用机制对民营企业的影响更为显著,与企业的存货持有水平和经营业绩呈显著的正相关,与企业的银行贷款正相关,且对民营企业影响更为显著。基于此,本书以我国 A 股上市民营企业为研究样本,从经济政策不确定性的视角探讨银行债务融资的影响机理。

本书的潜在贡献在于：以经济政策不确定性为独特视角，通过使用权威的研究成果和构建经济政策不确定性新指数（EPU），进一步完善了以往经济政策不确定性衡量的指标体系，为研究影响民营企业债务融资的因素提供了增量经验证据。

4.2 研究样本和研究假设

4.2.1 研究样本与数据来源

本书主要研究经济政策不确定性的宏观经济环境对民营企业商业信用融资和银行债务融资的作用机制，所以本书选取沪深两市 A 股上市的民营企业为原始研究样本，最终获得由 1488 个观测值构成的非平衡面板数据。文中使用的财务数据来自 CSMAR 数据库、CCER 数据库和 WIND 数据库。利用 Baker et al.（2016）发布的中国经济政策不确定性指数来计算季度变量，并根据中国人民银行每季度定期发布的城镇储户调查问卷所获取的未来物价预期指数和实际的通货膨胀率指数，采用滚动回归方法获取回归方程的残差值作为经济政策不确定性的间接衡量指标。

4.2.2 研究假设

有关经济政策不确定性对企业微观财务行为影响的研究较少。陈胜蓝和刘晓玲（2018）研究认为经济政策不确定性越高，公司对外提供商业信用供给的可能性越大，从而保证公司自身正常经营所需的营运资金。由于本书的研究样本是民营企业，企业在获取客户的商业信用和银行贷款的过程中会面临诸多限制性因素的影响，一方面企业会通过增加银行贷款的方式获取更多的货币资金，另一方面企业会通过延迟支付供应商货款和加大应收账款回收力度等方式，减少货币资金的流出总量，进而将企业正常运营所需的货币资金量维持在正常的水平。在资金储备压力加大和存货采购水平提升的压力下，企业一般会采用延迟支付供应商货款的方式间接占用供货商的货币资金。随着经济政策不确定性上升和实体经济的资金流动性减弱，企业间的交易成本会显著增加，使用高成本商业信用融资模式的比例增大且无偿占用对方企业商业信用的难度增大。据此，本书提出研究假设 H4-1。

H4-1：经济政策不确定性上升，民营企业使用高成本商业信用融资模式的比例越高，获取商业信用融资的金额越少；对外提供的商业信用融资金额越多，净商业信用融资金额越少。

邱兆祥和刘远亮（2010）从银行业角度研究了经济政策不确定性对商业银行发放贷款的影响。他们的研究结果表明，当经济政策不确定性显著增强时，银行对外发放贷款数量会显著降低，企业获得的银行信贷资金显著减少，且对外投能力显著减弱。因此，为了应对日益趋紧的信贷政策，民营企业的高层管理者会主动调整信贷策略，加大银行贷款的获取力度，积极储备充足的资金，以便应对经济形势的不确定性。

王红建等（2014）、李凤羽和史永东（2016）等学者研究了经济政策不确定性对企业现金持有的影响。王红建等（2014）同样认为企业在不确定性越高的宏观经济环境下，市场化程度较低地区的企业具有较强持有现金的意愿，其现金边际价值会显著降低。他们建议政府应该通过推进区域市场化程度来降低企业由于预防性动机而持有的大量现金，从而增强现金的边际效用和价值。李凤羽和史永东（2016）发现经济政策不确定性上升时期，企业面临融资约束程度越高，现金持有的意愿越强，其主要原因是企业投资意愿降低导致现金持有量增加。在资金储备压力加大和存货采购水平提升的压力下，企业一般会采用银行贷款和股权融资等方式进行外部融资。随着经济政策不确定性上升和实体经济的资金流动性减弱，银行等金融机构的资金成本会显著增加，民营企业对信贷资金的需求显著增大。民营企业在获取银行贷款的过程中会面临诸多限制性因素的影响，银行等金融机构会通过提高银行贷款利率、缩短贷款期限、限制贷款担保类型等方式提高银行贷款门槛。据此，本书提出研究假设 H4－2。

H4－2：经济政策不确定性上升，民营企业获得银行贷款总额越少，贷款期限越短，贷款利率越高，贷款偏离度越大且贷款担保方式越严格。

4.2.3　变量的定义与计量模型

（1）变量的定义

根据已有文献，我们控制了可能会影响企业债务融资的一些特征变量，主要包括公司特征变量和宏观经济变量。行业也是影响企业债务融资的重要因素，我们根据证监会颁布的《上市公司行业分类指引》对研究样本的行业设置行业虚拟变量（ID），年度虚拟变量（YEAR）则按照不同年份进行设定。具体变量的定义见表4－1。

表 4－1　　　　　　　　主要变量的定义

变量名称	符号	变量定义
商业信用模式	TC1	（应付票据＋预付账款）／（应付票据＋应付账款＋预付账款）
商业信用获取	TC2	（应付票据＋应付账款＋预收账款）／总资产
商业信用供给	TC3	（应收票据＋应收账款＋预付账款）／总资产
净商业信用	NTC	（应付票据＋应付账款＋预收账款－应收票据－应收账款－预付账款）／总资产
银行贷款总额	BLA	（短期借款＋一年内到期的非流动负债＋长期借款）／总负债

续表

变量名称	符号	变量定义
银行贷款期限	BLT	长期借款/（短期借款＋一年内到期的非流动负债＋长期借款）
银行贷款利率	BLR	样本公司当年贷款年利率的加权平均值
银行贷款方式	BLW	质押、抵押、保证、担保＝0，信用＝1
银行贷款偏离度	D_BLA	实际 BLA 和银行最优负债比例之差的绝对值
经济政策不确定性1	EPU	基于 Baker et al.（2016）发布的中国经济政策不确定性指数来计算季度变量
经济政策不确定性2	INEPU	对未来物价预期指数和实际通货膨胀率进行滚动回归，采用回归生成的残差值作为间接衡量变量
总资产收益率	ROA	年净利润/总资产平均余额
管理费用率	MFE	管理费用/总资产
非债务税盾	DEP	（固定资产折旧＋无形资产摊销）/总资产
固定资产比率	FIX	固定资产/总资产
托宾 Q 值	TQ	（每股价格×流通股数＋每股净资产×非流通股数＋负债）/总资产
门槛比率	RATE	票据贴现利息/票面总金额
第一股东持股比例	TOP	公司第一大股东持股比例
GDP 增长率	GDPGR	（本季度 GDP－上季度 GDP）/上季度 GDP
货币供应增长量	DM1	（本期 M1－上期 M1）/上期 M1
可持续增长率	SGR	权益报酬率×留存收益率

本书根据刘凤委等（2009）的研究设计，被解释变量主要选择商业信用融资模式、商业信用获取、商业信用供给和净商业信用这四个指标，其中商业信用融资模式＝（应付票据＋预付账款）/（应付票据＋应付账款＋预付账款），该指标反映企业在购买和赊销经营活动中使用高成本的商业信用的占比，比重越大，商业信用

融资成本越高；商业信用获取=（应付票据+应付账款+预收账款）/总资产，该指标反映企业在购买商品活动中采用商业信用方式间接获取供应商现金流的能力；商业信用供给=（应收票据+应收账款+预付账款）/总资产，该指标反映企业在销售商品活动中采用商业信用的方式间接提供给客户现金流的能力；净商业信用=（应付票据+应付账款+预收账款−应收票据−应收账款−预付账款）/总资产，该指标反映企业在经营活动中使用商业信用的净值。

本书根据肖作平和张樱（2014；2016），李青原等（2015）的研究设计，被解释变量主要选择银行贷款总额、贷款期限、贷款利率、贷款方式和贷款偏离度这五个指标，其中银行贷款总额=（短期借款+一年内到期的非流动负债+长期借款）/总负债，该指标反映企业银行贷款总额与总负债的占比，比重越大，银行贷款总额占企业总负债的比例越高；银行贷款期限=长期借款/（短期借款+一年内到期的非流动负债+长期借款），该指标反映企业银行贷款结构中长期贷款与贷款总额的占比；比重越大，长期贷款的比例越高，短期贷款的比例越低；银行贷款利率为样本公司当年贷款年利率的加权平均值，该指标反映企业获得银行贷款所付出的成本，取值越大，贷款利率越高，贷款成本越大；银行贷款方式根据贷款担保类型赋值为 0 或 1 的虚拟变量（其中质押、抵押、保证、担保=0，信用=1），该指标反映企业获得银行贷款需要使用的担保类型；银行贷款偏离度为实际 BLA（银行贷款总额）和银行最优负债比例之差的绝对值。

（2）静态面板计量模型设定

本书研究经济政策不确定性（EPU）对商业信用融资和银行债务融资的影响。首先研究经济政策不确定性（EPU）对商业信用融资的影响，使用检验研究假设 H4−1：经济政策不确定性越高，民营企业使用高成本商业信用融资模式的比例越高，获取商业信用融资的金额越少，对外提供的商业信用融资金额越多，净商业信用融资金额越少。本书根据上述假设构建的回归模型如下所示：

$$TC1_{it} = \alpha + \beta_1 \times EPU_{it} + \beta_2 \times X_{it} + \beta_3 \times \sum ID$$
$$+ \beta_4 \times \sum YEAR + \varepsilon \qquad (4-1)$$

$$TC2_{it} = \alpha + \beta_1 \times EPU_{it} + \beta_2 \times X_{it} + \beta_3 \times \sum ID$$
$$+ \beta_4 \times \sum YEAR + \varepsilon \qquad (4-2)$$

$$TC3_{it} = \alpha + \beta_1 \times EPU_{it} + \beta_2 \times X_{it} + \beta_3 \times \sum ID$$
$$+ \beta_4 \times \sum YEAR + \varepsilon \qquad (4-3)$$

$$NTC_{it} = \alpha + \beta_1 \times EPU_{it} + \beta_2 \times X_{it} + \beta_3 \times \sum ID$$
$$+ \beta_4 \times \sum YEAR + \varepsilon \qquad (4-4)$$

其次研究经济政策不确定性（EPU）对银行债务融资五个代理变量的影响，即检验研究假设 H4-2：经济政策不确定性越高，民营企业获得银行贷款总额越少，贷款期限越短，贷款利率越高，贷款偏离度越大且贷款担保方式越严格。本书根据上述假设构建如下的回归模型：

$$BLA_{it} = \alpha + \beta_1 \times EPU_{it} + \beta_2 \times X_{it} + \beta_3 \times \sum ID$$
$$+ \beta_4 \times \sum YEAR + \varepsilon \qquad (4-5)$$

$$BLT_{it} = \alpha + \beta_1 \times EPU_{it} + \beta_2 \times X_{it} + \beta_3 \times \sum ID$$
$$+ \beta_4 \times \sum YEAR + \varepsilon \qquad (4-6)$$

$$BLR_{it} = \alpha + \beta_1 \times EPU_{it} + \beta_2 \times X_{it} + \beta_3 \times \sum ID$$
$$+ \beta_4 \times \sum YEAR + \varepsilon \qquad (4-7)$$

$$BLW_{it} = \alpha + \beta_1 \times EPU_{it} + \beta_2 \times X_{it} + \beta_3 \times \sum ID$$
$$+ \beta_4 \times \sum YEAR + \varepsilon \qquad (4-8)$$

第4章 经济政策不确定性与债务融资的实证研究

$$D\_BLA_{it} = \alpha + \beta_1 \times EPU_{it} + \beta_2 \times X_{it} + \beta_3 \times \sum ID$$
$$+ \beta_4 \times \sum YEAR + \varepsilon \qquad (4-9)$$

4.3 实证结果与分析

4.3.1 描述性统计

表4-2   关键变量的描述性统计量

变量符号	均值	标准差	最小值	中位数	最大值
TC1	0.4652	0.2351	0.0014	0.4873	0.9832
TC2	0.1511	0.1183	0.0985	0.2198	0.9091
TC3	0.1832	0.1232	0	0.2678	0.8726
NTC	0.0179	0.1358	-0.3731	0.1127	0.4173
BLA	0.5092	0.1861	0.0793	0.5876	0.8923
BLT	0.3112	0.2341	0.0033	0.3871	0.8961
BLR	7.3671	2.5901	3.001	7.8971	15.7321
D_BLA	0.1612	0.1142	0.0581	0.2013	0.7351
ROA	0.0202	0.0301	-0.0752	0.0142	0.1188
MFE	0.1033	0.1156	0.0079	0.0828	1.8518
DEP	0.0179	0.0141	0.0002	0.1503	0.6693
FIX	0.2364	0.1681	0.0013	0.2069	0.6705
TQ	2.7315	2.0696	0.2983	2.1800	13.9047
RATE	3.3843	0.4354	2.7900	3.2500	4.1400
TOP	0.3243	0.1552	0.0585	0.2927	0.7525
GDPGR	-0.0168	0.0888	-0.2604	-0.0247	0.3121
DM1	0.0338	0.0245	-0.0348	0.0303	0.0896
SGR	0.0613	0.0636	-0.3988	0.0450	0.4011

4.3.2 静态估计结果分析

经济政策不确定性与债务融资的静态估计结果分析检验结果如表 4-3 所示,第(1)列报告了解释变量经济政策不确定性(EPU)对商业信用融资模式(TC1)的回归结果,经济政策不确定性(EPU)的估计系数为 0.4277(t 值为 2.09),且在 5% 水平上显著正相关,说明在经济政策不确定性上升的经济环境中,高管考虑到未来金融市场不确定的情况下,货币流动性趋紧且融资难度增大。一方面,企业在日常经营活动中会更多使用成本较高的应付票据和预付账款,以便减少货币资金的流出,应对预期经济政策不确定性产生的不利影响;另一方面,供货商为降低自身的交易风险和成本,也会要求购买方提供成本更高的商业信用。第(2)列报告了经济政策不确定性(EPU)对商业信用融资获取(TC2)的回归结果,经济政策不确定性值(EPU)的估计系数为 -8.8537(t 值为 -5.33),且在 1% 水平上显著负相关,说明当经济政策不确定性增强时,为了规避经济政策不确定性的风险和降低资金成本,供货商更愿意采用货币资金进行及时交易,不愿意给对方企业提供商业信用融资,从而导致购买方难以通过占用对方商业信用的方式间接获得信用融资。第(3)列报告了经济政策不确定性(EPU)对商业信用融资供给(TC3)的回归结果,经济政策不确定性值(EPU)的估计系数为 0.1221(t 值为 1.92),且在 10% 水平上显著正相关,说明当经济政策不确定性增强,金融市场的货币流动性减弱且银行贷款难度增大的情况下,一方面,企业通过赊销的方式扩大产品的销售量;另一方面,购买方采用拖欠货款的方式降低货币资金的流出,这些因素共同导致企业的应收账款会显著增加,但是我们发现,经济政策不确定性值(EPU)对商业信用融资获取(TC2)影响的显著性水平(1%)远高于商业信用融资供给(TC3)的显著性水平(10%),说明当经济政策不确定性增强时,民营企业商业信用获取的能力会显著低于商业信用供给的能力。第（4）列报告了经济政策不确定性（EPU）对净商业信用融资（NTC）的回归结果，经济政策不确定性值（EPU）的估计系数为 -0.0656（t 值为 -0.75），且不具有显著性，说明企业在商业信用获取和提供的动态调整过程中，经济政策不确定性对两者的差额不具有显著性的影响，以上的实证分析结果总体上支持研究假设 H4-1。

表4-3　经济政策不确定性与商业信用融资之间关系的静态估计结果

变量	(1) TC1	(2) TC2	(3) TC3	(4) NTC
Intercept	0.6831*** (10.60)	2.0932*** (4.01)	0.1219*** (10.01)	0.0398 (1.69)
EPU	0.3213** (2.17)	-8.6312*** (-5.01)	0.1487* (1.89)	-0.3289 (-0.68)
ROA	-0.2987 (-0.87)	4.0914 (1.48)	-0.2301* (-1.87)	-0.5098*** (-3.09)
MFE	-0.5942*** (-3.01)	5.0981*** (3.08)	-0.3098*** (-5.01)	0.1763** (2.01)
DEP	0.3098 (0.67)	-1.9380* (-1.81)	0.3031* (1.81)	-0.1696 (-0.39)
FIX	-0.3101*** (-3.02)	0.2098 (0.58)	0.0287** (2.01)	-0.0873 (-0.89)
TQ	0.0078 (0.39)	0.0498 (0.31)	0.0398 (0.32)	-0.4832*** (-3.06)
RATE	-0.0209*** (-4.39)	-0.3093*** (-3.04)	-0.0198** (-2.56)	0.1983 (0.87)
TOP	0.2087** (1.98)	1.4098 (1.59)	0.0054 (0.46)	-0.1673*** (-2.44)

续表

变量	(1) TC1	(2) TC2	(3) TC3	(4) NTC
GDPGR	-0.0092	-0.8901	0.0983	0.0045
	(-0.09)	(-1.61)	(0.89)	(0.19)
DM1	-0.2908	-8.9321***	-0.1287*	0.2198**
	(-1.65)	(-5.87)	(-1.78)	(2.87)
SGR	-0.1563	-6.0198***	0.1938**	0.1098***
	(-1.48)	(-5.04)	(2.43)	(3.21)
R^2 – within	0.0398	0.1032	0.0764	0.0398
F – Value	6.1098***	20.0219***	5.9832***	4.2190***
N	2234	2491	2356	2356

注：***、**、* 分别表示在1％、5％、10％水平上显著；估计系数下方括号中的数值为t值；本书通过F检验及Hausman检验后对非平衡面板数据回归模型设定为固定效应模型；F – Value值表示固定效应模型的整体显著性检验值；R^2 – within表示固定效应模型的拟合优度。

为了检验经济政策不确定性对银行债务融资五个代理变量是否具有显著的影响，本书采用固定效应模型进行回归分析。检验结果如表4－4所示，第（1）列报告了解释变量经济政策不确定性（EPU）对银行贷款总额（BLA）的回归结果，经济政策不确定性值（EPU）的估计系数为－3.1653，且在1％水平上显著负相关（t值为－3.71），说明在经济政策不确定性上升的经济环境中，未来金融市场的货币流动性趋紧且融资难度增大，一方面，商业银行等金融机构对外贷款发放总量会显著减少，另一方面，企业获取银行贷款的门槛会相应提高，从而导致民营企业获得银行贷款总额显著降低。第（2）列报告了经济政策不确定性（EPU）对银行贷款期限（BLT）的回归结果，经济政策不确定性值（EPU）的估计系数为-0.4799，且在5%水平上显著负相关（t值为-2.52），说明当经济政策不确定性增强时，为了更容易获得银行信贷资金，民营企业会选择贷款门槛较低、单项贷款金额较小的短期银行贷款，而贷款门槛较高，单项贷款金额较大的长期银行贷款比例会显著降低。第（3）列报告了经济政策不确定性（EPU）对银行贷款利率（BLR）的回归结果，经济政策不确定性值（EPU）的估计系数为6.9465，且在5%水平上显著正相关（t值为2.02），说明当经济政策不确定性增强时，金融市场的货币流动性减弱且银行对外贷款发放总量减少的情况下，民营企业获取银行贷款的利率会显著提高，进而导致企业的融资成本显著增加。我们发现，经济政策不确定性值（EPU）对银行贷款期限（BLT）影响的显著性水平（-5%）与银行贷款利率（BLR）的显著性水平（5%）呈现双向同步调整的趋势，符合我国民营企业的短期贷款利率高于长期贷款利率，短期贷款总量大于长期贷款总量的实际情况。第（4）列报告了经济政策不确定性（EPU）对银行贷款方式（BLW）的回归结果，经济政策不确定性值（EPU）的估计系数为-7.1318，且在1%水平上显著负相关（t值为-4.86），说明当经济政策不确定性增强时，商业银行等金融机构为确保贷款项目的稳健性，降低贷款风险，通常会降低担保和信用贷款在信贷总额中的比重，同时要求民营企业提供更多的抵押和质押物等方式，企业获取银行贷款的门槛效应会显著增强。第（5）列报告了经济政策不确定性（EPU）对银行贷款偏离度（D_BLA）的回归结果，经济政策不确定性值（EPU）的估计系数为0.2973，且在5%水平上显著正相关（t值为2.69），说明当预期经济政策不确定性增加时，民营企业实际获得银行贷款总额和银行最优负债比例之差的绝对值会显著增大，银行贷款总额的波动幅度和不稳定性显著增加，我国民营企业获得银行贷款的稳定性会显著降低。以上的实证分析结果总体上支持研究假设H4-2。

表4-4 经济政策不确定性与银行债务融资之间关系的静态估计结果

变量	(1) BLA	(2) BLT	(3) BLR	(4) BLW	(5) D_BLA
Intercept	0.5646 ***	0.3378 ***	10.0669 ***	3.8023 ***	0.0993 ***
	(8.70)	(6.44)	(10.66)	(10.11)	(3.26)
EPU	-3.1653 ***	-0.4799 **	6.9465 **	-7.1318 ***	0.2973 ***
	(-3.71)	(-2.52)	(2.02)	(-4.86)	(2.69)
ROA	-0.4751 *	0.2707	-15.5917 ***	-9.0535 ***	-0.3692 *
	(-1.87)	(0.82)	(-2.62)	(-3.48)	(-1.92)
DEP	0.4994	-1.1153 *	11.2081	1.6323	-0.0975
	(1.01)	(-1.74)	(0.97)	(0.34)	(-0.26)
GDPGR	-0.0552	0.0313	0.6851	0.1882	-0.0043
	(-1.47)	(0.62)	(0.76)	(0.50)	(-0.15)
FIX	0.0591	-0.1657 **	-5.8052 ***	1.1036	-0.0264
	(0.97)	(-2.09)	(-4.06)	(1.54)	(-0.57)
DM1	0.0235	0.0702	4.5444	-2.8625 **	0.1413
	(0.17)	(0.38)	(1.38)	(-2.21)	(1.33)
RATE	-0.0416 ***	-0.0473 ***	-0.3463 **	0.2521 ***	-0.0060
	(-4.48)	(-4.99)	(-2.03)	(3.55)	(-1.10)
TOP	0.2963 ***	0.5137 ***	-3.4205 *	-2.4923 ***	0.1476 **
	(3.49)	(4.68)	(-1.73)	(-3.27)	(2.31)
MFE	0.1564	0.1074	0.3615	1.2912	0.1264
	(1.21)	(0.63)	(0.12)	(1.05)	(1.28)
TQ	0.0205 ***	0.0018	0.1031	0.0737	0.0009
	(4.28)	(0.28)	(0.92)	(1.49)	(0.25)
SGR	0.0996	0.0048	4.3674 **	2.6047 ***	0.0914
	(1.09)	(0.04)	(2.03)	(2.81)	(1.32)
R^2 - within	0.0498	0.0510	0.0286	0.0969	0.0157
F - Value	6.2069	6.3694	3.4873	7.6389	1.8921

续表

变量	(1) BLA	(2) BLT	(3) BLR	(4) BLW	(5) D_BLA
P	0	0	0	0	0
N	1488	1488	1488	1488	1488

注：***、**、*分别表示在1%、5%、10%水平上显著；估计系数下方括号中的数值为t值；本书通过F检验及Hausman检验后对非平衡面板数据回归模型设定为固定效应模型；R^2-within表示固定效应模型的拟合优度；F-Value值表示固定效应模型的整体显著性检验值；P值表示固定效应模型的显著性检验统计量。

4.3.3 动态估计结果分析

国内外的研究文献认为，传统的参数估计方法在动态面板数据分析模型估计时存在有偏性和非一致性。根据Arellano和Bond（1991），Blundell和Bond（1998）提出的GMM估计方法，为降低动态面板数据分析中出现有偏和非一致性，本书将进一步运用动态面板数据分析模型中的系统GMM的估计方法考察经济政策不确定性如何影响商业信用模式、商业信用获取、商业信用供给和净商业信用。

表4-5中第（1）列是以商业信用模式（TC1）为被解释变量，以被解释变量（TC1）滞后一期（L.TC1）、经济政策不确定性（EPU）为解释变量，总资产收益率（ROA）等变量组成的向量组为控制变量，对经济政策不确定性（EPU）和商业信用模式（TC1）之间的动态调整模型进行系统GMM估计分析。从表4-5中第（1）列的系统GMM估计结果所报告的统计量表明，检验结果中被解释变量商业信用模式一阶滞后项的系统GMM估计系数为0.2923，且在1%水平上显著正相关（z值为24.82），滞后期变量的系数表现为显著正相关关系，说明当期的商业信用模式在很大程度上受到前期商业信用模式的影响，商业信用模式变量具有显著的

正向累计效应。经济政策不确定性（EPU）的系统 GMM 估计系数为 0.1196，且在 1% 水平上显著正相关（z 值为 2.64），表明经济政策不确定性与商业信用融资模式之间呈显著的正相关关系，经济政策不确定性越高，企业使用高成本的商业信用模式的比重越大，融资成本越高。系统 GMM 估计模型的 Sargan 检验（P 值为 0.7552，大于 0.05），即工具变量有效，说明在 5% 的显著性水平上，我们不能拒绝工具变量有效性的零假设（P 值大于 0.05），Sargan 检验中模型估计所选用的工具变量是合适的，上述模型的系统 GMM 估计结果中新增工具变量是有效的且不存在过度识别的问题。

表 4-5 经济政策不确定性与商业信用融资的系统 GMM 动态估计结果

变量	(1) TC1	(2) TC2	(3) TC3	(4) NTC
Intercept	0.6814*** (37.99)	0.9230*** (12.49)	0.1188*** (33.63)	0.0073 (1.60)
L.TC$_1$	0.2923*** (24.82)			
L.TC$_2$		0.0240*** (17.66)		
L.TC$_3$			0.5640*** (10.33)	
L.NTC				0.6786*** (12.42)
EPU	0.1196*** (2.64)	-1.9771*** (-10.37)	0.0303** (2.14)	-0.2687*** (-7.97)
ROA	-0.2815*** (-4.17)	3.8102*** (5.15)	-0.3615*** (-18.91)	0.2066*** (7.89)

续表

变量	(1) TC1	(2) TC2	(3) TC3	(4) NTC
DEP	-0.1739*	-18.3121***	0.1220***	-0.0353
	(-1.67)	(-16.52)	(4.17)	(-1.02)
GDPGR	0.0971***	-1.4528***	0.0295***	-0.0326***
	(15.36)	(-30.89)	(18.22)	(-11.61)
FIX	-0.1963***	-5.6873***	0.0116**	-0.0739***
	(-6.71)	(-27.25)	(2.08)	(-10.67)
DM1	-0.7935***	-8.6433***	-0.1857***	0.2730***
	(-24.40)	(-57.38)	(-22.15)	(19.60)
RATE	-0.0324***	-0.2463***	-0.0135***	0.0075***
	(-16.32)	(-21.75)	(-21.97)	(7.23)
TOP	-0.4209***	6.7145***	-0.0072	-0.0150*
	(-23.42)	(8.54)	(-1.45)	(-1.83)
MFE	-0.2212**	14.9691***	0.0761***	-0.0736***
	(-2.22)	(5.44)	(6.62)	(-3.41)
TQ	-0.0062***	0.1401***	0.0040***	-0.0078***
	(-2.96)	(12.97)	(7.80)	(-9.26)
SGR	-0.2133***	-8.2522***	0.0294***	-0.0377***
	(-7.98)	(-31.74)	(4.54)	(-4.51)
AR(1)	0.0000	0.0091	0.0000	0.0000
AR(2)	0.0000	0.0681	0.6752	0.3048
Sargan 检验	0.7552	0.2775	0.3793	0.5562
N	1488	1488	1488	1488

注：(1) ***、**、* 分别表示在1%、5%、10%水平上显著；(2) 估计系数下方括号中的数值为z统计量；(3) 表中结果均使用Stata13.1中的"xtdpdsys"程序分析，并且最多使用三阶被解释变量作为工具变量（maxldep），所有参数估计值都为两阶段GMM估计量。

表4-5中第（2）列是以商业信用获取（TC2）为被解释变量，以被解释变量（TC2）滞后一期（L.TC2）、经济政策不确定性（EPU）为解释变量，总资产收益率（ROA）等变量组成的向量组为控制变量，对经济政策不确定性（EPU）和商业信用获取（TC2）之间的动态调整模型进行系统GMM估计分析。从表4-5系统GMM估计结果所报告的统计量表明，系统GMM估计系数为0.0240，且在1%水平上显著正相关（z值为17.66），滞后期变量的系数表现出显著的相关关系，表明当期的商业信用获取与前期商业信用获取之间具有显著的累计效应。经济政策不确定性（EPU）的系统GMM估计系数为-1.9771，且在1%水平上显著负相关（z值为-10.37），表明经济政策不确定性与商业信用获取之间呈显著的负相关关系，经济政策不确定性越高，企业获得的商业信用融资金额越小。系统GMM估计模型的Sargan检验（P值为0.2775，大于0.05），即工具变量有效，说明在5%的显著性水平上，我们不能拒绝工具变量有效性的零假设（P值大于0.05），Sargan检验中模型估计所选用的工具变量是合适的，上述模型的系统GMM估计结果中新增工具变量是有效的且不存在过度识别的问题。

表4-5中第（3）列是以商业信用供给（TC3）为被解释变量，以滞后一期（L.TC3）被解释变量（TC3）、经济政策不确定性（EPU）为解释变量，总资产收益率（ROA）等变量组成的向量组为控制变量，对经济政策不确定性（EPU）和商业信用供给（TC3）之间的动态调整模型进行系统GMM估计分析。从表4-5中第（3）列的系统GMM估计结果所报告的统计量表明，系统GMM估计系数为0.5640，且在1%水平上显著正相关（z值为10.33），滞后期变量的系数表现为显著正相关关系，表明当期的商业信用供给与前期商业信用供给之间具有正向累计效应。经济政策不确定性（EPU）的系统GMM估计系数为0.0303，且在5%水平上显著正相关（z值为2.14），表明经济政策不确定性与商业信

用供给之间具有显著正相关关系,商业信用供给会受到预期经济政策不确定性的正向影响,预期经济政策不确定性越高,企业被占用的商业信用越多,获取的商业信用融资越少。系统GMM估计模型的Sargan检验(P值为0.3793,大于0.05)说明,在5%的显著性水平上,我们不能拒绝工具变量有效性的零假设(P值大于0.05),Sargan检验中模型估计所选用的工具变量是合适的,上述模型的系统GMM估计结果中新增工具变量是有效的且不存在过度识别的问题。

表4-5中第(4)列是以净商业信用(NTC)为被解释变量,以滞后一期(L.NTC)被解释变量(NTC)、经济政策不确定性(EPU)为解释变量,总资产收益率(ROA)等变量组成的向量组为控制变量,对经济政策不确定性(EPU)和净商业信用(NTC)之间的动态调整模型进行系统GMM估计分析。从表4-5系统GMM估计结果所报告的统计量表明,系统GMM估计系数为0.6786,且在1%水平上显著正相关(z值为12.42),滞后期变量的系数表现为显著正相关关系,表明当期的净商业信用与前期净商业信用之间具有显著的正向累计效应。经济政策不确定性(EPU)的系统GMM估计系数为-0.2687,且在1%水平上显著负相关(z值为-7.97),表明经济政策不确定性与净商业信用融资之间呈显著的负相关关系,经济政策不确定性越高,企业获得净商业信用融资越少,融资难度越大。系统GMM估计模型的Sargan检验(P值为0.5562,大于0.05),即工具变量有效,说明在5%的显著性水平上,我们不能拒绝工具变量有效性的零假设(P值大于0.05),Sargan检验中模型估计所选用的工具变量是合适的,上述模型的系统GMM估计结果中新增工具变量是有效的且不存在过度识别的问题。

从表4-5的系统GMM模型所报告的检验统计量来看,本节构建的商业信用模式(TC1)、商业信用获取(TC2)、商业信用供给（TC3）和净商业信用（NTC）的动态调整模型系统 GMM 估计是合理的。经济政策不确定性和商业信用融资四个代理变量之间的动态调整关系的回归估计结果与静态回归估计结果基本一致，本部分不再赘述。

国内外的研究文献认为，银行贷款总额（BLA）、银行贷款期限（BLT）、银行贷款利率（BLR）、银行贷款方式（BLW）和银行贷款偏离度（D_BLA）存在需要动态调整的问题。根据 Arellano 和 Bond（1991），Blundell 和 Bond（1998）提出的 GMM 估计方法，为降低动态面板数据分析中出现有偏和非一致性，本书将进一步运用动态面板数据分析模型中的系统 GMM 的估计方法考察经济政策不确定性如何影响银行贷款总额、银行贷款期限、银行贷款利率、银行贷款方式和银行贷款偏离度，见表 4-6。

表 4-6 经济政策不确定性与银行债务融资的系统 GMM 动态估计结果

变量	(1) BLA	(2) BLT	(3) BLR	(4) BLW	(5) D_BLA
Intercept	0.1531*** (11.63)	0.4090*** (7.41)	9.4048*** (38.46)	2.0062*** (22.09)	-0.1048*** (-13.71)
L.BLA	0.7991*** (10.51)				
L.BLT		0.6827*** (18.22)			
L.BLR			-0.0706 (-0.14)		
L.BLW				0.6629*** (6.54)	
L.D_BLA					0.6185*** (6.01)
EPU	-1.2562*** (-7.28)	-3.8467*** (-33.70)	3.2016*** (5.03)	-1.2722*** (-10.54)	0.3000*** (5.46)

续表

变量	(1) BLA	(2) BLT	(3) BLR	(4) BLW	(5) D_BLA
ROA	-0.1543***	0.2309***	-12.1536***	-1.8759***	-0.6767***
	(-4.02)	(8.60)	(-11.22)	(-10.58)	(-19.64)
DEP	-0.5898***	-0.8326***	25.4374***	-1.5565***	0.3619***
	(-12.21)	(-23.40)	(14.74)	(-8.27)	(7.12)
GDPGR	0.0122**	0.0963***	0.9399***	-0.0956***	-0.0286***
	(2.32)	(4.68)	(10.07)	(-9.54)	(-6.60)
FIX	0.0289***	-0.1884***	2.4920***	0.8090***	0.1466***
	(3.53)	(-35.02)	(7.70)	(12.98)	(15.17)
DM1	-0.1293***	-0.3680***	1.2279**	0.0855***	0.1639***
	(-10.12)	(-30.68)	(2.15)	(4.57)	(10.72)
RATE	-0.0107***	-0.0366***	-0.7652***	-0.0543***	0.0225***
	(-6.67)	(-38.32)	(-17.64)	(-5.01)	(12.79)
TOP	0.0879***	-0.0748***	-2.2426***	-2.0229***	0.0802***
	(8.40)	(-13.26)	(-7.41)	(-17.96)	(9.61)
MFE	0.0751**	0.4122***	4.2913***	1.2581***	0.1329***
	(2.45)	(17.24)	(4.52)	(8.85)	(5.93)
TQ	-0.0019**	0.0011	0.1268***	-0.0145***	0.0021*
	(-2.35)	(1.37)	(3.93)	(-7.38)	(1.67)
SGR	-0.0377***	-0.0111	-0.5048	0.8264***	0.1891***
	(-3.16)	(-1.34)	(-1.10)	(16.36)	(17.05)
AR(1)	0.0000	0.0000	0.0000	0.0020	0.0000
AR(2)	0.2815	0.7716	0.3893	0.3489	0.9606
Sargan检验	0.2889	0.2108	0.4129	0.6637	0.7382
N	1488	1488	1488	1488	1488

注：(1) ***、**、*分别表示在1%、5%、10%水平上显著；(2) 估计系数下方括号中的数值为z统计量；(3) 表中结果均使用Stata13.1中的"xtdpdsys"程序分析，并且最多使用三阶被解释变量作为工具变量（maxldep），所有参数估计值都为两阶段GMM估计量。

表 4-6 中第（1）列是以银行贷款总额（BLA）为被解释变量，以滞后一期（L.BLA）被解释变量（BLA）、经济政策不确定性（EPU）为解释变量，总资产收益率（ROA）等变量组成的向量组为控制变量，对经济政策不确定性（EPU）和银行贷款总额（BLA）之间的动态调整模型进行系统 GMM 估计分析。从表 4-6 中第（1）列的系统 GMM 估计结果所报告的统计量表明，检验结果中被解释变量银行贷款总额一阶滞后项的系统 GMM 估计系数为 0.7991，且在 1% 水平上显著正相关（z 值为 10.51），滞后期变量的系数表现为显著正相关关系，表明当期的银行贷款总额在很大程度上受到前期银行贷款总量的影响，银行贷款总额变量具有显著的正向累计效应。系统 GMM 估计系数为 -1.2562，且在 1% 水平上显著负相关（z 值为 -7.28），表明经济政策不确定性与银行贷款总额之间呈显著的负相关关系，经济政策不确定性越高，企业获得银行贷款总额越少。系统 GMM 估计模型的 Sargan 检验（P 值为 0.2889，大于 0.05），即工具变量有效，说明在 5% 的显著性水平上，我们不能拒绝工具变量有效性的零假设（P 值大于 0.05），Sargan 检验中模型估计所选用的工具变量是合适的，上述模型的系统 GMM 估计结果中新增工具变量是有效的且不存在过度识别的问题。

表 4-6 中第（2）列是以银行贷款期限（BLT）为被解释变量，以滞后一期（L.BLT）被解释变量（BLT）、经济政策不确定性（EPU）为解释变量，总资产收益率（ROA）等变量组成的向量组为控制变量，对经济政策不确定性（EPU）和银行贷款总额（BLT）之间的动态调整模型进行系统 GMM 估计分析。从表 4-6 中第（2）列的系统 GMM 估计结果所报告的统计量表明，系统 GMM 估计系数为 0.6827，且在 1% 水平上显著正相关（z 值为 18.22），滞后期变量的系数表现为显著正相关关系，表明当期的银行贷款期限与前期银行贷款期限之间具有显著的正向累计效应。

经济政策不确定性（EPU）的系统 GMM 估计系数为 -3.8467，且在 1% 水平上显著负相关（z 值为 -33.70），表明经济政策不确定性与银行贷款期限之间呈显著的负相关关系，经济政策不确定性越高，企业获得银行贷款期限越短。系统 GMM 估计模型的 Sargan 检验（P 值为 0.2108，大于 0.05），即工具变量有效，说明在 5% 的显著性水平上，我们不能拒绝工具变量有效性的零假设（P 值大于 0.05），Sargan 检验中模型估计所选用的工具变量是合适的，上述模型的系统 GMM 估计结果中新增工具变量是有效的且不存在过度识别的问题。

表 4-6 中第（3）列是以银行贷款利率（BLR）为被解释变量，以滞后一期（L.BLR）被解释变量（BLR）、经济政策不确定性（EPU）为解释变量，总资产收益率（ROA）等变量组成的向量组为控制变量，对经济政策不确定性（EPU）和银行贷款利率（BLR）之间的动态调整模型进行系统 GMM 估计分析。表 4-6 系统 GMM 估计结果所报告的统计量表明，系统 GMM 估计系数为 -0.0706，且在 1% 水平上显著正相关（z 值为 -0.14），滞后期变量的系数表现为不具有显著负相关关系，表明当期的银行贷款利率与前期银行贷款利率之间具有负向累计效应。经济政策不确定性（EPU）的系统 GMM 估计系数为 3.2016，且在 1% 水平上显著正相关（z 值为 5.03），表明经济政策不确定性与银行贷款利率之间具有显著正相关关系，银行贷款利率会受到经济政策不确定性的正向影响。系统 GMM 估计模型的 Sargan 检验（P 值为 0.4129，大于 0.05），即工具变量有效，说明在 5% 的显著性水平上，我们不能拒绝工具变量有效性的零假设（P 值大于 0.05），Sargan 检验中模型估计所选用的工具变量是合适的，上述模型的系统 GMM 估计结果中新增工具变量是有效的且不存在过度识别的问题。

表 4-6 中第（4）列是以银行贷款方式（BLW）为被解释变量，以滞后一期（L.BLW）被解释变量（BLW）、经济政策不确定

性（EPU）为解释变量，总资产收益率（ROA）等变量组成的向量组为控制变量，对经济政策不确定性（EPU）和银行贷款方式（BLW）之间的动态调整模型进行系统 GMM 估计分析。表 4-6 中第（4）列的系统 GMM 估计结果所报告的统计量表明，系统 GMM 估计系数为 0.6629，且在 1% 水平上显著正相关（z 值为 6.54），滞后期变量的系数表现为显著正相关关系，表明当期的银行贷款方式与前期银行贷款方式之间具有显著的正向累计效应。经济政策不确定性（EPU）的系统 GMM 估计系数为 -1.2722，且在 1% 水平上显著负相关（z 值为 -10.54），表明经济政策不确定性与银行贷款方式之间呈显著的负相关关系，经济政策不确定性越高，企业获得银行贷款方式将更多采用信用等级较低的质押和抵押贷款。系统 GMM 估计模型的 Sargan 检验（P 值为 0.6637，大于 0.05），即工具变量有效，说明在 5% 的显著性水平上，我们不能拒绝工具变量有效性的零假设（P 值大于 0.05），Sargan 检验中模型估计所选用的工具变量是合适的，上述模型的系统 GMM 估计结果中新增工具变量是有效的且不存在过度识别的问题。

表 4-6 中第（5）列是以银行贷款偏离度（D_BLA）为被解释变量，以滞后一期（L.D_BLA）被解释变量（D_BLA）、经济政策不确定性（EPU）为解释变量，总资产收益率（ROA）等变量组成的向量组为控制变量，对经济政策不确定性（EPU）和银行贷款偏离度（D_BLA）之间的动态调整模型进行系统 GMM 估计分析。表 4-6 中第（5）列的系统 GMM 估计结果所报告的统计量表明，系统 GMM 估计系数为 0.6185，且在 1% 水平上显著正相关（z 值为 6.01），滞后期变量的系数表现为显著正相关关系，表明当期的银行贷款偏离度与前期银行贷款偏离度之间具有显著的正向累计效应。经济政策不确定性（EPU）的系统 GMM 估计系数为 0.3000，且在 1% 水平上显著负相关（z 值为 5.46），表明经济政策不确定性与银行贷款偏离度之间呈显著的正相关关系，经济政策

不确定性越高，企业获得银行贷款的偏离度越大，银行贷款渠道的稳定性越差。系统 GMM 估计模型的 Sargan 检验（P 值为 0.7382，大于 0.05），即工具变量有效，说明在 5% 的显著性水平上，我们不能拒绝工具变量有效性的零假设（P 值大于 0.05），Sargan 检验中模型估计所选用的工具变量是合适的，上述模型的系统 GMM 估计结果中新增工具变量是有效的且不存在过度识别的问题。

4.4　本章小结

通过本章的实证分析表明，经济政策不确定性上升，民营企业使用高成本商业信用融资模式的比例越高，获取商业信用融资的金额越少，对外提供的商业信用融资金额越多，净商业信用融资金额越少。经济政策不确定性上升，民营企业获得银行贷款总额越少，贷款期限越短，贷款利率越高，贷款偏离度越大且贷款担保方式越严格。

第 5 章
社会资本与债务融资的实证研究

5.1 引言

近年来我国民营企业由于融资难、融资成本高而产生的财务问题引发了学术界的广泛关注,如何有效地缓解民营企业的融资困境,增强民营企业对外融资的能力呢?除了正式的社会制度对一个国家的经济和企业的发展具有重要的影响以外,企业与政府之间的政治关系,企业家之间的信任程度和区域的社会资本发展水平都对企业的信用融资、银行贷款融资的难易程度和股价波动性具有显著的影响。本书以我国 A 股上市的民营企业数据为研究样本,实证检验了社会资本、债务融资与股价波动性的作用。实证检验结果表明,社会资本越高,民营企业使用高成本商业信用融资模式的比例越低、获取商业信用融资的金额越多,对外提供的商业信用融资金额越少,净商业信用融资金额越多。

银行贷款作为企业主要的融资方式,交易双方的信任水平与银行债务融资规模呈正相关关系,与融资成本呈负相关关系。社会资本可以有效地提升企业与银行等金融机构之间相互信任的水平,提高合作效率,降低交易违约风险和成本,从而扩大企业的银行贷款规模,延长银行贷款期限,降低贷款的利率,降低银行贷款担保方式的标准并获得持续稳定的信贷资金,减小银行贷款偏离度。

5.2 理论分析与研究假设

近年来,随着我国宏观经济总体增长态势的放缓,民营企业的经营环境和融资环境逐步恶化,导致银行等金融机构提高民营企业的银行贷款门槛。部分民营企业已经出现资金流急剧短缺的情况,无法按照正常的项目进度支付款项,从而造成了整个产业链的系统性流动资金风险。同时,资金短缺的现状也从信贷需求和供给的角度促使我国民营企业间商业信用的大规模使用。一方面,银行等金融机构提高了相关领域企业的融资费率,从而导致企业对外提供商业信用的成本显著增加,进而企业会减少商业信用的供给;另一方面,融资困难的企业通过获取其他企业的商业信用进行短期融资,这种融资方式会降低企业的商誉,增加企业的交易成本。由于企业的商业信用供给会促进其对外销售产品,而商业信用需求会降低企业的信誉度,所以合理的使用商业信用和银行贷款对企业的发展至关重要。

已有的研究文献对商业信用和银行贷款之间的关系论证有如下两个方面:一方面是替代性融资理论,研究发现商业信用的融资成本较银行贷款的利息成本普遍偏高,企业在银行贷款难以获得的情况下采用商业信用融资,从而促使商业信用融资方式成为银行贷款的替代性融资方式(Biais 和 Gollier,1997;Petersen 和 Rajan,1997)。另一方面是经营性动机理论,该理论认为企业对外提供商业信用是出于扩大销售收入、增加客户资源、增强存货流动性等经营性动机(Ferris,1981;Van 和 Horen,2005;Cunat,2007)。这些理论虽然得到了西方学者的普遍认同,但是仍然难以解释不同的制度背景下所有权性质不同的企业对商业信用融资和银行贷款融资的偏好程度是否相同。由于我国普遍存在国有和民营性质两种类型的企业，国有企业比民营企业在银行信贷融资方面具有先天性优势（余明桂和潘红波，2010）。不同社会资本发展水平的民营企业是否在信贷融资方式的选择上具有不同的行为偏好？本书从社会资本的视角，试图提供这方面的直接实证检验证据。

值得关注的是，现有的研究文献都是在正式的社会制度背景下研究商业信用和银行贷款关系（Ge 和 Qiu，2007），但是在当前我国经济进入"新常态"时期，银根收紧会加剧企业的融资约束，从而进一步导致企业的经营困难，在无法改变信贷机制和宏微观经济政策等正式制度的情况下，寻找影响银行贷款和商业信用的非正式制度因素具有重要的现实意义。

由于现有的经济理论在解释银行贷款方面存在许多的不足之处，因此，La Porta 等（1998）将法律制度和银行贷款等金融契约理论相结合，标志着社会制度理论与金融契约理论进入一个崭新的发展时期。Putnam（1993）对意大利的经济发展研究后认为，地区文化背景、政治环境和政企关系等是一个企业所具有的社会资本衡量标准；Coleman（1990）认为企业所在地区的社会道德、人与人之间的信任程度、公共组织的数量以及人员社交关系网络等因素构成企业的社会资本。尽管不同研究领域对社会资本的衡量标准不尽相同，但最终的研究成果普遍表明，社会资本作为一种非正式社会制度，具有增强企业间的信任程度，提高经济资源的配置效率，降低交易费用和缓解正式制度缺失造成的资源错配的功能。本书深入分析社会资本构成指标对企业短期融资的影响，从宏观层面的视角实证检验其对短期融资（商业信用融资和短期银行贷款融资）方式和效率的影响。具体来说，我们想要回答以下两个方面的问题。首先，不同社会资本发展水平的民营企业在运用上述两种融资方式的能力上是否具有显著的差异？我们预期社会资本发展水平越高的民营企业具有更强的动机使用商业信用融资。这是因为，社会资本发展水平越高的民营企业拥有更加雄厚的经济实力和资本来满足银行发放贷款的硬性指标要求，从而使其更加容易获得银行贷款（Li et al.，2008；余明桂和潘红波，2008）。第二个问题是，如果社会资本发展水平越高的民营企业更有意愿运用商业信用融资"替代"银行贷款融资，那么这种替代效应是否在三个维度的社会资本中都具有显著性？一些研究表明，我国的民营企业相对于国有企业来说获取银行贷款的能力较差，贷款金额较小，贷款门槛较高（余明桂和潘红波，2008，肖作平和张樱，2014）。也就是说，民营企业在难以从正规融资渠道获得银行贷款的情况下，通常会选择利用商业信用融资方式间接获取资金，所以社会资本发展水平的提高会显著促使企业之间的沟通效率提高，交易成本的降低。因此，我们预期在社会资本发展水平越高的民营企业更可能以获取商业信用的方式进行短期融资，商业信用和银行贷款的"替代效应"会更加显著。

Baron 和 Markman（2003）及 Cassar（2007）的研究表明，企业融资方式的选择不仅取决于正式的社会制度，而且还取决于非正式的社会制度。Kim et al.（2009）研究发现，社会资本发展水平越高，企业间的信任程度和合作水平越高，越有利于降低合作双方的违约率，缓解交易双方的信息不对称问题，从而降低交易成本、机会成本和监督成本。Du et al.（2013）研究发现，发展中国家的法律制度和金融体系不完善，作为非正式社会制度的社会资本可以帮助企业获得更多的经济资源，降低运营成本。Ang et al.（2009）研究了非正式制度（主要是社会资本）对外商投资企业在直接投资方面的影响机制，表明社会资本对法律制度具有显著的替代效应。在法律制度不完善的地区，社会资本越高，外国投资者投入资本会显著地提高。国外已有的文献主要是研究法律制度、金融环境和公司治理等因素对企业获得银行债务融资和信用融资的影响机制（La Porta et al.，1998；Li 和 Lu，2008）。肖作平和张樱（2014，

2016)分别从企业家社会关系、社会信任等角度提供实证检验分析,他们的研究结果表明,除了正式的社会制度对一个国家的经济和企业的发展具有重要的影响以外,企业与政府之间的政治关系,企业家之间的信任程度和区域的社会资本发展水平都对企业的银行贷款难易程度和融资成本具有显著的影响。银行贷款作为企业主要(直接)的融资方式,交易双方的信任水平与银行债务融资规模呈正相关关系,与融资成本呈负相关关系。高管的社会资本可以有效地提升企业与银行等金融机构之间相互信任的水平,提高合作效率,降低交易违约风险和成本,从而扩大企业的银行贷款规模、延长银行贷款期限、降低贷款的利率、降低银行贷款担保方式的标准并获得持续稳定的信贷资金,减小银行贷款偏离度。另外,根据上述分别基于社会资本的两个维度的定义和分析可知,社会资本的两个层面(高管社会资本和区域社会资本)都会对商业信用融资和银行债务融资造成影响,据此,本书提出研究假设 H_{5-1}、H_{5-2}、H_{5-3} 和 H_{5-4}。

研究假设 H_{5-1}:高管社会资本越高,使用高成本商业信用融资模式的比例越低,获取商业信用融资的金额越多,对外提供的商业信用融资金额越少,净商业信用融资金额越多。

研究假设 H_{5-2}:企业所在地区的区域社会资本越高,使用高成本商业信用融资模式的比例越低,获取商业信用融资的金额越多,对外提供的商业信用融资金额越少,净商业信用融资金额越多。

研究假设 H_{5-3}:高管社会资本越高,获得银行贷款总额越大,贷款期限越长,贷款利率越低,贷款偏离度越小且贷款担保方式越宽。

研究假设 H_{5-4}:企业所在地区的区域社会资本越高,获得银行贷款总额越大,贷款期限越长,贷款利率越低,贷款偏离度越小且贷款担保方式越宽。

5.3 研究样本和研究设计

5.3.1 研究样本与数据来源

本书以我国沪深交易所上市的民营企业为研究样本。根据研究需要我们剔除了如下类型的样本数据：(1) 金融企业，因为该类型企业的财务报表数据具有比较特殊的行业特征；(2) 中央直属企业，因为本书的研究中需要对企业注册地按照地区和省份进行划分；(3) 财务数据披露不连续的公司，因为这类企业的银行贷款期限特征不显著；(4) 研究数据出现异常的公司；(5) ST、PT公司及当年IPO的样本公司；(6) 研究指标的分位数在1%以下和99%以上的公司。最后得到的1924组公司年度数据经过随机抽取若干上市公司的年度报表进行核对产生，均来自数据库（CSMAR）。

5.3.2 变量的定义与计量模型

根据已有文献，我们控制了可能会影响企业债务融资的一些特征变量，主要包括公司特征变量和宏观经济变量。行业也是影响企业债务融资的重要因素，我们根据证监会颁布的《上市公司行业分类指引》对研究样本的行业设置行业虚拟变量（ID），年度虚拟变量（YEAR）则按照不同年份进行设定。具体变量的定义见表5-1。

表5-1　　　　　　　　　变量的定义

变量名称	变量符号	变量定义
商业信用模式	TC1	（应付票据+预付账款）/（应付票据+应付账款+预付账款）

续表

变量名称	变量符号	变量定义
商业信用获取	TC2	(应付票据+应付账款+预收账款)/总资产
商业信用供给	TC3	(应收票据+应收账款+预付账款)/总资产
净商业信用	NTC	(应付票据+应付账款+预收账款－应收票据－应收账款－预付账款)/总资产
银行贷款总额	BLA	(短期借款+一年内到期的非流动负债+长期借款)/总负债
银行贷款期限	BLT	长期借款/(短期借款+一年内到期的非流动负债+长期借款)
银行贷款利率	BLR	样本公司当年贷款年利率的加权平均值
银行贷款方式	BLW	质押、抵押、保证、担保=0，信用=1
银行贷款偏离度	D_BLA	实际BLA和银行最优负债比例之差的绝对值
高管社会资本	ESC	高管社会资本综合得分指数
区域社会资本	RSC	各地区社会资本综合得分指数
总资产收益率	ROA	年净利润/总资产平均余额
管理费用率	MFE	管理费用/总资产
非债务税盾	DEP	(固定资产折旧+无形资产摊销)/总资产
固定资产比率	FIX	固定资产/总资产
托宾Q值	TQ	(每股价格×流通股数+每股净资产×非流通股数+负债)/总资产
门槛比率	RATE	票据贴现利息/票面总金额
第一股东持股比例	TOP	公司第一大股东持股比例
GDP增长率	GDPGR	(本季度GDP－上季度GDP)/上季度GDP
货币供应增长量	DM1	(本期M1－上期M1)/上期M1
可持续增长率	SGR	权益报酬率×留存收益率
行业虚拟变量	ID	当处于该行业时取值为1，否则为0
年份虚拟变量	YEAR	当处于该年份时取值为1，否则为0

(1) 变量的定义

本书根据刘凤委等（2009）的研究设计，被解释变量主要选择商业信用融资模式、商业信用获取、商业信用供给和净商业信用这四个指标，其中商业信用融资模式＝（应付票据＋预付账款）/（应付票据＋应付账款＋预付账款），该指标反映企业在购买和赊销经营活动中使用高成本的商业信用的占比，比重越大，商业信用融资成本越高；商业信用获取＝（应付票据＋应付账款＋预收账款）/总资产，该指标反映企业在购买商品活动中采用商业信用方式间接获取供应商现金流的能力；商业信用供给＝（应收票据＋应收账款＋预付账款）/总资产，该指标反映企业在销售商品活动中采用商业信用的方式间接提供给客户现金流的能力；净商业信用＝（应付票据＋应付账款＋预收账款－应收票据－应收账款－预付账款）/总资产，该指标反映企业在经营活动中使用商业信用的净值。

本书根据肖作平和张樱（2014；2016），李青原等（2015）的研究设计，被解释变量主要选择银行贷款总额、贷款期限、贷款利率、贷款方式和贷款偏离度这五个指标，其中银行贷款总额＝（短期借款＋一年内到期的非流动负债＋长期借款）/总负债，该指标反映企业银行贷款总额与总负债的占比，比重越大，银行贷款总额占企业总负债的比例越高；银行贷款期限＝长期借款/（短期借款＋一年内到期的非流动负债＋长期借款），该指标反映企业银行贷款结构中长期贷款与贷款总额的占比；比重越大，长期贷款的比例越高，短期贷款的比例越低；银行贷款利率为样本公司当年贷款年利率的加权平均值，该指标反映企业获得银行贷款所付出的成本，取值越大，贷款利率越高，贷款成本越大；银行贷款方式根据贷款担保类型赋值为 0 或 1 的虚拟变量（其中质押、抵押、保证、担保＝0，信用＝1），该指标反映企业获得银行贷款需要使用的担保类型；银行贷款偏离度为实际 BLA（银行贷款总额）和银行最优负债比例之差的绝对值。

（2）静态面板计量模型设定

本书研究社会资本（SC）两个维度（ESC 和 RSC）对商业信用融资的影响，为了检验假设 H_{5-1} 和 H_{5-2}：民营企业的社会资本越高，使用高成本商业信用融资模式的比例越低、获取商业信用融资的金额越多、对外提供的商业信用融资金额越少、净商业信用融资金额越多。本书根据上述假设构建的回归模型如下所示：

$$TC_{1it} = \alpha + \beta_1 \times SC_{it} + \beta_2 \times X_{it} + \beta_3 \times \sum ID + \beta_4 \times \sum YEAR + \varepsilon \tag{5-1}$$

$$TC_{2it} = \alpha + \beta_1 \times SC_{it} + \beta_2 \times X_{it} + \beta_3 \times \sum ID + \beta_4 \times \sum YEAR + \varepsilon \tag{5-2}$$

$$TC_{3it} = \alpha + \beta_1 \times SC_{it} + \beta_2 \times X_{it} + \beta_3 \times \sum ID + \beta_4 \times \sum YEAR + \varepsilon \tag{5-3}$$

$$NTC_{it} = \alpha + \beta_1 \times SC_{it} + \beta_2 \times X_{it} + \beta_3 \times \sum ID + \beta_4 \times \sum YEAR + \varepsilon \tag{5-4}$$

本书研究社会资本（SC）两个维度（ESC 和 RSC）对银行债务融资五个代理变量的影响，为了检验假设 H_{5-3} 和 H_{5-4}：民营企业的社会资本越高，获得银行贷款总额越大、贷款期限越长、贷款利率越低、贷款偏离度越小且贷款担保方式越多。本书根据上述假设构建如下的回归模型：

$$BLA_{it} = \alpha + \beta_1 \times SC_{it} + \beta_2 \times X_{it} + \beta_3 \times \sum ID + \beta_4 \times \sum YEAR + \varepsilon \tag{5-5}$$

$$BLT_{it} = \alpha + \beta_1 \times SC_{it} + \beta_2 \times X_{it} + \beta_3 \times \sum ID + \beta_4 \times \sum YEAR + \varepsilon \tag{5-6}$$

$$BLR_{it} = \alpha + \beta_1 \times SC_{it} + \beta_2 \times X_{it} + \beta_3 \times \sum ID$$
$$+ \beta_4 \times \sum YEAR + \varepsilon \quad (5-7)$$

$$BLW_{it} = \alpha + \beta_1 \times SC_{it} + \beta_2 \times X_{it} + \beta_3 \times \sum ID$$
$$+ \beta_4 \times \sum YEAR + \varepsilon \quad (5-8)$$

$$D\_BLA_{it} = \alpha + \beta_1 \times SC_{it} + \beta_2 \times X_{it} + \beta_3 \times \sum ID$$
$$+ \beta_4 \times \sum YEAR + \varepsilon \quad (5-9)$$

其中，i代表第i家样本公司，t代表第t年，α为截距项，β_1、β_2、β_3分别为解释变量的回归系数，分别为行业（ID）和年份（YEAR）虚拟变量的回归系数向量，ε为随机误差项。解释变量SC代表社会资本（高管社会资本和区域社会资本）的综合得分；解释变量X为控制变量组成的向量组。

（3）动态面板计量模型设定

国内外的研究文献认为，静态回归模型在回归过程中无法观测模型的异质性和内生性问题，而债务融资具有动态调整的过程。商业信用模式（TC_1）、商业信用获取（TC_2）、商业信用供给（TC_3）和净商业信用（NTC）可能存在动态调整的问题。根据Arellano和Bond（1991），Blundell和Bond（1998）提出的GMM估计方法，为避免动态面板数据分析中出现有偏和非一致性，本书将进一步运用动态面板数据分析模型中的系统GMM的估计方法考察社会资本如何影响商业信用模式、商业信用获取、商业信用供给和净商业信用。本书根据上述结论构建的回归模型如下所示：

$$TC_{1_{it}} = \alpha + \varphi \times TC_{1_{it-1}} + \beta_1 \times SC_{it} + \beta_2 \times X_{it} + v_i + \varepsilon_{it} \quad (5-10)$$
$$TC_{2_{it}} = \alpha + \varphi \times TC_{2_{it-1}} + \beta_1 \times SC_{it} + \beta_2 \times X_{it} + v_i + \varepsilon_{it} \quad (5-11)$$
$$TC_{3_{it}} = \alpha + \varphi \times TC_{3_{it-1}} + \beta_1 \times SC_{it} + \beta_2 \times X_{it} + v_i + \varepsilon_{it} \quad (5-12)$$
$$NTC_{it} = \alpha + \varphi \times NTC_{it-1} + \beta_1 \times SC_{it} + \beta_2 \times X_{it} + v_i + \varepsilon_{it} \quad (5-13)$$

由于银行贷款总额(BLA)、银行贷款期限(BLT)、银行贷款利率(BLR)、银行贷款方式(BLW)和银行贷款偏离度(D_BLA)可能存在动态调整的问题,本书根据上述结论构建的回归模型如下所示:

$$BLA_{it} = \alpha + \varphi \times BLA_{it-1} + \beta_1 \times SC_{it} + \beta_2 \times X_{it} + v_i + \varepsilon_{it} \quad (5-14)$$

$$BLT_{it} = \alpha + \varphi \times BLT_{it-1} + \beta_1 \times SC_{it} + \beta_2 \times X_{it} + v_i + \varepsilon_{it} \quad (5-15)$$

$$BLR_{it} = \alpha + \varphi \times BLR_{it-1} + \beta_1 \times SC_{it} + \beta_2 \times X_{it} + v_i + \varepsilon_{it} \quad (5-16)$$

$$BLW_{it} = \alpha + \varphi \times BLW_{it-1} + \beta_1 \times SC_{it} + \beta_2 \times X_{it} + v_i + \varepsilon_{it} \quad (5-17)$$

$$D\_BLA_{it} = \alpha + \varphi \times D\_BLA_{it-1} + \beta_1 \times SC_{it}$$
$$+ \beta_2 \times X_{it} + v_i + \varepsilon_{it} \quad (5-18)$$

其中,i 代表公司,t 代表年,α 为常数项,φ 为被解释变量一阶滞后项的估计系数向量,β_1、β_2、β_3、β_4 分别为系数,it 分别为行业(ID)和年份(YEAR)虚拟变量的回归系数向量,v_i 为个体效应,用于控制公司的异质性特征,ε 为随机误差项。解释变量 SC 代表社会资本(高管社会资本和区域社会资本)的综合得分;解释变量 X 为控制变量组成的向量组。

5.4 实证结果与分析

5.4.1 描述性统计

从表 5-2 可见,被解释变量商业信用模式(TC_1)的均值为 0.4652,最小值为 0.0014,最大值为 0.9832,说明样本公司中高成本的商业信用融资占总商业信用融资的平均比重为 46.52%,高成本的商业信用融资在样本公司的商业信用融资总额中占比较大,说明我国民营企业的商业信用融资成本普遍较高。商业信用获取(TC_2)的均值为 0.1511,最小值为 0.0985,最大值为 0.9091,说明样本公司通过商业信用的方式占用供应商货款金额占总资产的比重为 15.11%，通过商业信用间接获取的融资金额在样本公司的应付账款总额中占比较小，说明我国民营企业通过商业信用间接获取融资，拖欠供应商货款的情况较少，其重要的原因可能是民营企业更多关注公司诚信度和声誉度，从而能够及时支付供应商款项。商业信用供给（TC_3）的均值为 0.1832，最小值为 0，最大值为 0.8726，说明样本公司对外提供商业信用融资总额占资产比重为 18.32%，通过商业信用间接提供的融资金额在样本公司的应收账款总额中占比较小，说明我国民营企业通过商业信用间接对外提供融资较少，及时回收客户的货款较多，其重要的原因可能是民营企业现金周转率较低，对销售货款的回收率要求较高。净商业信用融资（NTC）的均值为 0.0179，最小值为 -0.3731，最大值为 0.4173，样本公司净商业信用融资占总资产的比重为 1.79%，说明由于净商业信用占总资产比例较小，通过商业信用间接推迟支付供应商货款的方式获得融资的方式处于动态的均衡调整过程。被解释银行贷款总额（BLA）的均值为 0.5092，最小值为 0.0793，最大值为 0.8923，相对于商业信用融资，银行债务融资为企业的主要融资方式。银行贷款期限（BLT）的均值为 0.3112，最小值为 0.0033，最大值为 0.8961，说明样本公司长期银行贷款的比重低于短期银行贷款，短期银行贷款为企业的主要融资类型。银行贷款利率（BLR）的均值为 7.3671%，最小值为 3.001%，最大值为 15.7321%，与我国商业银行贷款基准利率（4%—6%）相比，我国民营企业的银行贷款利率普遍较高，从而导致我国民营企业的总体融资成本较高。银行贷款偏离度（D_BLA）的均值为 0.1612，最小值为 0.0581，最大值为 0.7351，根据本书中的变量定义（银行贷款偏离度表示实际 BLA 和银行最优负债比例之差的绝对值），波动幅度偏差较大，我国民营企业获取银行贷款的总体能力较差且稳定性较差。

表 5-2　　　　　　　变量的描述性统计量

变量符号	均值	标准差	最小值	中位数	最大值
TC1	0.4652	0.2351	0.0014	0.4873	0.9832
TC2	0.1511	0.1183	0.0985	0.2198	0.9091
TC3	0.1832	0.1232	0	0.2678	0.8726
NTC	0.0179	0.1358	-0.3731	0.1127	0.4173
BLA	0.5092	0.1861	0.0793	0.5876	0.8923
BLT	0.3112	0.2341	0.0033	0.3871	0.8961
BLR	7.3671	2.5901	3.001	7.8971	15.7321
D_BLA	0.1612	0.1142	0.0581	0.2013	0.7351
ESC	0.0938	0.4293	-0.7372	0.1273	0.9702
RSC	0.0937	0.4294	-0.7367	-0.2370	0.9704
ROA	0.0202	0.0301	-0.0752	0.0142	0.1188
MFE	0.1033	0.1156	0.0079	0.0828	1.8518
DEP	0.0179	0.0141	0.0002	0.1503	0.6693
FIX	0.2364	0.1681	0.0013	0.2069	0.6705
TQ	2.7315	2.0696	0.2983	2.1800	13.9047
RATE	3.3843	0.4354	2.7900	3.2500	4.1400
TOP	0.3243	0.1552	0.0585	0.2927	0.7525
GDPGR	-0.0168	0.0888	-0.2604	-0.0247	0.3121
DM1	0.0338	0.0245	-0.0348	0.0303	0.0896
SGR	0.0613	0.0636	-0.3988	0.0450	0.4011

　　解释变量中的高管社会资本（ESC）综合得分的均值为0.0938，最小值为-0.7372，最大值为0.9702，北京市区域内的民营企业高管社会资本为最高（0.9702），青海省的民营企业高管社会资本水平最低（-0.0372），说明我国民营企业高管社会资本的发达程度与地区的整体发展水平呈正相关关系，沿海发达地区的高管社会资本明显高于内地欠发达地区且呈现严重的不均衡状态。区域社会资本（RSC）综合得分的均值为0.0937，最小值为-0.7367，最大值为0.9704，北京市的民营企业区域社会资本为

最高（0.9704），甘肃省的民营企业社会资本水平最低（-0.7367），说明我国民营企业的区域社会资本依然呈现出东部地区高、西部地区低的分布态势，区域社会资本的发达程度与该地区经济、文化和政治发达程度保持高度一致。民营企业社会资本的因子分析综合得分表明，社会资本基本保持一致，间接支持本书研究数据的正确性和合理性。

5.4.2 静态估计结果分析

（1）高管社会资本与债务融资的静态估计结果分析

表 5-3 显示的是高管社会资本对商业信用融资四个代理变量的估计结果。第（1）列报告了解释变量高管社会资本（ESC）对商业信用融资模式（TC_1）的回归结果，高管社会资本（ESC）的估计系数为 -0.0954（t 值为 -2.28），且在 5% 水平上显著负相关。这一研究结果说明，民营企业高管人员的社会资本水平越高，越容易提高合作水平，进而降低购销活动中使用高成本商业信用融资模式的比例，高管社会资本可以有效地降低企业融资成本。第（2）列报告了高管社会资本（ESC）对商业信用获取（TC_2）的回归结果，高管社会资本（ESC）的估计系数为 0.0357（t 值为 2.52），且在 5% 水平上显著正相关，说明民营企业高管社会资本可以通过提高信任程度、传递积极信号和共享关系网络资源等方式增强其获取商业信用的能力，减少货币资金支付总量，减缓现金收支不平衡的矛盾，进而间接促进企业通过商业信用的方式获得短期融资。第（3）列报告了高管社会资本（ESC）对商业信用供给（TC_3）的回归结果，高管社会资本（ESC）的估计系数为 -0.0273（t 值为 -2.09），且在 5% 水平上显著负相关，表明高管社会资本有助于提升企业的声誉度、增强议价能力和销售能力，降低企业在商品销售过程中对外提供信用融资的水平，间接提升企业资金的流动性和融资水平。第（4）列报告了高管社会资本（ESC）对净商

业信用（NTC）的回归结果，高管社会资本（ESC）的估计系数为 0.0652（t 值为 3.60），且在 1% 水平上显著正相关，表明高管社会资本发展水平越高，越有能力无偿占用其他企业的应付款项，降低货款支付率，从而间接提升企业融资能力。以上的实证分析结果总体上支持研究假设 H_{5-1}（见表 5-4）。

表 5-3　高管社会资本与商业信用融资之间关系的静态估计结果

变量	(1) TC1	(2) TC2	(3) TC3	(4) NTC
Intercept	0.8983***	0.2012***	0.2113***	-0.0456
	(12.10)	(11.01)	(12.01)	(-0.98)
ESC	-0.2198**	0.0489**	-0.0234**	0.0473***
	(-2.09)	(2.09)	(-2.33)	(3.99)
ROA	-0.2346	-0.4732***	-0.2198**	-0.4043***
	(-0.98)	(-5.90)	(-2.43)	(-2.83)
MFE	-0.4098***	-0.1389*	-0.2098***	0.1897**
	(-3.25)	(-1.99)	(-4.01)	(2.09)
DEP	0.3198	0.2039	0.3098*	-0.1845
	(0.89)	(0.89)	(1.69)	(-0.33)
FIX	-0.4198***	0.0547	0.0219	0.0484
	(-4.07)	(1.09)	(1.67)	(0.09)
TQ	0.0387	-0.9382***	0.0234	-0.0389***
	(0.45)	(-3.01)	(0.89)	(-3.89)
RATE	-0.0032***	-0.1239	-0.0384	-0.0432
	(-2.67)	(-0.67)	(-0.89)	(-0.89)
TOP	0.0873	-0.1489***	-0.0321	-0.3829*
	(0.32)	(-3.09)	(-1.08)	(-1.76)
GDPGR	-0.0198	0.0673**	0.0328	0.3211
	(-0.39)	(2.49)	(1.34)	(0.67)

续表

变量	(1) TC1	(2) TC2	(3) TC3	(4) NTC
DM1	-0.2982***	-0.3484*	-0.0987***	0.0345***
	(-5.76)	(-1.95)	(-6.03)	(3.01)
SGR	-0.1764	0.2934***	0.0876**	0.1483***
	(-1.49)	(6.01)	(2.10)	(3.01)
R^2-within	0.0543	0.0874	0.0832	0.3289
F-Value	8.1902***	8.2342***	9.0934***	5.3920***
N	2138	2290	2158	2158

注：***、**、* 分别表示在1%、5%、10%水平上显著；估计系数下方括号中的数值为 t 值；本书通过 F 检验及 Hausman 检验后对非平衡面板数据回归模型设定为固定效应模型；F-Value 值表示固定效应模型的整体显著性检验值；R^2-within 表示固定效应模型的拟合优度。

表 5-4 高管社会资本与银行债务融资之间关系的静态估计结果

变量	(1) BLA	(2) BLT	(3) BLR	(4) BLW	(5) D_BLA
Intercept	0.4782***	0.5296***	8.5310***	3.6847***	0.0338
	(12.05)	(9.40)	(4.83)	(9.75)	(0.84)
ESC	0.0211***	0.0358***	-0.9704*	0.5629***	-0.0702***
	(3.40)	(4.06)	(-1.86)	(3.08)	(-2.69)
ROA	-1.3416***	-0.2114	0.6693**	-9.5282***	0.0705
	(-4.51)	(-0.50)	(2.36)	(-3.63)	(0.27)
DEP	-0.4246	-3.6207***	0.2800*	1.4088	-0.3758
	(-0.74)	(-4.45)	(1.89)	(0.29)	(-0.71)
GDPGR	-0.1895***	-0.0175	-0.1310	0.6961*	-0.0029
	(-3.50)	(-0.23)	(-0.95)	(1.96)	(-0.08)
FIX	0.3391***	0.0025	-3.7940***	0.9572	-0.0414
	(7.21)	(0.04)	(-3.42)	(1.32)	(-0.67)

续表

变量	(1) BLA	(2) BLT	(3) BLR	(4) BLW	(5) D_BLA
DM1	0.2832 (1.45)	0.2626 (0.95)	-0.5713*** (-3.79)	-0.7260 (-0.58)	-0.0702 (-0.52)
RATE	-0.0345*** (-3.22)	-0.0651*** (-4.29)	-1.4969 (-1.14)	0.1961*** (2.61)	-0.0080 (-1.08)
TOP	0.0667** (2.58)	0.2063*** (5.61)	0.4110** (2.31)	-2.4404*** (-3.16)	0.3769*** (4.46)
MFE	0.3113*** (3.33)	0.5430*** (4.09)	-0.3642** (-2.13)	1.8609 (1.51)	0.0509 (0.44)
TQ	0.0066 (1.41)	-0.0266*** (-3.99)	0.1478 (0.84)	0.0480 (0.96)	0.0053 (1.11)
SGR	0.3020*** (2.70)	0.0425 (0.27)	-0.6399*** (-2.61)	2.4161** (2.58)	0.0221 (0.25)
R^2-within	0.0873	0.1087	0.0656	0.0808	0.0351
F-Value	12.8642	16.3936	8.1116	6.2548	2.6223
P	0.0000	0.0000	0.0000	0.0000	0.0000
N	1488	1488	1488	1488	1488

注：***、**、*分别表示在1%、5%、10%水平上显著；估计系数下方括号中的数值为t值；本书通过F检验及Hausman检验对非平衡面板数据回归模型设定为固定效应模型；R^2-within表示固定效应模型的拟合优度；F-Value值表示固定效应模型的整体显著性检验值；P值表示固定效应模型的显著性检验统计量。

表5-4显示的是高管社会资本对银行债务融资五个代理变量的估计结果。检验结果如表5-4所示，第（1）列报告了解释变量高管社会资本（ESC）对银行贷款总额（BLA）的回归结果，高管社会资本（ESC）的估计系数为0.0211，且在1%水平上显著正相关（t值为3.40），这说明，民营企业高管人员的社会资本可以有效地提高银行贷款总量，高管的社会资本水平越高，越有利于增

强银企之间的信任程度,提高合作效率,缓解银企之间的信息不对称程度,从而有利于降低我国民营企业申请银行贷款的门槛,获得更多银行贷款总量。第(2)列报告了高管社会资本(ESC)对银行贷款期限(BLT)的回归结果,高管社会资本(ESC)的估计系数为 0.0358,且在 1% 水平上显著正相关(t 值为 4.06),说明民营企业高管社会资本可以通过提高信任程度、传递积极信号和共享关系网络资源等方式增强银企之间的合作关系,降低民营企业获取长期银行贷款的门槛,进而间接促进企业获得较长期限的银行贷款。第(3)列报告了高管社会资本(ESC)对银行贷款利率(BLR)的回归结果,高管社会资本(ESC)的估计系数为 -0.9704,且在 10% 水平上显著负相关(t 值为 -1.86),表明高管社会资本有助于提升企业的声誉度、增强议价能力和融资能力,从而降低企业的银行贷款利率水平,有效缓解民营企业普遍存在的融资难和融资贵等难题。第(4)列报告了高管社会资本(ESC)对银行贷款方式(BLW)的回归结果,高管社会资本(ESC)的估计系数为 0.5629,且在 1% 水平上显著正相关(t 值为 3.08),表明高管社会资本发展水平越高,越有利于提升企业的商誉,建立良好的企业形象,增强银企之间的信任程度,提高合作效率,缓解银企之间的信息不对称程度,从而提高民营企业获得信用担保类贷款数量,减少抵押和质押类贷款数量。第(5)列报告了高管社会资本(ESC)对银行贷款偏离度(D_BLA)的回归结果,高管社会资本(ESC)的估计系数为 -0.0702,且在 1% 水平上显著负相关(t 值为 -2.69),表明高管社会资本发展水平越高,民营企业实际获得银行贷款总额和银行最优负债比例之差的绝对值会显著减小,银行贷款总额的波动幅度和不稳定性显著降低,我国民营企业获得银行贷款的稳定性会显著增强。以上的实证分析结果总体上支持研究假设 H_{5-3}。

(2) 区域社会资本与债务融资的静态估计结果分析

表 5-5 显示的是区域社会资本对商业信用融资四个代理变量的估计结果。检验结果如表 5-5 所示，第（1）列报告了解释变量区域社会资本（RSC）对商业信用融资模式（TC_1）的回归结果，区域社会资本（RSC）的估计系数为 -0.0836（t 值为 -1.49），且接近于 10% 水平上显著负相关。这一研究结果说明，我国民营企业注册所在区域的社会资本水平越高，该地区的社会价值、社会关系网络密度、社会信任度和社会规范度也越高，越有利于提高企业间交易活动的规范性且降低债务违约的风险，从而有利于增强企业间的认知程度，降低购销活动中使用高成本商业信用融资模式的比例，区域社会资本可以有效地降低企业融资成本，提高融资效率。第（2）列报告了区域社会资本（RSC）对商业信用获取（TC_2）的回归结果，区域社会资本（RSC）的估计系数为 1.8091（t 值为 9.36），且在 1% 水平上显著正相关，说明民营企业注册所在区域社会资本可以通过提高信任程度、传递积极信号和提升区域法律保护程度和贸易规则的透明程度等方式增强该地区企业获取商业信用的能力。同时，区域社会资本越高，越有利于获得全国其他区域供应商和客户的青睐程度，从而减少供应商货款资金的支付总量，减缓企业自身存在的现金收支不平衡的矛盾，进而间接促进企业通过商业信用的方式获得短期融资。第（3）列报告了区域社会资本（RSC）对商业信用供给（TC_3）的回归结果，区域社会资本（RSC）的估计系数为 -1.5057（t 值为 -7.85），且在 1% 水平上显著负相关，表明民营企业注册所在区域社会资本有助于提升企业的声誉度、增强议价能力和销售能力，有助于提升区域法律保护程度和贸易规则的透明程度，从而降低企业在商品销售过程中对外提供信用融资的水平，间接提升企业资金的流动性和融资水平。第（4）列报告了区域社会资本（RSC）对净商业信用（NTC）的回归结果，区域社会资本（RSC）的估计系数为 0.0263

(t 值为 1.09），且不具有显著相关关系，表明民营企业注册所在区域社会资本（RSC）发展水平越高，获得的商业信用融资金额与对外提供的商业信用融资金额大体保持一致，净商业信用（NTC）处于稳定的动态平衡调整过程中，区域社会资本（RSC）对净商业信用（NTC）的影响不具有显著的相关关系。以上的实证分析结果总体上支持研究假设 H_{5-2}（见表 5-6）。

表 5-5　区域社会资本与商业信用融资之间关系的静态估计结果

变量	(1) TC1	(2) TC2	(3) TC3	(4) NTC
Intercept	0.6505***	2.0352***	2.9134***	0.0414
	(11.09)	(10.12)	(10.34)	(1.64)
RSC	-0.0836	1.8091***	-1.5057***	0.0263
	(-1.49)	(9.36)	(-7.85)	(1.09)
ROA	-0.1348	-5.3554***	-1.2095	-0.5340***
	(-0.36)	(-4.16)	(-0.95)	(-3.34)
DEP	0.2726	2.1521	2.2118	-0.1495
	(0.38)	(0.87)	(0.90)	(-0.48)
GDPGR	-0.0020	0.7623***	0.9693***	-0.0002
	(-0.04)	(4.09)	(5.24)	(-0.01)
FIX	-0.3224***	0.4117	-0.0584	-0.0361
	(-3.61)	(1.34)	(-0.19)	(-0.94)
DM1	-0.3967**	-2.1822***	-3.6378***	0.2259***
	(-2.01)	(-3.22)	(-5.40)	(2.66)
RATE	-0.0439***	0.1508***	0.0944**	0.0036
	(-4.06)	(4.05)	(2.56)	(0.78)
TOP	0.2282*	-2.2393***	-0.9232**	-0.1412***
	(1.84)	(-5.26)	(-2.18)	(-2.65)

续表

变量	(1) TC1	(2) TC2	(3) TC3	(4) NTC
MFE	-0.6853***	-0.3795	-3.0712***	0.1946**
	(-3.61)	(-0.58)	(-4.73)	(2.38)
TQ	0.0061	-0.1516***	-0.0600**	-0.0103***
	(0.88)	(-6.31)	(-2.52)	(-3.41)
SGR	-0.1867	2.3263***	0.6526	0.1976***
	(-1.39)	(5.01)	(1.42)	(3.41)
R^2-within	0.0479	0.1814	0.1216	0.0349
F-Value	5.9608	26.2299	16.3887	4.2805
N	2138	2290	2158	2158

注：***、**、*分别表示在1%、5%、10%水平上显著；估计系数下方括号中的数值为t值；本书通过F检验及Hausman检验后对非平衡面板数据回归模型设定为固定效应模型；F-Value值表示固定效应模型的整体显著性检验值；R_2-within表示固定效应模型的拟合优度。

表5-6　区域社会资本与银行债务融资之间关系的静态估计结果

变量	(1) BLA	(2) BLT	(3) BLR	(4) BLW	(5) D_BLA
Intercept	0.3631***	0.3486***	1.0121***	3.8564***	0.0994***
	(9.01)	(6.64)	(10.76)	(10.03)	(3.28)
RSC	0.1059***	0.1024**	-2.0267**	1.6415***	-0.1059***
	(2.75)	(2.04)	(-2.25)	(3.38)	(-3.66)
ROA	-0.5513**	0.3377	-14.9864**	-9.0005***	-0.3424*
	(-2.16)	(1.02)	(-2.52)	(-3.43)	(-1.79)
DEP	0.2286	-1.0669*	11.5547	1.6053	-0.0933
	(0.46)	(-1.65)	(1.00)	(0.33)	(-0.25)
GDPGR	-0.0734**	0.0043	0.4818	0.4607	-0.0088
	(-1.97)	(0.09)	(0.55)	(1.25)	(-0.32)

续表

变量	(1) BLA	(2) BLT	(3) BLR	(4) BLW	(5) D_BLA
FIX	0.0736 (1.20)	-0.1646** (-2.06)	-5.8085*** (-4.06)	0.9519 (1.32)	-0.0273 (-0.59)
DM1	0.0745 (0.55)	-0.1082 (-0.61)	1.6809 (0.53)	-0.1137 (-0.09)	0.0113 (0.11)
RATE	-0.0175** (-2.36)	-0.0459*** (-4.74)	-0.2921* (-1.69)	0.2002*** (2.70)	-0.0031 (-0.56)
TOP	0.3268*** (3.84)	0.5059*** (4.56)	-3.6730* (-1.85)	-2.5602*** (-3.33)	0.1339** (2.10)
MFE	0.1567 (1.20)	0.0631 (0.37)	-0.0631 (-0.02)	1.9047 (1.55)	0.1136 (1.16)
TQ	0.0181*** (3.78)	0.0035 (0.57)	0.1259 (1.12)	0.0761 (1.52)	0.0019 (0.52)
SGR	0.0940 (1.02)	-0.0143 (-0.12)	4.2284** (1.96)	2.2470** (2.40)	0.0838 (1.21)
R^2 - within	0.0452	0.0501	0.0293	0.0825	0.0203
F - Value	5.5979	6.2331	3.5657	6.3905	2.4547
P	0.0000	0.0000	0.0000	0.0000	0.0000
N	1488	1488	1488	1488	1488

注：***、**、* 分别表示在1%、5%、10%水平上显著；估计系数下方括号中的数值为 t 值；本书通过 F 检验及 Hausman 检验后对非平衡面板数据回归模型设定为固定效应模型；R_2 - within 表示固定效应模型的拟合优度；F - Value 值表示固定效应模型的整体显著性检验值；P 值表示固定效应模型的显著性检验统计量。

表5-6显示的是区域社会资本对银行债务融资五个代理变量的估计结果。检验结果如表5-6所示，第（1）列报告了解释变量区域社会资本（RSC）对银行贷款总额（BLA）的回归结果，区域社会资本（RSC）的估计系数为0.1059，且在1%水平上显著正

相关（t值为2.75），这说明，民营企业注册所在地的区域社会资本可以有效的提高银行贷款总量，区域社会资本水平越高，该地区的社会价值、社会关系网络密度、社会信任度和社会规范度也越高，越有利于提高企业间交易活动的规范性且降低债务违约的风险和增强企业间的信任程度，提高合作效率，缓解企业之间的信息不对称程度，从而降低我国民营企业申请银行贷款的门槛，获得更多银行贷款总量。第（2）列报告了区域社会资本（RSC）对银行贷款期限（BLT）的回归结果，区域社会资本（RSC）的估计系数为0.1024，且在5%水平上显著正相关（t值为2.04），说明民营企业区域社会资本可以通过提高信任程度、传递积极信号、共享关系网络资源和提升区域法律保护程度和贸易规则的透明程度等方式增强银企之间的合作关系，降低民营企业获取长期银行贷款的门槛，进而间接促进企业获得较长期限的银行贷款。区域社会资本越高，越有利于获得区域内银行等金融机构的关键信贷信息，从而降低民营企业的信息获取成本，增强信息获取的效率，进而间接促进企业获得银行贷款融资。第（3）列报告了区域社会资本（RSC）对银行贷款利率（BLR）的回归结果，区域社会资本（RSC）的估计系数为 -2.0267，且在5%水平上显著负相关（t值为 -2.25），表明区域社会资本有助于提升企业的声誉度、增强议价能力和融资能力，提升区域法律保护程度和贸易规则的透明程度，从而降低银企之间在银行贷款活动中的机会成本和中介成本，进而降低企业的银行贷款利率水平，有效缓解民营企业普遍存在的信贷资金价格高等难题。第（4）列报告了区域社会资本（RSC）对银行贷款方式（BLW）的回归结果，区域社会资本（RSC）的估计系数为1.6415，且在1%水平上显著正相关（t值为3.38），表明区域社会资本发展水平越高，越有利于提升企业的商誉和建立良好的企业形象，增强银企之间的信任程度，提高合作效率，缓解银企之间的信息不对称程度，从而提高民营企业获得信用担保类贷款数量，减少抵押和质押类贷款数量。第（5）列报告了区域社会资本（RSC）对银行贷款偏离度（D_BLA）的回归结果，区域社会资本（RSC）的估计系数为 -0.1059，且在 1% 水平上显著负相关（t 值为 -3.66），表明区域社会资本发展水平越高，民营企业实际获得银行贷款总额和银行最优负债比例之差的绝对值会显著减小，银行贷款总额的波动幅度和不稳定性显著降低，我国民营企业获得银行贷款的稳定性会显著增强。以上的实证分析结果总体上支持研究假设 H_{5-4}。

5.4.3 动态估计结果分析

（1）高管社会资本与债务融资的动态估计结果分析

表 5-7 中第（1）列是以商业信用模式（TC_1）为被解释变量，以被解释变量（TC_1）滞后一期（$L.TC_1$）、高管社会资本（ESC）为解释变量，总资产收益率（ROA）等变量组成的向量组为控制变量，对高管社会资本（ESC）和商业信用模式（TC_1）之间的动态调整模型进行系统 GMM 估计分析。从 5-7 中第（1）列系统 GMM 估计结果所报告的统计量表明，检验结果中被解释变量商业信用模式一阶滞后项的系统 GMM 估计系数为 0.2861，且在 1% 水平上显著正相关（z 值为 25.62），滞后期变量的系数表现为显著正相关关系，表明当期的商业信用模式在很大程度上受到前期商业信用模式的影响，商业信用模式变量具有显著的正向累计效应。高管社会资本（ESC）的系统 GMM 估计系数为 -0.0063，且不具有显著相关性（z 值为 -1.40），表明高管社会资本与商业信用融资模式之间呈负相关关系，高管社会资本发展水平越高，企业使用高成本的商业信用模式的比重越小，融资成本越低。系统 GMM 估计的 Sargan 检验（P 值为 0.4488，大于 0.05），即工具变量有效，说明在 5% 的显著性水平上，我们不能拒绝工具变量有效性的零假设（P 值大于 0.05），Sargan 检验中模型估计所选用的工

具变量是合适的,上述模型系统 GMM 估计结果中新增工具变量是有效的且不存在过度识别的问题。系统 GMM 估计模型的检验结果中 AR(1) 的 P 值为 0.0000,AR(2) 的 P 值为 0.7492(大于 0.1),原假设成立。

表5-7 高管社会资本与商业信用融资系统 GMM 动态估计结果

变量	(1) TC_1	(2) TC_2	(3) TC_3	(4) NTC
Intercept	0.6881***	0.0345***	0.1218***	-0.0103**
	(37.36)	(7.09)	(33.43)	(-2.34)
L.TC_1	0.2861***			
	(25.62)			
L.TC_2		0.7778***		
		(11.39)		
L.TC_3			0.5652***	
			(13.49)	
L.NTC				0.6703***
				(12.90)
ESC	-0.0063	0.0135***	-0.0259***	0.0168***
	(-1.40)	(8.51)	(-11.96)	(7.94)
ROA	-0.2863***	-0.1785***	-0.3679***	0.2091***
	(-4.60)	(-5.43)	(-16.80)	(7.69)
DEP	-0.1172	0.2745***	0.1496***	-0.0179
	(-1.33)	(8.74)	(6.08)	(-0.63)
GDPGR	0.0908***	-0.0039***	0.0288***	-0.0357***
	(14.83)	(-2.91)	(24.36)	(-12.53)
FIX	-0.2076***	-0.0703***	0.0163***	-0.0772***
	(-7.16)	(-11.14)	(3.16)	(-12.14)
DM1	-0.8180***	0.1254***	-0.1958***	0.2802***
	(-26.81)	(13.75)	(-26.13)	(17.73)

续表

变量	(1) TC_1	(2) TC_2	(3) TC_3	(4) NTC
RATE	-0.0317*** (-15.10)	0.0013 (1.41)	-0.0116*** (-20.36)	0.0076*** (7.72)
TOP	-0.4201*** (-24.02)	0.0120*** (2.86)	0.0042 (0.74)	-0.0152** (-2.16)
MFE	-0.1963** (-2.26)	0.1166*** (7.42)	0.1116*** (10.91)	-0.0566*** (-3.24)
TQ	-0.0051** (-2.50)	-0.0008* (-1.72)	0.0032*** (7.32)	-0.0079*** (-8.21)
SGR	-0.2023*** (-7.87)	-0.0069 (-0.67)	0.0379*** (6.00)	-0.0434*** (-4.03)
AR（1）	0.0000	0.0000	0.0000	0.0000
AR（2）	0.7492	0.5349	0.6358	0.2942
Sargan 检验	0.4488	0.5650	0.4966	0.6350
N	1488	1488	1488	1488

注：（1）***、**、*分别表示在1%、5%、10%水平上显著；（2）估计系数下方括号中的数值为 z 统计量；（3）表中结果均使用 Stata13.1 中的"xtdpdsys"程序分析，并且最多使用三阶被解释变量作为工具变量（maxldep），所有参数估计值都为两阶段 GMM 估计量。

表 5-7 中第（2）列是以商业信用获取（TC_2）为被解释变量，以被解释变量（TC_2）滞后一期（L.TC_2）、高管社会资本（ESC）为解释变量，总资产收益率（ROA）等变量组成的向量组为控制变量，对高管社会资本（ESC）和商业信用获取（TC_2）之间的动态调整模型进行系统 GMM 估计分析。从表 5-7 中第（2）列的系统 GMM 估计结果所报告的统计量表明，系统 GMM 估计系数为 0.7778，且在 1% 水平上显著正相关（z 值为 11.39），滞后期变量的系数表现为显著的正相关关系，表明当期的商业信用获取与

前期商业信用获取之间具有显著的正向累计效应。高管社会资本（ESC）的系统 GMM 估计系数为 0.0135，且在 1% 水平上显著正相关（z 值为 8.51），表明高管社会资本（ESC）与商业信用获取之间呈显著的正相关关系，高管社会资本发展水平越高，企业获得的商业信用融资金额越大。系统 GMM 的 Sargan 检验（P 值为 0.5650，大于 0.05），即工具变量有效，说明在 5% 的显著性水平上，我们不能拒绝工具变量有效性的零假设（P 值大于 0.05），Sargan 检验中模型估计所选用的工具变量是合适的，上述模型的系统 GMM 估计结果中新增工具变量是有效的且不存在过度识别的问题。

表 5-7 中第（3）列是以商业信用供给（TC_3）为被解释变量，以被解释变量（TC_3）滞后一期（L. TC_3）、高管社会资本（ESC）为解释变量，总资产收益率（ROA）等变量组成的向量组为控制变量，对高管社会资本（ESC）和商业信用供给（TC_3）之间的动态调整模型进行系统 GMM 估计分析。从表 5-7 中第（3）列的系统 GMM 估计结果所报告的统计量表明，系统 GMM 估计系数为 0.5652，且在 1% 水平上显著正相关（z 值为 13.49），滞后期变量的系数表现为显著正相关关系，表明当期的商业信用供给与前期商业信用供给之间具有正向累计效应。高管社会资本（ESC）的系统 GMM 估计系数为 -0.0259，且在 1% 水平上显著负相关（z 值为 -11.96），表明高管社会资本（ESC）与商业信用供给之间具有显著负相关关系，商业信用供给会受到高管社会资本（ESC）的负向影响，高管社会资本发展水平越高，企业被占用的商业信用金额越少，获取的商业信用融资额度越大。系统 GMM 估计模型的 Sargan 检验（P 值为 0.4966，大于 0.05），即工具变量有效，说明在 5% 的显著性水平上，我们不能拒绝工具变量有效性的零假设（P 值大于 0.05），Sargan 检验中模型估计所选用的工具变量是合适的，上述模型的系统 GMM 估计结果中新增工具变量是有效的且

不存在过度识别的问题。

表 5-7 中第（4）列是以净商业信用（NTC）为被解释变量，以滞后一期（L.NTC）被解释变量（NTC）、高管社会资本（ESC）为解释变量，总资产收益率（ROA）等变量组成的向量组为控制变量，对高管社会资本（ESC）和净商业信用（NTC）之间的动态调整模型进行系统 GMM 估计分析。从表 5-7 中第（4）列的系统 GMM 估计结果所报告的统计量表明，系统 GMM 估计系数为 0.6703，且在 1% 水平上显著正相关（z 值为 12.90），滞后期变量的系数表现为显著正相关关系，表明当期的净商业信用与前期净商业信用之间具有显著的正向累计效应。高管社会资本（ESC）的系统 GMM 估计系数为 0.0168，且在 1% 水平上显著正相关（z 值为 7.94），表明高管社会资本（ESC）与净商业信用融资之间呈显著的正相关关系，高管社会资本发展水平越高，企业获得净商业信用融资额越大，融资难度越小。系统 GMM 估计模型的 Sargan 检验（P 值为 0.6350，大于 0.05），即工具变量有效，说明在 5% 的显著性水平上，我们不能拒绝工具变量有效性的零假设（P 值大于 0.05），即 Sargan 检验中模型估计所选用的工具变量是合适的，上述模型的系统 GMM 估计结果中新增工具变量是有效的且不存在过度识别的问题（见表 5-8）。

表 5-8 高管社会资本与银行债务融资的系统 GMM 动态估计结果分析

变量	(1) BLA	(2) BLT	(3) BLR	(4) BLW	(5) D_BLA
Intercept	0.0810 *** (10.78)	0.2314 *** (69.95)	4.7538 (0.44)	2.1874 *** (30.58)	-0.1043 *** (-15.60)
L.BLA	0.8006 *** (9.42)				
L.BLT		0.6829 *** (19.71)			

续表

变量	(1) BLA	(2) BLT	(3) BLR	(4) BLW	(5) D_BLA
L. BLR			-0.2361** (-2.18)		
L. BLW				0.6458*** (5.44)	
L. D_BLA					0.6336*** (6.39)
ESC	0.0226*** (12.76)	0.0110*** (5.73)	-11.3664*** (-3.77)	0.1208*** (3.38)	-0.0395*** (-8.24)
ROA	-0.1541*** (-4.77)	0.1609*** (4.47)	0.4077 (0.61)	-2.1107*** (-11.65)	-0.6133*** (-17.96)
DEP	-0.6652*** (-13.77)	-0.9035*** (-24.26)	0.3052 (0.81)	-1.2582*** (-6.52)	0.3356*** (6.17)
GDPGR	0.0049 (1.03)	0.0737*** (27.80)	0.3331 (1.40)	-0.0903*** (-6.98)	-0.0152*** (-3.08)
FIX	0.0673*** (7.37)	-0.1777*** (-25.31)	-5.8765 (-1.10)	0.7948*** (18.57)	0.1673*** (13.72)
DM1	-0.1442*** (-11.64)	-0.3424*** (-27.99)	-0.1751 (-0.17)	0.1376*** (7.24)	0.1600*** (8.30)
RATE	-0.0043*** (-3.84)	-0.0180*** (-23.05)	17.4276 (1.42)	-0.0561*** (-5.28)	0.0234*** (13.23)
TOP	0.0744*** (8.11)	-0.1041*** (-12.61)	5.2726*** (2.83)	-2.4003*** (-15.10)	0.0635*** (5.06)
MFE	0.0954*** (2.97)	0.4971*** (27.46)	2.8971*** (2.77)	1.2929*** (11.04)	0.1582*** (8.18)
TQ	-0.0030*** (-3.48)	-0.0022** (-2.36)	3.3333** (2.33)	-0.0161*** (-7.88)	-0.0008 (-0.56)

续表

变量	(1) BLA	(2) BLT	(3) BLR	(4) BLW	(5) D_BLA
SGR	-0.0538*** (-4.13)	-0.0549*** (-4.19)	-0.3727 (-0.70)	0.8401*** (15.90)	0.1590*** (18.36)
AR (1)	0.0000	0.0000	0.4135	0.0022	0.0000
AR (2)	0.3187	0.7704	0.3541	0.2981	0.9869
Sargan 检验	0.2380	0.1986	0.8529	0.6000	0.5563
N	1488	1488	1488	1488	1488

注：（1）***、**、*分别表示在1%、5%、10%水平上显著；（2）估计系数下方括号中的数值为z统计量；（3）表中结果均使用Stata13.1中的"xtdpdsys"程序分析，并且最多使用三阶被解释变量作为工具变量（maxldep），所有参数估计值都为两阶段GMM估计量。

表5-8中第（1）列是以银行贷款总额（BLA）为被解释变量，以滞后一期（L.BLA）被解释变量（BLA）、高管社会资本（ESC）为解释变量，总资产收益率（ROA）等变量组成的向量组为控制变量，对高管社会资本（ESC）和银行贷款总额（BLA）之间的动态调整模型进行系统GMM估计分析。表5-8中第（1）列的系统GMM估计结果所报告的统计量表明，系统GMM估计系数为0.8006，且在1%水平上显著正相关（z值为9.42），滞后期变量的系数表现为显著正相关关系，表明当期的银行贷款总额与前期银行贷款总额之间具有显著的正向累计效应。高管社会资本（ESC）的系统GMM估计系数为0.0226，且在1%水平上显著正相关（z值为12.76），表明高管社会资本与银行贷款总额之间呈显著的正相关关系，高管社会资本发展水平越高，企业获得银行贷款总额越多。系统GMM估计模型的Sargan检验（P值为0.2380，大于0.05），即工具变量有效，说明在5%的显著性水平上，我们不能拒绝工具变量有效性的零假设（P值大于0.05），Sargan检验中模

型估计所选用的工具变量是合适的,上述模型的系统 GMM 估计结果中新增工具变量是有效的且不存在过度识别的问题。

表 5-8 中第(2)列是以银行贷款期限(BLT)为被解释变量,以滞后一期(L. BLT)被解释变量(BLT)、高管社会资本(ESC)为解释变量,总资产收益率(ROA)等变量组成的向量组为控制变量,对高管社会资本(ESC)和银行贷款期限(BLT)之间的动态调整模型进行系统 GMM 估计分析。从表 5-8 中第(2)列的系统 GMM 估计结果所报告的统计量表明,系统 GMM 估计系数为 0.6829,且在 1% 水平上显著正相关(z 值为 19.71),滞后期变量的系数表现为显著正相关关系,表明当期的银行贷款期限与前期银行贷款期限总额之间具有显著的正向累计效应。高管社会资本(ESC)的系统 GMM 估计系数为 0.0110,且在 1% 水平上显著正相关(z 值为 5.73),表明高管社会资本与银行贷款期限之间呈显著的正相关关系,高管社会资本发展水平越高,企业获得银行贷款期限越长。系统 GMM 估计模型的 Sargan 检验(P 值为 0.1986,大于 0.05),即工具变量有效,说明在 5% 的显著性水平上,我们不能拒绝工具变量有效性的零假设(P 值大于 0.05),Sargan 检验中模型估计所选用的工具变量是合适的,上述模型的系统 GMM 估计结果中新增工具变量是有效的且不存在过度识别的问题。

表 5-8 中第(3)列是以银行贷款利率(BLR)为被解释变量,以滞后一期(L. BLR)被解释变量(BLR)、高管社会资本(ESC)为解释变量,总资产收益率(ROA)等变量组成的向量组为控制变量,对高管社会资本(ESC)和银行贷款利率(BLR)之间的动态调整模型进行系统 GMM 估计分析。从表 5-8 中第(3)列的系统 GMM 估计结果所报告的统计量表明,系统 GMM 估计系数为 -0.2361,且在 1% 水平上显著负相关(z 值为 -2.18),滞后期变量的系数表现为显著负相关关系,表明当期的银行贷款利率与前期银行贷款利率之间具有显著的负向累计效应。高管社会资本

(ESC) 的系统 GMM 估计系数为 -11.3664，且在 1% 水平上显著负相关（z 值为 -3.77），表明高管社会资本与银行贷款利率之间呈显著的负相关关系，高管社会资本发展水平越高，企业获得银行贷款利率越低。系统 GMM 估计模型的 Sargan 检验（P 值为 0.8529，大于 0.05），即工具变量有效，说明在 5% 的显著性水平上，我们不能拒绝工具变量有效性的零假设（P 值大于 0.05），Sargan 检验中模型估计所选用的工具变量是合适的，上述模型的系统 GMM 估计结果中新增工具变量是有效的且不存在过度识别的问题。

表 5-8 中第（4）列是以银行贷款方式（BLW）为被解释变量，以滞后一期（L.BLW）被解释变量（BLW）、高管社会资本（ESC）为解释变量，总资产收益率（ROA）等变量组成的向量组为控制变量，对高管社会资本（ESC）和银行贷款方式（BLW）之间的动态调整模型进行系统 GMM 估计分析。从表 5-8 中第（4）列的系统 GMM 估计结果所报告的统计量表明，系统 GMM 估计系数为 0.6458，且在 1% 水平上显著正相关（z 值为 5.44），滞后期变量的系数表现为正相关关系，表明当期的银行贷款方式与前期银行贷款方式之间具有显著的正向累计效应。高管社会资本（ESC）的系统 GMM 估计系数为 0.1208，且在 1% 水平上显著正相关（z 值为 3.38），表明两者具有相互促进的作用，企业获得银行贷款方式将更多采用信用等级较高的信用和担保类贷款。系统 GMM 估计模型的 Sargan 检验（P 值为 0.6000，大于 0.05），即工具变量有效，说明在 5% 的显著性水平上，我们不能拒绝工具变量有效性的零假设（P 值大于 0.05），Sargan 检验中模型估计所选用的工具变量是合适的，上述模型的系统 GMM 估计结果中新增工具变量是有效的且不存在过度识别的问题。

表 5-8 中第（5）列是以银行贷款偏离度（D_BLA）为被解释变量，以滞后一期（L.D_BLA）被解释变量（D_BLA）、高管社

会资本（ESC）为解释变量，总资产收益率（ROA）等变量组成的向量组为控制变量，对高管社会资本（ESC）和银行贷款偏离度（D_BLA）之间的动态调整模型进行系统GMM估计分析。从表5-8中第（5）列的系统GMM估计结果所报告的统计量表明，系统GMM估计系数为0.6336，且在1%水平上显著正相关（z值为6.39），滞后期变量的系数表现为显著正相关关系，表明当期的银行贷款偏离度与前期银行贷款偏离度之间具有显著的正向累计效应。高管社会资本（ESC）的系统GMM估计系数为-0.0395，且在1%水平上显著负相关（z值为-8.24），表明高管社会资本与银行贷款偏离度之间呈显著的负相关关系，高管社会资本发展水平越高，企业获得银行贷款偏离度越小。系统GMM估计模型的Sargan检验（P值为0.5563，大于0.05），即工具变量有效，说明在5%的显著性水平上，我们不能拒绝工具变量有效性的零假设（P值大于0.05），Sargan检验中模型估计所选用的工具变量是合适的，上述模型的系统GMM估计结果中新增工具变量是有效的且不存在过度识别的问题。

（2）区域社会资本与债务融资的动态估计结果分析

表5-9中第（1）列是以商业信用模式（TC_1）为被解释变量，以滞后一期（L.TC_1）被解释变量（TC_1）、区域社会资本（RSC）为解释变量，总资产收益率（ROA）等变量组成的向量组为控制变量，对区域社会资本（RSC）和商业信用模式（TC_1）之间的动态调整模型进行系统GMM估计分析。从表5-9中第（1）列系统GMM估计结果所报告的统计量表明，检验结果中被解释变量商业信用模式一阶滞后项的系统GMM估计系数为0.2976，且在1%水平上显著正相关（z值为28.71），滞后期变量的系数表现为显著正相关关系，表明当期的商业信用模式在很大程度上受到前期商业信用模式的影响，商业信用模式变量具有显著的正向累计效应。区域社会资本（RSC）的系统GMM估计系数为-0.0489，且

在 1% 水平上具有显著负相关性（z 值为 -4.32），表明区域社会资本与商业信用融资模式之间呈负相关关系，区域社会资本发展水平越高，企业使用高成本的商业信用模式的比重越小，融资成本越低。系统 GMM 估计模型的 Sargan 检验（P 值为 0.4179，大于 0.05），即工具变量有效，说明在 5% 的显著性水平上，我们不能拒绝工具变量有效性的零假设（P 值大于 0.05），Sargan 检验中模型估计所选用的工具变量是合适的，上述模型的系统 GMM 估计结果中新增工具变量是有效的且不存在过度识别的问题。

表 5-9　区域社会资本与商业信用融资的系统 GMM 动态估计结果

变量	(1) TC_1	(2) TC_2	(3) TC_3	(4) NTC
Intercept	0.6713*** (4.56)	0.0352*** (7.91)	0.1074*** (30.61)	0.0003 (0.07)
L. TC_1	0.2976*** (28.71)			
L. TC_2		0.7901*** (13.90)		
L. TC_3			0.5359*** (10.91)	
L. NTC				0.6586*** (11.46)
RSC	-0.0489*** (-4.32)	0.0293*** (10.56)	-0.0508*** (-18.56)	0.0521*** (21.45)
ROA	-0.2812*** (-4.62)	-0.1336*** (-4.81)	-0.3880*** (-17.18)	0.1073*** (3.23)
DEP	-0.1039 (-1.13)	0.2024*** (6.17)	0.2084*** (6.01)	0.1053*** (4.57)

续表

变量	(1) TC_1	(2) TC_2	(3) TC_3	(4) NTC
GDPGR	0.0914***	-0.0053***	0.0317***	-0.0394***
	(12.53)	(-4.16)	(16.84)	(-19.13)
FIX	-0.1998***	-0.0724***	-0.0026	-0.0522***
	(-8.20)	(-14.35)	(-0.47)	(-7.79)
DM1	-0.8305***	0.1287***	-0.1713***	0.3029***
	(-24.04)	(15.99)	(-34.91)	(32.50)
RATE	-0.0289***	0.0019**	-0.0123***	0.0075***
	(-20.48)	(2.05)	(-26.95)	(6.92)
TOP	-0.4262***	-0.0058	-0.0060	-0.0180**
	(-18.04)	(-1.54)	(-0.99)	(-1.98)
MFE	-0.2060***	0.1226***	0.1955***	-0.1195***
	(-3.29)	(10.19)	(16.14)	(-5.65)
TQ	-0.0057***	-0.0016***	0.0052***	-0.0091***
	(-3.01)	(-4.91)	(10.68)	(-11.18)
SGR	-0.2267***	-0.0077	0.0411***	-0.0196*
	(-8.15)	(-0.72)	(5.93)	(-1.78)
AR (1)	0.0000	0.0000	0.0001	0.0000
AR (2)	0.7298	0.4632	0.6345	0.2685
Sargan 检验	0.4179	0.3627	0.4549	0.6344
N	1488	1488	1488	1488

注：(1) ***、**、* 分别表示在1%、5%、10%水平上显著；(2) 估计系数下方括号中的数值为 z 统计量；(3) 表中结果均使用 Stata13.1 中的 "xtdpdsys" 程序分析，并且最多使用三阶被解释变量作为工具变量 (maxldep)，所有参数估计值都为两阶段 GMM 估计量。

表5-9中第 (2) 列是以商业信用获取 (TC_2) 为被解释变

量,以滞后一期(L. TC$_2$)被解释变量(TC$_2$)、区域社会资本(RSC)为解释变量,总资产收益率(ROA)等变量组成的向量组为控制变量,对区域社会资本(RSC)和商业信用获取(TC$_2$)之间的动态调整模型进行系统 GMM 估计分析。从5-9中第(2)列的系统 GMM 估计结果所报告的统计量表明,系统 GMM 估计系数为0.7901,且在1%水平上显著正相关(z值为13.90),滞后期变量的系数表现为显著的正相关关系,表明当期的商业信用获取与前期商业信用获取之间具有显著的正向累计效应。区域社会资本(RSC)的系统 GMM 估计系数为0.0293,且在1%水平上显著正相关(z值为10.56),表明区域社会资本(RSC)与商业信用获取之间呈显著的正相关关系,区域社会资本发展水平越高,企业获得的商业信用融资金额越大。系统 GMM 估计模型的 Sargan 检验(P值为0.3627,大于0.05),即工具变量有效,说明在5%的显著性水平上,我们不能拒绝工具变量有效性的零假设(P值大于0.05),Sargan 检验中模型估计所选用的工具变量是合适的,上述模型的系统 GMM 估计结果中新增工具变量是有效的且不存在过度识别的问题。

表5-9中第(3)列是以商业信用供给(TC$_3$)为被解释变量,以滞后一期(L. TC$_3$)被解释变量(TC$_3$)、区域社会资本(RSC)为解释变量,总资产收益率(ROA)等变量组成的向量组为控制变量,对区域社会资本(RSC)和商业信用供给(TC$_3$)之间的动态调整模型进行系统 GMM 估计分析。从5-9中第(3)列的系统 GMM 估计结果所报告的统计量表明,系统 GMM 估计系数为0.5359,且在1%水平上显著正相关(z值为10.91),滞后期变量的系数表现为显著正相关关系,说明当期的商业信用供给与前期商业信用供给之间具有正向累计效应。区域社会资本(RSC)的系统 GMM 估计系数为-0.0508,且在1%水平上显著负相关(z值为-18.56),说明区域社会资本(RSC)与商业信用供给之间具有

显著负相关关系，商业信用供给会受到区域社会资本（RSC）的负向影响，区域社会资本发展水平越高，企业被占用的商业信用金额越少，获取的商业信用融资额度越大。系统 GMM 估计模型的 Sargan 检验（P 值为 0.4549，大于 0.05），即工具变量有效，说明在 5% 的显著性水平上，我们不能拒绝工具变量有效性的零假设（P 值大于 0.05），Sargan 检验中模型估计所选用的工具变量是合适的，上述模型的系统 GMM 估计结果中新增工具变量是有效的且不存在过度识别的问题。

表 5-9 中第（4）列是以净商业信用（NTC）为被解释变量，以滞后一期（L.NTC）被解释变量（NTC）、区域社会资本（RSC）为解释变量，总资产收益率（ROA）等变量组成的向量组为控制变量，对区域社会资本（RSC）和净商业信用（NTC）之间的动态调整模型进行系统 GMM 估计分析。5-9 中第（4）列的系统 GMM 估计结果所报告的统计量表明，系统 GMM 估计系数为 0.6586，且在 1% 水平上显著正相关（z 值为 11.46），滞后期变量的系数表现为显著正相关关系，表明当期的净商业信用与前期净商业信用之间具有显著的正向累计效应。区域社会资本（RSC）的系统 GMM 估计系数为 0.0521，且在 1% 水平上显著正相关（z 值为 21.45），表明区域社会资本（RSC）与净商业信用融资之间呈显著的正相关关系，区域社会资本发展水平越高，企业获得净商业信用融资总额越大，融资难度越小。系统 GMM 估计模型的 Sargan 检验（P 值为 0.6344，大于 0.05），即工具变量有效，说明在 5% 的显著性水平上，我们不能拒绝工具变量有效性的零假设（P 值大于 0.05），Sargan 检验中模型估计所选用的工具变量是合适的，上述模型的系统 GMM 估计结果中新增工具变量是有效的且不存在过度识别的问题。

基于表 5-9 的系统 GMM 模型所报告的检验统计量，本节构建的区域社会资本与商业信用模式（TC_1）、商业信用获取（TC_2）、商业信用供给（TC_3）和净商业信用（NTC）的动态调整模型系统GMM估计是合理的。

表 5-10 中第（1）列是以银行贷款总额（BLA）为被解释变量，以滞后一期（L.BLA）被解释变量（BLA）、区域社会资本（RSC）为解释变量，总资产收益率（ROA）等变量组成的向量组为控制变量，对区域社会资本（RSC）和银行贷款总额（BLA）之间的动态调整模型进行系统 GMM 估计分析。表 4-11 中第（1）列的系统 GMM 估计结果所报告的统计量表明，系统 GMM 估计系数为 0.7899，且在 1% 水平上显著正相关（z 值为 10.82），滞后期变量的系数表现为显著正相关关系，说明当期的银行贷款总额与前期银行贷款总额之间具有显著的正向累计效应。区域社会资本（RSC）的系统 GMM 估计系数为 -0.0046，且不具有显著相关性（z 值为 -1.02），说明区域社会资本与银行贷款总额之间呈显著的正相关关系，企业所在区域的社会资本发展水平越高，获得银行贷款总额越多。系统 GMM 估计模型的 Sargan 检验（P 值为 0.3983，大于 0.05），即工具变量有效，说明在 5% 的显著性水平上，我们不能拒绝工具变量有效性的零假设（P 值大于 0.05），Sargan 检验中模型估计所选用的工具变量是合适的，上述模型的系统 GMM 估计结果中新增工具变量是有效的且不存在过度识别的问题。

表 5-10　区域社会资本与银行债务融资的系统 GMM 动态估计结果

变量	(1) BLA	(2) BLT	(3) BLR	(4) BLW	(5) D_BLA
Intercept	0.0795*** (10.42)	0.1924*** (5.90)	9.1079*** (28.34)	2.2190*** (27.64)	-0.0735*** (-12.25)
L.BLA	0.7899*** (10.82)				
L.BLT		0.6925*** (16.42)			

续表

变量	(1) BLA	(2) BLT	(3) BLR	(4) BLW	(5) D_BLA
L. BLR			0.0076 (1.56)		
L. BLW				0.6077*** (7.96)	
L. D_BLA					0.6170*** (6.82)
RSC	-0.0046 (-1.02)	0.0318*** (13.46)	-1.2593*** (-9.57)	0.1502*** (3.44)	-0.0361*** (-9.66)
ROA	-0.1544*** (-5.68)	0.2072*** (7.16)	-12.8349*** (-8.53)	-2.5047*** (-13.49)	-0.6320*** (-18.87)
DEP	-0.6880*** (-16.43)	-0.9311*** (-25.14)	27.4067*** (15.01)	-2.0216*** (-10.90)	0.3281*** (5.88)
GDPGR	0.0021 (0.44)	0.0700*** (24.95)	0.9242*** (8.11)	-0.1187*** (-10.17)	-0.0229*** (-5.41)
FIX	0.0444*** (4.58)	-0.1711*** (-21.96)	3.0683*** (6.61)	1.0587*** (12.15)	0.1368*** (16.46)
DM1	-0.1484*** (-11.66)	-0.3336*** (-38.42)	-0.3010 (-0.42)	0.0047 (0.12)	0.1496*** (8.80)
RATE	-0.0045*** (-4.82)	-0.0134*** (-22.25)	-0.6862*** (-13.91)	-0.0867*** (-10.00)	0.0213*** (12.88)
TOP	0.0900*** (8.74)	-0.0859*** (-11.10)	-2.6401*** (-6.42)	-1.8916*** (-13.04)	0.0930*** (9.88)
MFE	0.2718*** (6.05)	0.5999*** (21.54)	3.6072*** (3.65)	1.5429*** (10.97)	-0.0125 (-0.55)
TQ	-0.0035*** (-4.43)	-0.0003 (-0.41)	0.2002*** (6.01)	-0.0301*** (-14.38)	-0.0001 (-0.08)

续表

变量	(1) BLA	(2) BLT	(3) BLR	(4) BLW	(5) D_BLA
SGR	-0.0227**	-0.0556***	-0.3531	1.1449***	0.1634***
	(-2.17)	(-5.22)	(-0.52)	(16.75)	(13.39)
AR (1)	0.0000	0.0000	0.0000	0.0000	0.0000
AR (2)	0.4094	0.7707	0.4239	0.2280	0.9687
Sargan 检验	0.3983	0.4800	0.3739	0.2332	0.5275
N	1488	1488	1488	1488	1488

注：(1)***、**、*分别表示在1%、5%、10%水平上显著；(2)估计系数下方括号中的数值为z统计量；(3)表中结果均使用Stata13.1中的"xtdpdsys"程序分析，并且最多使用三阶被解释变量作为工具变量（maxldep），所有参数估计值都为两阶段GMM估计量。

表5-10中第（2）列是以银行贷款期限（BLT）为被解释变量，以滞后一期（L.BLT）被解释变量（BLT）、区域社会资本（RSC）为解释变量，总资产收益率（ROA）等变量组成的向量组为控制变量，对区域社会资本（RSC）和银行贷款期限（BLT）之间的动态调整模型进行系统GMM估计分析。表5-10中第（2）列的系统GMM估计结果所报告的统计量表明，系统GMM估计系数为0.6925，且在1%水平上显著正相关（z值为16.42），滞后期变量的系数表现为显著正相关关系，表明当期的银行贷款期限与前期银行贷款期限总额之间具有显著的正向累计效应。区域社会资本（RSC）的系统GMM估计系数为0.0318，且在1%水平上显著正相关（z值为13.46），表明区域社会资本与银行贷款期限之间呈显著的正相关关系，企业所在地区的区域社会资本发展水平越高，获得银行贷款期限越长。系统GMM估计模型的Sargan检验（P值为0.4800，大于0.05），即工具变量有效，说明在5%的显著性水平

上，我们不能拒绝工具变量有效性的零假设（P值大于0.05），Sargan检验中模型估计所选用的工具变量是合适的，上述模型的系统GMM估计结果中新增工具变量是有效的且不存在过度识别的问题。

表5-10中第（3）列是以银行贷款利率（BLR）为被解释变量，以滞后一期（L.BLR）被解释变量（BLR）、区域社会资本（RSC）为解释变量，总资产收益率（ROA）等变量组成的向量组为控制变量，对区域社会资本（RSC）和银行贷款利率（BLR）之间的动态调整模型进行系统GMM估计分析。表5-10中第（3）列的系统GMM估计结果所报告的统计量表明，系统GMM估计系数为0.0076，且不具有显著相关性（z值为1.56），滞后期变量的系数呈现为显著负相关关系，表明当期的银行贷款利率与前期银行贷款利率之间具有显著的负向累计效应。区域社会资本（RSC）的系统GMM估计系数为-1.2593，且在1%水平上显著负相关（z值为-9.57），表明区域社会资本与银行贷款利率之间呈显著的负相关关系，区域社会资本发展水平越高，企业获得银行贷款利率越低。系统GMM估计模型的Sargan检验（P值为0.3739，大于0.05），即工具变量有效，说明在5%的显著性水平上，我们不能拒绝工具变量有效性的零假设（P值大于0.05），Sargan检验中模型估计所选用的工具变量是合适的，上述模型的系统GMM估计结果中新增工具变量是有效的且不存在过度识别的问题。

表5-10中第（4）列是以银行贷款方式（BLW）为被解释变量，以滞后一期（L.BLW）被解释变量（BLW）、区域社会资本（RSC）为解释变量，总资产收益率（ROA）等变量组成的向量组为控制变量，对区域社会资本（RSC）和银行贷款方式（BLW）之间的动态调整模型进行系统GMM估计分析。表5-10中第（4）列的系统GMM估计结果所报告的统计量表明，系统GMM估计系数为0.6077，且在1%水平上显著正相关（z值为7.96），滞后期

变量的系数表现为正相关关系，说明当期的银行贷款方式与前期银行贷款方式之间具有显著的正向累计效应。区域社会资本（RSC）的系统 GMM 估计系数为 0.1502，且在 1% 水平上显著正相关（z 值为 3.44），表明企业获得银行贷款方式将更多采用信用等级较高的信用和担保类贷款。系统 GMM 估计模型的 Sargan 检验（P 值为 0.2332，大于 0.05），即工具变量有效，说明在 5% 的显著性水平上，我们不能拒绝工具变量有效性的零假设（P 值大于 0.05），Sargan 检验中模型估计所选用的工具变量是合适的，上述模型的系统 GMM 估计结果中新增工具变量是有效的且不存在过度识别的问题。

表 5-10 中第（5）列是以银行贷款偏离度（D_BLA）为被解释变量，以滞后一期（L.D_BLA）被解释变量（D_BLA）、区域社会资本（RSC）为解释变量，总资产收益率（ROA）等变量组成的向量组为控制变量，对区域社会资本（RSC）和银行贷款偏离度（D_BLA）之间的动态调整模型进行系统 GMM 估计分析。表 5-10 中第（5）列的系统 GMM 估计结果所报告的统计量表明，系统 GMM 估计系数为 0.6170，且在 1% 水平上显著正相关（z 值为 6.82），滞后期变量的系数表现为显著正相关关系，表明当期的银行贷款偏离度与前期银行贷款偏离度之间具有显著的正向累计效应。区域社会资本（RSC）的系统 GMM 估计系数为 -0.0361，且在 1% 水平上显著负相关（z 值为 -9.66），表明区域社会资本与银行贷款偏离度之间呈显著的负相关关系，区域社会资本发展水平越高，获得银行贷款偏离度越小，银行信贷资金渠道越稳定。系统 GMM 估计模型的 Sargan 检验（P 值为 0.5275，大于 0.05），即工具变量有效，说明在 5% 的显著性水平上，我们不能拒绝工具变量有效性的零假设（P 值大于 0.05），Sargan 检验中模型估计所选用的工具变量是合适的，上述模型的系统 GMM 估计结果中新增工具变量是有效的且不存在过度识别的问题。

5.5 本章小结

通过本章的实证分析表明，民营企业的社会资本越高，使用高成本商业信用融资模式的比例越低，获取商业信用融资的金额越多，对外提供的商业信用融资金额越少，净商业信用融资金额越多。民营企业的高管社会资本发展水平越高，越有能力无偿占用其他企业的应付款项，降低贷款支付率，从而间接提升企业融资能力。高管社会资本发展水平越高，民营企业实际获得银行贷款总额和银行最优负债比例之差的绝对值会显著减小，银行贷款总额的波动幅度和不稳定性显著降低，我国民营企业获得银行贷款的稳定性会显著增强。

民营企业注册所在区域社会资本发展水平越高，获得的商业信用融资金额与对外提供的商业信用融资金额大体保持一致，净商业信用处于稳定的动态平衡调整过程中，区域社会资本对净商业信用的影响不具有显著的相关关系。区域社会资本发展水平越高，民营企业实际获得银行贷款总额和银行最优负债比例之差的绝对值会显著减小，银行贷款总额的波动幅度和不稳定性显著降低，我国民营企业获得银行贷款的稳定性会显著增强。区域社会资本越高，获得银行贷款总额越大，贷款期限越长，贷款利率越低，贷款偏离度越小且贷款担保方式越多。

第6章
经济政策不确定性、社会资本与债务融资

6.1 引言

经济政策不确定性会对一个国家和地区的经济增长带来负面的作用,从而对企业资源的获取和分配形式产生显著的影响。经济政策不确定性上升会导致企业的生产要素成本上涨,金融市场的货币价格上升,企业的经营性和投资性现金流量显著降低,对外融资需求会相应提高。通货膨胀预期上升也会导致经济政策不确定性因素增加,企业的存货持有水平会显著地增加(饶品贵等,2016),用于生产的原材料价格、人力成本和金融衍生品价格等都会出现不同程度的上涨(Cfa and Harvey,2006),因此企业的存量资金消耗增大,对外融资需求显著增加。在资金储备压力加大和存货采购水平提升的压力下,企业一般会采用银行贷款和股权融资等方式进行外部融资。随着预期通货膨胀率上升和金融市场的不确定性增强,银行等金融机构的资金成本会显著增加,民营企业对信贷资金的需求显著增大。由于民营企业在获取银行贷款的过程中会面临诸多限制性因素的影响,一方面,银行等金融机构会通过提高银行贷款利率、缩短贷款期限、限制贷款担保类型等方式提高银行贷款门槛;

另一方面，企业会通过加强银企关系、政企关系和企业间的合作关系等方式间接拓宽银行贷款和非银行类资金的获取通道（余明桂和潘红波，2008b）。企业为降低不确定性所导致的资金压力，通常会通过加强银企关系、政企关系和企业间关系等方式间接增强获取银行贷款的能力。

在经济政策不确定性上升的宏观经济环境中，企业所具有的社会资本能否有效地抑制经济政策不确定性上升对商业信用融资和银行债务融资所带来的负面效应？社会资本越高的企业，是否更容易通过获取商业信用的方式间接融资，且融资成本越低？社会资本越高的企业，是否获得的银行贷款总额越大、贷款期限越长、贷款利率越低、贷款偏离度越小且贷款担保方式越宽松？是否越有助于抑制经济政策不确定性对企业获得银行贷款总额和贷款期限的负向影响？是否有助于削弱经济政策不确定性对贷款利率、贷款偏离度的正向作用？是否有助于降低经济政策不确定性对贷款担保方式的要求标准？基于上述分析，本书以我国 A 股上市民营企业为研究样本，从经济政策不确定性的视角探讨社会资本对商业信用融资和银行债务融资的影响机理。

6.2 理论分析与研究假设

Allen et al.（2005）提出在资本市场成熟的发达国家，法律制度对金融体系具有显著的促进作用，国家法律制度越完善，金融体系越发达，经济增长越强劲。相对于发达国家，虽然中国存在法律制度不健全、金融体系不发达等问题，但经济始终保持高速增长，其原因是中国民营企业的非正式社会制度（主要是政企关系）可以在一定程度上弥补法律保护机制缺失所造成的影响，从而促进民营企业获得更多的外部融资。Durlauf 和 Fafchamps（2003）的研究表明，社会资本作为一种重要的非正式社会制度形式，主要依靠社会关系网络将经济资源连接成一个有机的整体，从而形成一个资源共享和互利合作的机制。

Ang et al.（2009）研究了非正式制度（主要是社会资本）对外商投资企业在直接投资方面的影响机制，表明社会资本对法律制度具有显著的替代效应。在法律制度不完善的地区，社会资本量越高，外国投资者投入资本会显著地提高。国外已有的文献主要是研究法律制度、金融环境和公司治理等因素对企业获得债务和信用融资的影响机制（La Porta et al., 1998；Li 和 Lu，2008）。肖作平和张樱（2014，2016）分别从企业家政治关系、社会信任等角度提供实证检验分析，他们的研究结果表明，除了正式的社会制度对一个国家的经济和企业的发展具有重要的影响以外，企业与政府之间的政治关系，企业家之间的信任程度和区域的社会资本发展水平都对企业的银行贷款难易程度和融资成本具有显著的影响。

在商业信用融资模式的研究文献中，大多数国内外学者从微观层面的公司治理、所有权性质、高管个人特征和股权结构等方面研究影响商业信用融资模式的因素，很少有学者研究宏观层面的经济政策和经济现象对微观财务行为的传导机制。由于企业高层管理者会对未来的经济政策不确定性做事前的判断，从而影响企业在融资决策、存货购买和现金持有量等方面的决策行为（饶品贵和张会丽，2015；李青原等，2015）。国外的文献在高管社会资本对企业融资模式的研究中，更多地是关注高管间的相互信任对企业交易成本的影响（Bromiley，1995）。

然而目前尚未有学者研究经济政策不确定性、社会资本对企业商业信用融资和银行债务融资的影响，在预期经济政策不确定性上升的宏观经济环境下，人们对未来宏观经济形势的判断抱有更多的消极情绪，在某种程度上会导致经济的不确定性，同时这种不确定性会对企业高管的经营决策产生负面影响（Bekaert 和 Engstrom，

2010)。在预期经济政策不确定性上升时,央行可能会采取紧缩性货币政策,提高贷款的利率,降低货币供给量,导致企业间用于交易的货币数量减少,资金成本增加。企业间的信任程度在商品购销活动中往往发挥着重要的作用,在经济政策不确定性上升时,购销活动的资金交易成本会显著增加。为了降低交易成本,同时减少货币资金的流出,企业通常会采用减缓供应商货款支付进度和加快应收账款的回收进度等方式。社会资本越高,社会关系网络越发达,获得对方的信任程度就越高,获取商业信用融资的能力就越强。

在预期经济政策不确定性上升时期,这种不确定性会对企业高管的经营决策产生负面影响(Bekaert 和 Wang, 2010)。与此同时,央行可能会采取紧缩性货币政策,提高贷款的利率,降低货币供给量,导致企业间用于交易的货币数量减少,资金成本增加。在经济政策不确定性上升时,民营企业的生产成本会显著增加,货币资金和应收账款周转率会显著降低,企业间交易成本增加,企业的经营效益和经营质量会显著降低。银行对企业的信任程度降低,同时银行等金融机构会要求企业提供更加严格的资金担保,提高银行贷款的利率,民营企业高管的社会资本在银行贷款活动中往往发挥着重要的作用,高管社会资本占比越高,社会关系网络越发达,获得对方的信任程度就越高,获取银行贷款的能力就越强。另外,根据上述分别基于社会资本的两个维度的定义和分析可知,社会资本的两个层面(高管社会资本和区域社会资本)都会对商业信用融资和银行债务融资造成影响。综上所述,本书提出研究假设 H_{6-1}、H_{6-2}、H_{6-3} 和 H_{6-4}。

研究假设 H_{6-1}:高管社会资本越高,经济政策不确定性对使用高成本商业信用融资模式的正向影响作用越弱、对获取商业信用融资负向影响作用越弱,对外提供的商业信用融资正向影响作用越弱,对净商业信用融资负向影响作用越弱。

研究假设 H_{6-2}:高管社会资本越高,越有助于抑制预期经济政策不确定性对企业获得银行贷款总额和贷款期限的负向影响，有助于削弱预期经济政策不确定性对贷款利率、贷款偏离度的正向作用，有助于降低预期经济政策不确定性对贷款担保方式的要求标准。

研究假设 H_{6-3}：区域社会资本越高，预期经济政策不确定性对使用高成本商业信用融资模式的正向影响作用越弱，对获取商业信用融资负向影响作用越弱，对外提供的商业信用融资正向影响作用越弱，对净商业信用融资负向影响作用越弱。

研究假设 H_{6-4}：区域社会资本越高，越有助于抑制预期经济政策不确定性对企业获得银行贷款总额和贷款期限的负向影响，有助于削弱预期经济政策不确定性对贷款利率、贷款偏离度的正向作用，有助于降低预期经济政策不确定性对贷款担保方式的要求标准。

6.3　研究样本和研究设计

6.3.1　研究样本与数据来源

本书主要研究在预期经济政策不确定的宏观经济环境下，民营企业具有的社会资本对商业信用融资和银行债务融资的作用机制，由于社会资本的衡量需要采用手工收集的高管人物特征等指标，同时为了保证样本企业的高管社会资本是自发性建设的成果，而不是国有产权性质所赋予的外生属性，所以本书选取沪深两市 A 股上市的民营企业为原始研究样本，最终获得由 1488 个观测值构成的非平衡面板数据。文中使用的财务数据来自 CSMAR 数据库、CCER 数据库和 WIND 数据库，高管社会资本的构成数据来自各公司网站和 CSMAR 数据库的企业特征数据。

6.3.2 计量模型与变量的定义

（1）变量的定义

根据已有文献，我们控制了可能会影响企业债务融资的一些特征变量，主要包括公司特征变量和宏观经济变量。行业也是影响企业债务融资的重要因素，我们根据证监会颁布的《上市公司行业分类指引》按照不同年份对研究样本的行业设置行业虚拟变量（ID），年度虚拟变量（YEAR）。具体变量的定义见表6-1。

表6-1　　　　　　　　　主要变量的定义

变量名称	符号	变量定义
商业信用模式	TC1	（应付票据+预付账款）/（应付票据+应付账款+预付账款）
商业信用获取	TC2	（应付票据+应付账款+预收账款）/总资产
商业信用供给	TC3	（应收票据+应收账款+预付账款）/总资产
净商业信用	NTC	（应付票据+应付账款+预收账款-应收票据-应收账款-预付账款）/总资产
银行贷款总额	BLA	（短期借款+一年内到期的非流动负债+长期借款）/总负债
银行贷款期限	BLT	长期借款/（短期借款+一年内到期的非流动负债+长期借款）
银行贷款利率	BLR	样本公司当年贷款年利率的加权平均值
银行贷款方式	BLW	质押、抵押、保证、担保=0，信用=1
银行贷款偏离度	D_BLA	实际BLA和银行最优负债比例之差的绝对值
高管社会资本	ESC	高管社会资本综合得分指数
区域社会资本	RSC	各地区社会资本综合得分指数
经济政策不确定性1	EPU	基于Baker et al.（2016）发布的中国经济政策不确定性指数来计算季度变量

续表

变量名称	符号	变量定义
经济政策不确定性2	INEPU	对未来物价预期指和实际通货膨胀率数进行滚动回归，采用回归生成的残差值作为间接衡量变量
总资产收益率	ROA	年净利润/总资产平均余额
管理费用率	MFE	管理费用/总资产
非债务税盾	DEP	（固定资产折旧+无形资产摊销）/总资产
固定资产比率	FIX	固定资产/总资产
托宾Q值	TQ	（每股价格×流通股数+每股净资产×非流通股数+负债）/总资产
门槛比率	RATE	票据贴现利息/票面总金额
第一股东持股比例	TOP	公司第一大股东持股比例
GDP增长率	GDPGR	（本季度GDP－上季度GDP）/上季度GDP
货币供应增长量	DM1	（本期M1－上期M1）/上期M1
可持续增长率	SGR	权益报酬率×留存收益率

本书根据刘凤委等（2009）的研究设计，被解释变量主要选择商业信用融资模式、商业信用获取、商业信用供给和净商业信用这四个指标，其中商业信用融资模式=（应付票据+预付账款）/（应付票据+应付账款+预付账款），该指标反映企业在购买和赊销经营活动中使用高成本的商业信用的占比，比重越大，商业信用融资成本越高。商业信用获取=（应付票据+应付账款+预收账款）/总资产，该指标反映企业在购买商品活动中采用商业信用方式间接获取供应商现金流的能力；商业信用供给=（应收票据+应收账款+预付账款）/总资产，该指标反映企业在销售商品活动中采用商业信用的方式间接提供给客户现金流的能力；净商业信用=（应付票据+应付账款+预收账款－应收票据－应收账款－预付账款）/总资产，该指标反映企业在经营活动中使用商业信用的净值。

本书根据肖作平和张樱（2014；2016），李青原等（2015）的研究设计，被解释变量主要选择银行贷款总额、贷款期限、贷款利率、贷款方式和贷款偏离度这五个指标，其中银行贷款总额=（短期借款+一年内到期的非流动负债+长期借款）/总负债，该指标反映企业银行贷款总额与总负债的占比，比重越大，银行贷款总额占企业总负债的比例越高。银行贷款期限=长期借款/（短期借款+一年内到期的非流动负债+长期借款），该指标反映企业银行贷款结构中长期贷款与贷款总额的占比，比重越大，长期贷款的比例越高，短期贷款的比例越低。银行贷款利率为样本公司当年贷款年利率的加权平均值，该指标反映企业获得银行贷款所付出的成本，取值越大，贷款利率越高，贷款成本越大。银行贷款方式根据贷款担保类型赋值为0或1的虚拟变量（其中质押、抵押、保证、担保=0，信用=1），该指标反映企业获得银行贷款需要使用的担保类型。银行贷款偏离度为实际BLA（银行贷款总额）和银行最优负债比例之差的绝对值。

（2）静态面板计量模型设定

本书研究经济政策不确定性和商业信用融资之间的关系是否会受社会资本的两个层面影响，研究假设为 H_{6-1} 和 H_{6-2}：民营企业的社会资本越高，经济政策不确定性对使用高成本商业信用融资模式的正向影响作用减弱，对获取商业信用融资负向影响作用减弱，对外提供的商业信用融资正向影响作用减弱，对净商业信用融资负向影响作用减弱。我们在上述模型的基础上加入了经济政策不确定性与社会资本的交互项，构建如下的回归模型：

$$TC_{1_{it}} = \alpha + \beta_1 EPU_{it} + \beta_2 SC_{it} + \beta_3 EPU_{it} \times SC_{it} + \beta_4 X_{it}$$
$$+ \beta_5 \sum ID + \beta_6 \sum YEAR + \varepsilon \quad (6-1)$$

$$TC_{2_{it}} = \alpha + \beta_1 EPU_{it} + \beta_2 SC_{it} + \beta_3 EPU_{it} \times SC_{it} + \beta_4 X_{it}$$
$$+ \beta_5 \sum ID + \beta_6 \sum YEAR + \varepsilon \quad (6-2)$$

$$TC_{3_{it}} = \alpha + \beta_1 EPU_{it} + \beta_2 SC_{it} + \beta_3 EPU_{it} \times SC_{it} + \beta_4 X_{it}$$
$$+ \beta_5 \sum ID + \beta_6 \sum YEAR + \varepsilon \qquad (6-3)$$
$$NTC_{it} = \alpha + \beta_1 EPU_{it} + \beta_2 SC_{it} + \beta_3 EPU_{it} \times SC_{it} + \beta_4 X_{it}$$
$$+ \beta_5 \sum ID + \beta_6 \sum YEAR + \varepsilon \qquad (6-4)$$

本书最后研究经济政策不确定性和银行债务融资五个代理变量之间的关系是否会受社会资本的影响,研究假设为 H_{6-3} 和 H_{6-4}:民营企业的社会资本越高,越有助于抑制预期经济政策不确定性对企业获得银行贷款总额和贷款期限的负向影响,有助于削弱预期经济政策不确定性对贷款利率、贷款偏离度的正向作用,有助于降低预期经济政策不确定性对贷款担保方式的要求标准。我们在上述模型的基础上加入了经济政策不确定性与社会资本的交互项,构建如下的回归模型:

$$BLA_{it} = \alpha + \beta_1 EPU_{it} + \beta_2 SC_{it} + \beta_3 EPU_{it} \times SC_{it} + \beta_4 X_{it}$$
$$+ \beta_5 \sum ID + \beta_6 \sum YEAR + \varepsilon \qquad (6-5)$$
$$BLT_{it} = \alpha + \beta_1 EPU_{it} + \beta_2 SC_{it} + \beta_3 EPU_{it} \times SC_{it} + \beta_4 X_{it}$$
$$+ \beta_5 \sum ID + \beta_6 \sum YEAR + \varepsilon \qquad (6-6)$$
$$BLR_{it} = \alpha + \beta_1 EPU_{it} + \beta_2 SC_{it} + \beta_3 EPU_{it} \times SC_{it} + \beta_4 X_{it}$$
$$+ \beta_5 \sum ID + \beta_6 \sum YEAR + \varepsilon \qquad (6-7)$$
$$BLW_{it} = \alpha + \beta_1 EPU_{it} + \beta_2 SC_{it} + \beta_3 EPU_{it} \times SC_{it} + \beta_4 X_{it}$$
$$+ \beta_5 \sum ID + \beta_6 \sum YEAR + \varepsilon \qquad (6-8)$$
$$D\_BLA_{it} = \alpha + \beta_1 EPU_{it} + \beta_2 SC_{it} + \beta_3 EPU_{it} \times SC_{it} + \beta_4 X_{it}$$
$$+ \beta_5 \sum ID + \beta_6 \sum YEAR + \varepsilon \qquad (6-9)$$

其中,β_5、β_6 为行业(ID)和年份(YEAR)虚拟变量的回归系数向量,ε 为随机误差项。解释变量 SC 代表社会资本(高管社会资本和区域社会资本)的综合得分,解释变量 X 为控制变量组成的向量组。

(3) 动态面板计量模型设定

国内外的研究文献认为,静态回归模型在回归过程中无法观测模型的异质性和内生性问题,而债务融资需要动态调整的过程。传统的参数估计方法在动态面板数据分析模型估计时存在有偏性和非一致性。根据 Arellano 和 Bond (1991), Blundell 和 Bond (1998) 提出的 GMM 估计方法,为降低动态面板数据分析中出现有偏和非一致性,本书将进一步运用动态面板数据分析模型中的系统 GMM 的估计方法考察经济政策不确定性和社会资本如何影响商业信用模式、商业信用获取、商业信用供给和净商业信用,以及经济政策不确定性与上述四个被解释变量(商业信用模式、商业信用获取、商业信用供给和净商业信用)之间是否受到社会资本发展水平的影响。本书根据上述结论构建的回归模型如下所示:

$$TC_{1it} = \alpha + \varphi \times TC_{1it-1} + \beta_1 \times EPU_{it} + \beta_2 \times SC_{it} + \beta_3 \times EPU_{it} \times SC_{it} + \beta_4 \times X_{it} + v_i + \varepsilon_{it} \quad (6-10)$$

$$TC_{2it} = \alpha + \varphi \times TC_{2it-1} + \beta_1 \times EPU_{it} + \beta_2 \times SC_{it} + \beta_3 \times EPU_{it} \times SC_{it} + \beta_4 \times X_{it} + v_i + \varepsilon_{it} \quad (6-11)$$

$$TC_{3it} = \alpha + \varphi \times TC_{3it-1} + \beta_1 \times EPU_{it} + \beta_2 \times SC_{it} + \beta_3 \times EPU_{it} \times SC_{it} + \beta_4 \times X_{it} + v_i + \varepsilon_{it} \quad (6-12)$$

$$NTC_{it} = \alpha + \varphi \times NTC_{it-1} + \beta_1 \times EPU_{it} + \beta_2 \times SC_{it} + \beta_3 \times EPU_{it} \times SC_{it} + \beta_4 \times X_{it} + v_i + \varepsilon_{it} \quad (6-13)$$

本书研究经济政策不确定性是否受到上述五个被解释变量银行贷款总额(BLA)、银行贷款期限(BLT)、银行贷款利率(BLR)、银行贷款方式(BLW)和银行贷款偏离度(D_BLA)的影响。根据上述结论构建的回归模型如下所示:

$$BLA_{it} = \alpha + \varphi \times BLA_{it-1} + \beta_1 \times EPU_{it} + \beta_2 \times SC_{it} + \beta_3 \times EPU_{it} \times SC_{it} + \beta_4 \times X_{it} + v_i + \varepsilon_{it} \quad (6-14)$$

$$BLT_{it} = \alpha + \varphi \times BLT_{it-1} + \beta_1 \times EPU_{it} + \beta_2 \times SC_{it} + \beta_3 \times EPU_{it} \times SC_{it} + \beta_4 \times X_{it} + v_i + \varepsilon_{it} \quad (6-15)$$

第6章 经济政策不确定性、社会资本与债务融资

$$BLR_{it} = \alpha + \varphi \times BLR_{it-1} + \beta_1 \times EPU_{it} + \beta_2 \times SC_{it}$$
$$+ \beta_3 \times EPU_{it} \times SC_{it} + \beta_4 \times X_{it} + v_i + \varepsilon_{it} \quad (6-16)$$

$$BLW_{it} = \alpha + \varphi \times BLW_{it-1} + \beta_1 \times EPU_{it} + \beta_2 \times SC_{it}$$
$$+ \beta_3 \times EPU_{it} \times SC_{it} + \beta_4 \times X_{it} + v_i + \varepsilon_{it} \quad (6-17)$$

$$D\_BLA_{it} = \alpha + \varphi \times D\_BLA_{it-1} + \beta_1 \times EPU_{it} + \beta_2 \times SC_{it}$$
$$+ \beta_3 \times EPU_{it} \times SC_{it} + \beta_4 \times X_{it} + v_i + \varepsilon_{it} \quad (6-18)$$

其中，i 代表第 i 家样本公司，t 代表第 t 年，α 为截距项，φ 为被解释变量一阶滞后项的估计系数向量，β_1、β_2、β_3、β_4 分别为解释变量的回归系数，v_i 为个体效应，用于控制公司的异质性特征，ε 为随机误差项。解释变量 SC 代表社会资本（高管社会资本和区域社会资本）的综合得分，解释变量 X 为控制变量组成的向量组。

6.4 实证结果与分析

6.4.1 静态估计结果分析

（1）经济政策不确定性、高管社会资本与债务融资的静态估计结果分析

表 6-2 呈现的是经济政策不确定性、高管社会资本对商业信用融资四个代理变量的估计结果。检验结果如表 6-2 所示，结合本书表 4-3 和表 5-3 中第（1）列的研究结果，经济政策不确定性（EPU）的系数为 0.4227（t 值为 2.09），且在 5% 水平上显著正相关，高管社会资本（ESC）的系数为 -0.0954（t 值为 -2.28），且在 5% 水平上显著负相关。表 6-2 中第（1）列报告了经济政策不确定性和高管社会资本的交互项（EPU×ESC）对商业信用融资模式（TC$_1$）的回归结果，交互项（EPU×ESC）的估计系数为 0.6319（t 值为 0.93），且不具有显著性关系，经济政策

不确定性（EPU）对商业信用融资模式的作用由 5% 显著正相关降低至不显著（t 值由 2.09 转变为 0.93），说明在未来经济政策不确定性上升的情况下，民营企业高管社会资本发展水平越高，越容易增强企业间的信任程度，提高合作效率，缓解企业之间的信息不对称程度，从而越有利于企业使用低成本的商业信用融资模式，高管社会资本能有效降低企业商业信用融资成本。结合本书表 4-3 和表 5-3 中第（2）列的研究结果，经济政策不确定性（EPU）的系数为 -8.8537（t 值为 -5.33），且在 1% 水平上显著负相关，高管社会资本（ESC）的系数为 0.0357（t 值为 2.52），且在 5% 水平上显著正相关。表 6-2 中第（2）列报告了经济政策不确定性和高管社会资本的交互项（EPU×ESC）对商业信用获取（TC_2）的回归结果，交互项（EPU×ESC）的估计系数为 0.3461（t 值为 1.63），且在接近 10% 的水平上显著正相关，经济政策不确定性（EPU）对商业信用获取作用的显著性由 10% 水平上显著负相关转变为接近 10% 水平显著正相关（t 值由 -5.33 转变为 1.63），说明在经济政策不确定的情况下，高管的社会资本对获取商业信用融资的能力具有积极的促进作用且能有效地增强我国民营企业的商业信用融资能力。结合本书表 4-3 和表 5-3 中第（3）列的研究结果，经济政策不确定性（EPU）的系数为 0.1221（t 值为 1.92），且在 10% 水平上显著正相关，高管社会资本（ESC）的系数为 -0.0273（t 值为 -2.09），且在 5% 水平上显著负相关。表 6-2 中第（3）列报告了经济政策不确定性和高管社会资本的交互项（EPU×ESC）对商业信用供给（TC_3）的回归结果，交互项（EPU×ESC）的估计系数为 -0.0295（t 值为 -3.69），且在 1% 的水平上显著负相关，经济政策不确定性（EPU）对商业信用融资供给作用由 10% 水平上显著正相关转变为 1% 水平上显著负相关（t 值由 1.92 转变为 -3.69），说明在经济政策不确定的情况下，高管的社会资本能够有效促进应收账款回收，进而间接帮助企业获得商业信用融资。结合本书表4-3和表5-3中第（4）列的研究结果，经济政策不确定性（EPU）的系数为-0.0656（t值为-0.75），且不具有显著相关性，高管社会资本（ESC）的系数为0.0652（t值为3.60），且在1%水平上显著正相关。表6-2中第（4）列报告了经济政策不确定性和高管社会资本的交互项（EPU×ESC）对净商业信用融资（NTC）的回归结果，交互项（EPU×ESC）的估计系数为正且在5%的水平上显著，经济政策不确定性（EPU）对净商业信用融资的作用由不具有显著性转变至5%水平上显著（t值由-0.75转变为2.56），说明在经济政策不确定的情况下，高管的社会资本越多，企业越容易获取净商业信用融资，我国民营企业高管社会资本可以有效增强融资能力和融资水平。以上的实证分析结果总体上支持研究假设H_{6-1}。

表6-2　经济政策不确定性、高管社会资本与商业信用融资关系的静态估计结果

变量	(1) TC_1	(2) TC_2	(3) TC_3	(4) NTC
Intercept	0.3456*** (10.33)	0.2098*** (9.01)	0.0745 (1.69)	0.1983*** (3.09)
EPU	1.0983** (2.09)	-0.0298 (-0.37)	1.0336*** (4.01)	-0.3547** (-2.01)
ESC	-0.3289** (-2.45)	0.4098*** (3.77)	0.0456 (0.98)	0.4893 (0.98)
EPU×ESC	0.7831 (0.69)	0.8973 (1.09)	-0.0578*** (-3.04)	0.5984** (2.19)
ROA	-0.8321 (-0.98)	-0.7467*** (-5.01)	-0.1874 (-0.87)	-0.4567*** (-3.01)
MFE	-0.9374*** (-3.09)	-0.1873** (-2.42)	-0.2098*** (-4.00)	0.2893*** (2.89)

续表

变量	(1) TC$_1$	(2) TC$_2$	(3) TC$_3$	(4) NTC
DEP	0.6904	0.2467	0.2463	-0.2098
	(0.48)	(0.83)	(0.49)	(-0.32)
FIX	-0.3098***	0.0784	0.0564*	-0.9844
	(-3.01)	(1.57)	(1.78)	(-0.89)
TQ	0.0049	-0.0984***	0.0432	-0.0345***
	(1.89)	(-3.01)	(0.98)	(-3.09)
RATE	-0.0987***	-0.0432	-0.3245***	0.0347**
	(-3.31)	(-1.43)	(-3.01)	(2.08)
TOP	0.2598*	-0.1098***	0.0874	-0.2290***
	(1.86)	(-3.45)	(0.99)	(-3.01)
GDPGR	-0.0289	0.0653	-0.0345	0.065
	(-0.67)	(0.67)	(-0.89)	(1.08)
DM1	-0.3109*	0.1049	-0.1743**	0.2458**
	(-1.88)	(1.68)	(-2.09)	(2.22)
SGR	-0.1657	0.2748***	0.0493	0.2099***
	(-1.26)	(6.04)	(0.76)	(3.08)
R^2 - within	0.0478	0.8732	0.0987	0.2348
F - Value	5.8098***	7.1098***	4.4566***	4.0999***
N	2138	2290	2158	2158

注：***、**、*分别表示在1%、5%、10%水平上显著；估计系数下方括号中的数值为t值；本书通过F检验及Hausman检验后对非平衡面板数据回归模型设定为固定效应模型，F - Value值表示固定效应模型的整体显著性检验值，R^2 - within 表示固定效应模型的拟合优度。

为了更直观地考察不同高管社会资本水平下，经济政策不确定性对商业信用四个代理变量的影响，本书按照高管社会资本得分的中位数将其分为高低两个对照组（高管社会资本得分高于中位数的取值为1，否者为0）分别进行回归。检验结果如表6-3所示，在第（1）列高管社会资本高的研究样本组，经济政策不确定性（EPU）对商业信用融资模式（TC_1）的回归系数由表4-3中第（1）列的5%水平上显著正相关（t值为2.09），转变为接近10%水平上显著负相关（t值为-1.61）；在第（2）列高管社会资本低的组别中，经济政策不确定性（EPU）的系数为正且不显著（t值为0.84），说明在经济政策不确定性上升的情况下，高管社会资本较高的企业，商业信用融资成本会显著降低；高管社会资本较低的企业，商业信用融资成本降低程度不显著。在第（3）列高管社会资本高的组别中，经济政策不确定性（EPU）对获取商业信用融资（TC_2）的回归系数由表4-3中第（2）列的1%水平上显著负相关（t值为-5.33），转变为不显著（t值为-0.74）；在第（4）列高管社会资本低的组别中，经济政策不确定性（EPU）的系数为1%水平上显著负相关（t值为-2.98），说明高管的社会资本越高，企业越有能力通过拖欠应付账款的方式间接占用其他企业的现金流，进而达到间接融资的目的；高管社会资本越低，企业获取商业信用的能力也会相应较低。在第（5）列高管社会资本高的组别中，经济政策不确定性（EPU）对商业信用供给（TC_3）的回归系数由表4-3中第（3）列的10%水平上显著正相关（t值为1.92），转变为1%水平上显著负相关（t值为-2.71）；第（6）列在高管社会资本低的组别中，经济政策不确定性（EPU）的系数为正但不显著（t值为1.62），说明高管的社会资本越高，企业对外提供的商业信用较少且应收账款的回收能力越强；高管社会资本越低，企业应收账款的回收能力越弱。在第（7）列高管社会资本高的组别中，经济政策不确定性（EPU）对净商业信用融资（NTC）的回归系数由表4-3中第（4）列的不显著（t值为-0.75），转变为1%水平上显著正相关（t值为3.69）；第（8）列在高管社会资本低的组别中，经济政策不确定性（EPU）的系数为负的不显著（t值为-0.54），说明高管的社会资本越高，企业

表6-3 经济政策不确定性、高管社会资本与商业信用融资关系的分组静态估计结果

变量	TC1 高ESC (1)	TC1 低ESC (2)	TC_2 高ESC (3)	TC_2 低ESC (4)	TC_3 高ESC (5)	TC_3 低ESC (6)	NTC 高ESC (7)	NTC 低ESC (8)
Intercept	1.0036*** (8.36)	0.2593** (2.56)	2.6769*** (3.58)	1.1138** (2.06)	0.2843*** (7.80)	0.1878*** (4.05)	-0.1126** (-2.08)	0.1024 (1.04)
EPU	-2.5413 (-1.61)	0.6876 (0.84)	-4.8079 (-0.74)	-5.3821*** (-2.98)	-1.3037*** (-2.71)	0.8872 (1.62)	2.6354*** (3.69)	-0.7789 (-0.54)
ROA	0.2566 (0.54)	0.0190 (0.03)	0.8687 (0.19)	5.2108 (1.51)	-0.1281 (-0.88)	-0.4136 (-1.33)	-0.7680*** (-3.56)	-1.1126*** (-2.98)
MFE	-0.8268*** (-3.86)	-0.0691 (-0.17)	8.6626*** (4.17)	-1.2145 (-0.54)	-0.3359*** (-5.16)	-0.2702*** (-2.74)	0.2929*** (3.03)	-0.1711 (-1.46)
DEP	-0.3940 (-0.40)	1.3262 (1.26)	-9.1482 (-0.97)	-9.8397* (-1.69)	0.4044 (1.35)	2.7187*** (4.83)	-0.4689 (-1.05)	-1.8394*** (-2.70)
FIX	-0.1737 (-1.53)	-0.6714*** (-4.59)	0.4740 (0.43)	-0.3641 (-0.45)	0.0623* (1.80)	-0.2325*** (-5.20)	-0.0225 (-0.44)	-0.0628 (-1.16)
TQ	0.0126 (1.41)	-0.0023 (-0.20)	-0.0727 (-0.86)	0.1028* (1.65)	0.0052* (1.92)	0.0166*** (3.63)	-0.0164*** (-4.07)	-0.0353*** (-6.40)

续表

变量	TC1		TC$_2$		TC$_3$		NTC	
	高 ESC (1)	低 ESC (2)	高 ESC (3)	低 ESC (4)	高 ESC (5)	低 ESC (6)	高 ESC (7)	低 ESC (8)
RATE	-0.0925*** (-5.31)	0.0096 (0.55)	-0.2668** (-2.03)	-0.2496** (-2.58)	-0.0208*** (-3.94)	-0.0041 (-0.36)	0.0300*** (3.82)	0.0061 (0.36)
TOP	-0.1314 (-0.84)	0.9283*** (4.69)	-0.9899 (-0.66)	4.5476*** (4.08)	0.0022 (0.05)	-0.0601** (-2.11)	-0.1890*** (-2.66)	-0.0191 (-0.56)
GDPGR	-0.0214 (-0.30)	0.0150 (0.18)	-0.4210 (-0.64)	-0.2505 (-0.54)	0.0274 (1.26)	0.0207 (0.37)	-0.0165 (-0.51)	0.0451 (0.65)
DM1	-0.4668* (-1.82)	-0.2534 (-0.82)	-7.0664*** (-2.95)	-8.5668*** (-4.97)	-0.1957** (-2.52)	-0.3290 (-1.62)	0.3144*** (2.72)	0.9231*** (3.69)
SGR	-0.2396 (-1.47)	-0.3471 (-1.47)	-6.8565*** (-4.38)	-6.3678*** (-4.79)	0.0506 (1.02)	0.2156* (1.78)	0.2535*** (3.44)	0.2659* (1.82)
R^2 - within	0.0724	0.0912	0.1274	0.2446	0.0680	0.0861	0.0777	0.1998
F - Value	5.6247***	4.5416***	10.5270***	14.6267***	5.2633***	4.9560***	6.0765***	13.1687***
N	1124	1014	1156	1134	1018	1140	1018	1140

注:***、**、*分别表示在1%、5%、10%水平上显著;估计系数下方括号中的数值为t值;本书通过F检验及Hausman检验后对非平衡面板数据回归模型设定为固定效应模型,F - Value值表示固定效应模型的整体显著性检验值,R^2 - within表示固定效应模型的拟合优度。

获取的净商业信用融资金额越多，占用对方企业资金的能力越强；高管社会资本越低，企业获取净商业信用融资的金额越少。以上的实证分析结果总体上支持研究假设 H_{6-1}。

表6-4显示的是经济政策不确定性、高管社会资本对银行债务融资五个代理变量的估计结果。检验结果如表6-4所示，第（1）列报告了经济政策不确定性和高管社会资本的交互项（EPU×ESC）对银行贷款总额（BLA）的回归结果，经济政策不确定性（EPU）与高管社会资本（ESC）的交互项（EPU×ESC）估计系数为-0.0714，且不具有显著相关性（t值为-0.09），经济政策不确定性（EPU）对银行贷款总额影响的显著性由表4-4的第（1）列1%（t值为-3.17）降低至不显著（t值由-3.17转变为-0.09），说明在未来经济政策不确定性上升的情况下，高管社会资本发展水平越高，越有利于增强银企之间的信任程度，提高合作效率，缓解经济政策不确定性对民营企业获得银行贷款总额产生的负面影响，从而提高民营企业获得银行贷款的能力。第（2）列报告了经济政策不确定性和高管社会资本的交互项（EPU×ESC）对银行贷款期限（BLT）的回归结果，交互项（EPU×ESC）的估计系数为2.2943，且在5%的水平上显著正相关（t值为2.16），经济政策不确定性（EPU）对银行贷款期限影响的显著性由表4-4第（2）列负向的5%（t值为-2.52）水平上显著转变为正向5%水平上显著（t值由-2.52转变为2.16），说明在经济政策不确定的情况下，高管的社会资本能够抑制筹资风险的能力越强。第（3）列报告了经济政策不确定性和高管社会资本的交互项（EPU×ESC）对银行贷款利率（BLR）的回归结果，交互项（EPU×ESC）的估计系数为3.3525，且不具有显著相关性（t值为0.31），经济政策不确定性（EPU）对银行贷款利率影响的显著性由表4-4第（3）列5%（t值为2.02）转变为不显著（t值由2.02转变为0.31），说明在经济政策不确定的情况下，高管社会资本有助于提

升企业的声誉度、增强议价能力和融资能力,从而降低企业的银行贷款利率水平,降低融资成本。第(4)列报告了经济政策不确定性和高管社会资本的交互项(EPU×ESC)对银行贷款方式(BLW)的回归结果,交互项(EPU×ESC)的估计系数为 6.4283,且没有显著相关性(t 值为 1.19),经济政策不确定性(EPU)对银行贷款方式作用的显著性由表 4-4 第(4)列-1%(t 值为-4.86)转变为不显著(t 值由-4.86 转变为 1.19),说明在经济政策不确定性上升的情况下,银行通常要求民营企业提供有形资产(固定资产等)或者无形资产(专利技术等)作为银行贷款的抵押担保或者质押担保,高管的社会资本越多,越有利于提升企业的商誉,建立良好的企业形象,从而提高民营企业获得信用担保类贷款数量,减少抵押和质押类贷款数量。第(5)列报告了经济政策不确定性和高管社会资本的交互项(EPU×ESC)对银行贷款偏离度(D_BLA)的回归结果,交互项(EPU×ESC)的估计系数为-0.5290,且不具有显著相关性(t 值为-0.88),经济政策不确定性(EPU)对银行贷款偏离度作用的显著性由表 4-4 第(5)列 1% 转变为不显著(t 值由 2.69 转变为-0.88),说明在经济政策不确定性上升的情况下,高管的社会资本越多,预期经济政策不确定性上升导致的银行贷款总额和银行最优负债比例之差的绝对值越小,高管社会资本能有效降低经济政策不确定性导致的银行贷款总额与最优负债比例之间的波动幅度和不稳定性,我国民营企业获得银行贷款的稳定性会显著增强。以上的实证分析结果总体上支持研究假设 H_{6-2}。

表 6-4 经济政策不确定性、高管社会资本与银行债务融资关系的静态估计结果

变量	(1) BLA	(2) BLT	(3) BLR	(4) BLW	(5) D_BLA
Intercept	0.5484 ***	0.4568 ***	9.9378 ***	3.7825 ***	0.0222
	(8.21)	(5.24)	(9.68)	(10.05)	(0.55)

续表

变量	(1) BLA	(2) BLT	(3) BLR	(4) BLW	(5) D_BLA
EPU	-3.1425***	-1.4768	9.7725	-6.4259***	0.2376
	(-3.47)	(-1.25)	(1.07)	(-4.25)	(1.33)
ESC	0.0440	-0.1629***	0.0078	0.2071	-0.0562*
	(1.09)	(-3.10)	(0.01)	(0.89)	(-1.67)
EPU × ESC	-0.0714	2.2943**	3.3525	6.4283	-0.5290
	(-0.09)	(2.16)	(0.31)	(1.19)	(-0.88)
ROA	-0.4759*	0.3717	-15.2765**	-9.0465***	0.0649
	(-1.87)	(1.12)	(-2.56)	(-3.48)	(0.25)
DEP	0.4969	-0.9356	14.2561	2.2317	-0.4805
	(1.01)	(-1.45)	(1.22)	(0.46)	(-0.91)
GDPGR	-0.0529	-0.0144	0.1626	0.1506	0.0272
	(-1.41)	(-0.29)	(0.19)	(0.40)	(0.70)
FIX	0.0697	-0.2022**	-5.8410***	1.2392*	-0.0490
	(1.13)	(-2.51)	(-4.03)	(1.72)	(-0.79)
DM1	0.0186	-0.0638	2.6353	-2.3266*	0.0325
	(0.14)	(-0.36)	(0.84)	(-1.77)	(0.23)
RATE	-0.0410***	-0.0541***	-0.3725**	0.2106***	-0.0070
	(-4.41)	(-4.45)	(-2.16)	(2.83)	(-0.94)
TOP	0.2938***	0.5181***	-3.5173*	-2.2745***	0.3747***
	(3.45)	(4.66)	(-1.77)	(-2.97)	(4.42)
MFE	0.1579	0.0648	0.0794	1.2496	0.0840
	(1.22)	(0.38)	(0.03)	(1.02)	(0.72)
TQ	0.0205***	0.0040	0.1338	0.0699	0.0041
	(4.27)	(0.64)	(1.19)	(1.41)	(0.85)
SGR	0.0987	-0.0127	4.3835**	2.5331***	0.0183
	(1.08)	(-0.11)	(2.03)	(2.73)	(0.21)

续表

变量	(1) BLA	(2) BLT	(3) BLR	(4) BLW	(5) D_BLA
R^2 – within	0.0514	0.0540	0.0268	0.1028	0.0418
F – Value	5.4067	5.6995	2.7536	6.8752	2.6528
P	0.0000	0.0000	0.0000	0.0000	0.0000
N	1488	1488	1488	1488	1488

注：***、**、* 分别表示在1%、5%、10%水平上显著；估计系数下方括号中的数值为t值，本书通过F检验及Hausman检验后对非平衡面板数据回归模型设定为固定效应模型，R^2 – within 表示固定效应模型的拟合优度，F – Value 值表示固定效应模型的整体显著性检验值，P值表示固定效应模型的显著性检验统计量。

为了更直观地考察不同高管社会资本水平，本书按照高管社会资本得分的中位数将其分为高低两个对照组（高管社会资本得分高于中位数的取值为1，否则为0）分别进行回归。检验结果如表6-5所示，在第（1）列高水平的高管社会资本研究样本组，经济政策不确定性（EPU）对银行贷款总额（BLA）的回归系数由表4-4第（1）列的1%水平上显著负相关（t值为-3.71），转变为不显著（t值为-0.12）；在第（2）列低水平的高管社会资本低组别中，经济政策不确定性（EPU）的系数在1%的水平上显著为负（t值为-4.89），说明高管社会资本较高的民营企业，经济政策不确定性上行的压力不会导致银行贷款总额的显著降低，高管社会资本能有效抑制经济政策不确定性对银行贷款总额造成的负面效应；高管社会资本较低的企业，银行贷款总额显著降低，经济政策不确定性对银行贷款具有显著的负面效应。在第（3）列高水平的高管社会资本组别中，经济政策不确定性（EPU）对银行贷款期限（BLT）的回归系数由表4-4中第（2）列的5%水平上显著负相关（t值为-2.52），转变为5%水平上显著正相关（t值为2.51）；在第（4）列低水平的高管社会资本组别中，经济政策不确定性

(EPU)的系数为不显著（t值为-0.81），说明高管的社会资本能够有效抑制筹资风险的能力越强；高管社会资本越低，企业获取长期贷款的能力越弱。在第（5）列高水平的高管社会资本组别中，经济政策不确定性（EPU）对银行贷款利率（BLR）的回归系数由表4-4中第（3）列的5%水平上显著正相关（t值为2.02），转变为不显著（t值为0.65）；第（6）列在低水平的高管社会资本组别中，经济政策不确定性（EPU）的系数为10%水平上的显著正相关（t值为1.84），说明高管的社会资本能有效抑制经济政策不确定性导致的银行贷款利率上升；低水平的高管社会资本对银行贷款利率上升的抑制作用较弱。在第（7）列高水平的高管社会资本组别中，经济政策不确定性（EPU）对银行贷款方式（BLW）的回归系数由表4-4中第（4）列的1%水平上显著为负（t值为-4.86），转变为不显著（t值为1.04）；第（8）列在低水平的高管社会资本组别中，经济政策不确定性（EPU）的系数为1%水平上显著负相关（t值为-2.88），说明在预期经济政策不确定性上升的情况下，高管的社会资本越多，越有利于民营企业获得信用担保类贷款数量，减少抵押和质押类贷款数量；高管社会资本越少，民营企业获取信用贷款的数量越少，抵押和质押贷款数量越多。在第（9）列高水平的高管社会资本组别中，经济政策不确定性（EPU）对银行贷款方偏离度（D_BLA）的回归系数由表4-4中第（5）列的1%水平上显著为正（t值为2.69），转变为不显著（t值为1.57）；第（10）列在低水平的高管社会资本组别中，经济政策不确定性（EPU）的系数为5%水平上显著正相关（t值为2.35），说明在预期经济政策不确定性上升的情况下，高管社会资本能有效降低经济政策不确定性导致的银行贷款总额与最优负债比例之间的偏离程度，从而提高民营企业获得银行贷款的持续性和稳定性。以上的实证分析结果总体上支持研究假设H_{6-2}。

第6章 经济政策不确定性、社会资本与债务融资

表6-5 经济政策不确定性、高管社会资本与银行债务融资关系的分组静态估计结果

变量	BLA 高ESC (1)	BLA 低ESC (2)	BLT 高ESC (3)	BLT 低ESC (4)	BLR 高ESC (5)	BLR 低ESC (6)	BLW 高ESC (7)	BLW 低ESC (8)	D_BLA 高ESC (9)	D_BLA 低ESC (10)
Intercept	0.5005*** (4.73)	0.6092*** (7.48)	0.3085*** (4.78)	0.4469*** (4.82)	9.7118*** (8.10)	11.1805*** (7.09)	2.7030*** (3.72)	4.9752*** (6.33)	0.2203*** (4.51)	0.0143 (0.34)
EPU	-0.1702 (-0.12)	-5.2457*** (-4.89)	0.5615** (2.51)	-0.2504 (-0.81)	2.7012 (0.65)	9.7012* (1.84)	10.8007 (1.04)	-19.6536*** (-2.88)	0.6177 (1.57)	0.8574** (2.35)
ROA	-0.1531 (-0.37)	-0.5507* (-1.70)	0.7552* (1.82)	-0.2469 (-0.42)	-15.8371** (-2.06)	-23.9603** (-2.41)	-15.5338*** (-4.80)	2.6558 (0.52)	-1.0585*** (-3.64)	0.0379 (0.15)
DEP	-1.0770 (-1.50)	1.5301** (2.29)	-0.7534 (-0.89)	-1.7615* (-1.77)	22.7155 (1.44)	10.7126 (0.63)	1.1818 (0.19)	-2.9759 (-0.37)	0.4075 (0.80)	-0.2212 (-0.42)
GDPGR	-0.1052* (-1.83)	-0.0105 (-0.22)	0.0003 (0.00)	-0.0278 (-0.35)	1.5815 (1.42)	-1.5802 (-1.17)	0.8997** (1.98)	0.1561 (0.25)	-0.0806** (-2.05)	0.0125 (0.34)
FIX	0.1026 (1.02)	0.0088 (0.11)	-0.1698* (-1.72)	-0.2127 (-1.52)	-7.2937*** (-3.99)	-3.5079 (-1.47)	0.5114 (0.58)	1.5817 (1.23)	-0.0788 (-1.12)	-0.0260 (-0.42)
DM1	-0.3290 (-1.55)	0.1936 (1.11)	0.1076 (0.49)	-0.2547 (-0.86)	-3.8530 (-0.95)	14.0310*** (2.79)	0.2968 (0.19)	-2.0986 (-1.03)	0.2817* (1.90)	-0.0625 (-0.46)
RATE	-0.0118 (-0.77)	-0.0654*** (-5.53)	-0.0581*** (-4.87)	-0.0400** (-2.41)	-0.1934 (-0.87)	-0.6444** (-2.29)	0.3949*** (3.68)	0.1603 (1.33)	-0.0123 (-1.46)	-0.0083 (-1.12)

续表

变量	BLA 高ESC (1)	BLA 低ESC (2)	BLT 高ESC (3)	BLT 低ESC (4)	BLR 高ESC (5)	BLR 低ESC (6)	BLW 高ESC (7)	BLW 低ESC (8)	D_BLA 高ESC (9)	D_BLA 低ESC (10)
TOP	-0.1453 (-1.05)	0.5998*** (5.63)	0.7039*** (5.18)	0.1898 (0.99)	-1.7533 (-0.70)	-6.2443* (-1.91)	-2.2500** (-2.51)	-2.7622* (-1.74)	-0.2199** (-2.30)	0.3479*** (4.11)
MFE	0.5601** (2.01)	-0.0252 (-0.17)	-0.0298 (-0.16)	0.4081 (1.06)	0.4369 (0.13)	-4.7802 (-0.73)	2.3521* (1.68)	-1.6932 (-0.59)	0.1166 (0.59)	0.0983 (0.84)
TQ	0.0095 (1.24)	0.0263*** (4.35)	0.0117 (1.51)	-0.0134 (-1.26)	-0.1128 (-0.78)	0.4840*** (2.66)	0.0755 (1.22)	-0.0078 (-0.09)	0.0004 (0.07)	0.0048 (1.01)
SGR	0.0780 (0.48)	0.1239 (1.12)	-0.1402 (-0.99)	0.2358 (1.05)	4.4298* (1.68)	5.7686 (1.50)	4.0487*** (3.90)	-2.3619 (-1.01)	0.2702** (2.38)	0.0208 (0.24)
R²-within	0.0422	0.1210	0.0901	0.0397	0.0319	0.0677	0.1037	0.0830	0.0527	0.0330
F-Value	1.9813	9.9279	7.1361	1.8584	2.3780	3.2687	5.1032	2.3465	2.5032	2.4623
P	0.0000	0.0000	0.0000	0.0000	0.0000	0.0000	0.0000	0.0000	0.0000	0.0000
N	744	744	744	744	744	744	744	744	744	744

注：***、**、*分别表示在1%、5%、10%水平上显著；估计系数下方括号中的数值为t值；本书通过F检验及Hausman检验后对非平衡面板数据回归模型设定为固定效应模型；R^2-within表示固定效应模型的拟合优度；F-Value值表示固定效应模型的整体显著性检验值；P值表示固定效应模型的显著性检验统计量。

(2) 经济政策不确定性、区域社会资本与债务融资的静态估计结果分析

表 6-6 显示的是经济政策不确定性、区域社会资本对商业信用融资四个代理变量的估计结果。检验结果如表 6-6 所示，结合本书表 4-3 和表 5-3 中第（1）列的研究结果，经济政策不确定性（EPU）的系数为 0.4227（t 值为 2.09），且在 5% 水平上显著正相关，区域社会资本（RSC）的系数为 -0.0836（t 值为 -1.49），接近于 10% 水平上显著负相关。表 6-6 中第（1）列报告了经济政策不确定性和区域社会资本的交互项（EPU×RSC）对商业信用融资模式（TC1）的回归结果，交互项（EPU×RSC）的估计系数为 -2.5464（t 值为 -2.05），且在 5% 的水平上具有显著负相关关系，经济政策不确定性（EPU）对商业信用融资模式（TC_1）的作用由 5% 显著转变为 5% 的水平上具有显著负相关关系（t 值由 2.09 转变为 -2.05），说明在未来经济政策不确定性上升的情况下，民营企业注册所在地区域社会资本发展水平对企业抵御经济政策不确定性上升带来的消极影响方面具有显著的抑制作用。本书分析认为，区域社会资本的构成指标主要是企业注册所在地区的商业环境指标、法律保护指标和行政效率等指标，区域社会资本可以通过提高信任程度、对外传递积极信号和提升区域法律保护程度和贸易规则的透明程度等方式增强该地区企业获取商业信用的能力，从而有效地降低高成本商业信用的使用规模。区域社会资本能在很大程度上提升企业形象，有效抑制经济政策不确定性上升对企业使用高成本商业信用起到的负面影响。较高水平上的区域社会资本能够有效增强企业间的信任程度，提高合作效率，缓解企业之间的信息不对称程度，从而越有利于企业使用低成本的商业信用融资模式，区域社会资本对经济政策不确定性上升产生消极影响具有显著的抑制作用。结合本书表 4-3 和表 5-3 中第（2）列的研究结果，经济政策不确定性（EPU）的系数为 -8.8537（t 值为

-5.33），且在1%水平上显著负相关，区域社会资本（RSC）的系数为1.8091（t值为9.36），且在1%水平上显著正相关。表6-6中第（2）列报告了经济政策不确定性和企业区域资本的交互项（EPU×RSC）对商业信用获取（TC_2）的回归结果，交互项（EPU×RSC）的估计系数为1.7875（t值为2.63），且在10%的水平上显著正相关，经济政策不确定性（EPU）对商业信用获取（TC_2）作用的显著性由负向的1%水平上显著负相关转变为正向的10%水平显著正相关（t值由-5.33转变为2.63），说明在经济政策不确定的情况下，民营企业注册所在地区域社会资本可以通过提高信任程度、传递积极信号和提升区域内行政管理效率、增强区域内公众参与度等方式，增强其商业信用融资的能力。结合本书表4-3和表5-3中第（3）列的研究结果，经济政策不确定性（EPU）的系数为0.1221（t值为1.92），且在10%水平上显著正相关，区域社会资本（RSC）的系数为-1.5057（t值为-7.85），且在1%水平上显著负相关。表6-6中第（3）列报告了经济政策不确定性和区域社会资本的交互项（EPU×RSC）对商业信用供给（TC_3）的回归结果，交互项（EPU×RSC）的估计系数为-1.2551（t值为-3.00），且在1%水平上具有显著的负相关关系，经济政策不确定性（EPU）对商业信用融资供给作用由10%水平上显著正相关转变为在1%水平上具有显著的负相关关系（t值由1.92转变为-3.00），说明在经济政策不确定的情况下，区域社会资本有助于提升区域内企业的信息交流频率、增强议价能力，从而有效地抑制经济政策不确定性上升对商业信用供给产生消极的影响作用，进而间接帮助企业加快应收账款的回收，获得更多的商业信用融资。结合本书表4-3和表5-3中第（4）列的研究结果，经济政策不确定性（EPU）的系数为-0.0656（t值为-0.75），且不具有显著相关性，区域社会资本（RSC）的系数为0.0263（t值为1.09），且在不具有显著的相关关系。表6-6中第（4）列报告了经济政策不确定性和区域社会资本的交互项（EPU × RSC）对净商业信用融资（NTC）的回归结果，交互项（EPU × RSC）的估计系数为 0.3806（t 值为 0.71），且不具有显著的相关关系，经济政策不确定性（EPU）对净商业信用融资的作用一直处于不具有显著性的水平，说明在经济政策不确定性的情况下，区域社会资本（RSC）对净商业信用融资（NTC）不会起到积极的促进作用，本书通过分析认为，净商业信用（NTC）是由商业信用获取（TC_2）与商业信用供给（TC_3）之间的差额构成，区域社会资本（RSC）和经济政策不确定性（EPU）对商业信用获取（TC_2）与商业信用供给（TC_3）两个变量同时产生作用；两组变量之间分别产生相反的作用，进而导致区域社会资本（RSC）抑制经济政策不确定性（EPU），进而促进企业获得净商业信用（NTC）的效果不显著。以上的实证分析结果总体上支持研究假设 H_{6-3}。

表 6-6　经济政策不确定性、区域社会资本与商业信用融资关系的静态估计结果

变量	(1) TC_1	(2) TC_2	(3) TC_3	(4) NTC
Intercept	0.6322 ***	1.7861 ***	2.4471 ***	0.0628 **
	(9.99)	(5.73)	(10.50)	(2.30)
EPU	0.8862	5.2368 ***	-1.3619 ***	-0.7295 ***
	(1.50)	(12.35)	(-6.85)	(-2.87)
RSC	0.0493	-2.2436 ***	1.6463 ***	-0.0097
	(0.67)	(-7.40)	(6.63)	(-0.31)
EPU × RSC	-2.5464 **	1.7875 ***	-1.2551 ***	0.3806
	(-2.05)	(2.63)	(-3.00)	(0.71)
ROA	-0.1234	-6.7155 ***	-0.7868	-0.5187 ***
	(-0.33)	(-5.56)	(-0.63)	(-3.25)

续表

变量	(1) TC$_1$	(2) TC$_2$	(3) TC$_3$	(4) NTC
DEP	0.4829	-1.4772	-0.0391	-0.2934
	(0.67)	(-0.63)	(-0.02)	(-0.94)
GDPGR	-0.0016	0.0776	0.8907***	-0.0042
	(-0.03)	(0.43)	(4.88)	(-0.18)
FIX	-0.3356***	0.6381**	0.1330	-0.0260
	(-3.76)	(2.22)	(0.44)	(-0.67)
DM1	-0.3680*	-0.5535	-3.9396***	0.2133**
	(-1.87)	(-0.86)	(-5.93)	(2.51)
RATE	-0.0506***	0.5298***	0.1116***	0.0063
	(-4.61)	(11.87)	(3.02)	(1.33)
TOP	0.2123*	-1.4235***	-0.8848**	-0.1284**
	(1.71)	(-3.54)	(-2.12)	(-2.41)
MFE	-0.6272***	-0.7061	-3.6232***	0.1526*
	(-3.28)	(-1.15)	(-5.62)	(1.85)
TQ	0.0077	-0.1994***	-0.0678***	-0.0110***
	(1.11)	(-8.75)	(-2.88)	(-3.66)
SGR	-0.1994	2.3534***	0.5819	0.1966***
	(-1.49)	(5.43)	(1.28)	(3.40)
R^2 - within	0.0559	0.2883	0.1518	0.0434
F - Value	5.9067	40.4191	17.8551	4.5278
N	2138	2290	2158	2158

注：***、**、*分别表示在1%、5%、10%水平上显著；估计系数下方括号中的数值为t值；本书通过F检验及Hausman检验后对非平衡面板数据回归模型设定为固定效应模型；F - Value值表示固定效应模型的整体显著性检验值；R^2 - within表示固定效应模型的拟合优度。

第6章　经济政策不确定性、社会资本与债务融资

为了更直观地考察不同民营企业注册所在地区域社会资本水平下，经济政策不确定性对商业信用四个代理变量的影响，本书按照区域社会资本得分的中位数将其分为高低两个对照组（企业社会资本得分高于中位数的取值为 1，否则为 0）分别进行回归。检验结果如表 6-7 所示，在第（1）列区域社会资本高的研究样本组，经济政策不确定性（EPU）对商业信用融资模式（TC_1）的回归系数由表 4-3 中第（1）列的 5% 水平上显著正相关（t 值为 2.09），转变为 10% 水平上显著负相关（t 值为 -1.75）；在第（2）列高管社会资本低的组别中，经济政策不确定性（EPU）的系数为负且不显著（t 值为 -0.06），与表 6-7 中第（1）列交互项（EPU × RSC）的估计系数为 -2.5464（t 值为 -2.05），且在 5% 水平上显著负相关。两者的结果对照表明，我国民营企业注册所在地区域具有较高的社会资本，可以增强企业间相互信任程度，对外传递积极信号，提升区域法律保护程度和贸易规则的透明程度等方式，有助于培养一种良好的经营环境，从而遏制企业间不良的经营行为。同时，上述结论也说明在经济政策不确定性上升的情况下，区域社会资本较高的企业，高成本的商业信用使用规模会显著降低，商业信用融资成本会显著降低；区域社会资本较低的企业，高成本的商业信用使用规模降低程度不显著，商业信用融资成本降低程度不显著。在第（3）列区域社会资本高的组别中，经济政策不确定性（EPU）对获取商业信用融资（TC_2）的回归系数由表 4-3 中第（2）列的 1% 水平上显著负相关（t 值为 -5.33），转变为 1% 水平上显著正相关（t 值为 8.02）；在第（4）列区域社会资本低的组别中，经济政策不确定性（EPU）的系数为 1% 水平上显著负相关（t 值为 -7.05），说明区域社会资本成为一种衡量企业信用水平、区域信用程度、市场规范程度与违约风险的重要指标。区域社会资本越高，表明其具有较高的信用水平，完善的市场运营规则和较低的市场违约风险，该地区的民营企业越有能力通过拖欠应付账款的

方式间接占用其他企业的现金流,进而达到间接融资的目的;企业社会资本量越低,表明其具有较低的信用水平,不完善的市场运营规则和较高的违约风险,获取商业信用的能力也会相应较低。在第(5)列区域社会资本高的组别中,经济政策不确定性(EPU)对商业信用供给(TC_3)的回归系数由表4-3中第(3)列的1%水平上显著正相关(t值为1.92),转变为1%水平上显著负相关(t值为-7.97);第(6)列在区域社会资本低的组别中,经济政策不确定性(EPU)的系数为正且在1%水平上显著正相关(t值为8.92),说明我国民营企业所在区域社会资本越高,其拥有较强的合作规范性和较高的网络密度更能产生良好的示范效应,形成良好的声誉度,从而促进企业对外提供的商业信用较少且应收账款的回收能力越强;区域社会资本越低,说明企业所在区域的信任水平、行政管理效率和社会参与度普遍较低,企业间不信任程度增强且合作效率降低,从而导致企业应收账款的回收能力越弱。在第(7)列企业社会资本高的组别中,经济政策不确定性(EPU)对净商业信用融资(NTC)的回归系数由表4-3中第(4)列的不显著(t值为-0.75),转变为1%水平上显著正相关(t值为4.25);第(8)列在企业社会资本低的组别中,经济政策不确定性(EPU)的系数为负且在1%水平上显著(t值为-3.18),表明区域社会资本越高,越能有利促进该地区内企业间的金融交易活动发展水平,经过企业间长期合作的过程中建立和发展起来的信任水平更能有效提升交易活动的效率,降低债务人的违约风险和违约概率。同时,上述结论也说明区域社会资本额越高,企业获取的净商业信用融资金额越多,占用对方企业资金的能力越强;区域社会资本额越低,企业获取净商业信用融资的金额越少。以上的实证分析结果总体上支持研究假设 H_{6-3}。

表6-7　经济政策不确定性、区域社会资本与商业信用融资关系的分组静态估计结果

变量	TC$_1$		TC$_2$		TC$_3$		NTC	
	高 RSC (1)	低 RSC (2)	高 RSC (3)	低 RSC (4)	高 RSC (5)	低 RSC (6)	高 RSC (7)	低 RSC (8)
Intercept	0.7798*** (5.46)	0.6604*** (4.88)	1.6643*** (3.62)	2.2347*** (8.03)	2.1005*** (6.69)	1.8115*** (4.47)	1.4350*** (11.32)	2.4000*** (3.19)
EPU	-3.1713* (-1.75)	-0.1020 (-0.06)	4.6345*** (8.02)	-1.6663*** (-7.05)	-1.9592*** (-7.97)	5.0685*** (8.92)	5.7993*** (4.25)	-1.8550*** (-3.18)
ROA	-0.6531 (-1.33)	1.1768** (2.07)	-5.4623*** (-3.44)	-2.7587 (-1.47)	-1.2487 (-0.79)	0.3725 (0.20)	-5.1447 (-1.09)	-7.8809 (-1.41)
DEP	1.1812 (1.14)	-0.9438 (-0.94)	-10.4920*** (-3.19)	3.5207 (1.06)	-8.0226** (-2.44)	0.5972 (0.18)	-12.0561 (-1.42)	5.4591 (0.64)
GDPGR	-0.1262* (-1.65)	0.1852** (2.43)	0.7770*** (3.19)	0.4303* (1.78)	0.7054*** (2.97)	0.6344** (2.52)	0.4825 (0.81)	-0.0108 (-0.02)
FIX	-0.1475 (-1.09)	-0.4707*** (-3.86)	0.1789 (0.42)	0.8632** (2.14)	0.1053 (0.24)	-0.0122 (-0.03)	-1.7640 (-1.25)	-0.9716 (-0.85)
DM1	-0.1979 (-0.73)	-0.7368** (-2.58)	-0.7150 (-0.83)	-2.8760*** (-3.14)	-2.4064*** (-2.81)	-3.0328*** (-3.21)	2.3945 (1.12)	4.4748* (1.92)

续表

变量	TC$_1$ 高 RSC (1)	TC$_1$ 低 RSC (2)	TC$_2$ 高 RSC (3)	TC$_2$ 低 RSC (4)	TC$_3$ 高 RSC (5)	TC$_3$ 低 RSC (6)	NTC 高 RSC (7)	NTC 低 RSC (8)
RATE	-0.1003*** (-5.68)	-0.0028 (-0.14)	0.6006*** (10.67)	0.0803 (1.52)	0.0843* (1.88)	0.5086*** (7.46)	0.7727*** (5.32)	-0.0155 (-0.12)
TOP	0.3304 (1.29)	0.3912*** (2.62)	1.6425** (2.02)	-3.2030*** (-6.58)	1.1346 (1.41)	-1.3833*** (-2.80)	4.1872* (1.69)	-8.1620*** (-6.06)
MFE	-0.1995 (-0.91)	-1.8738*** (-5.35)	1.1386 (1.64)	-5.8227*** (-4.93)	-0.5712 (-0.82)	-7.8007*** (-6.73)	2.3667 (0.95)	-4.5256 (-1.31)
TQ	0.0195* (1.92)	-0.0070 (-0.72)	-0.1590*** (-4.93)	-0.1294*** (-4.06)	-0.1157*** (-3.60)	-0.0670** (-2.08)	-0.1493* (-1.71)	-0.0143 (-0.14)
SGR	-0.0953 (-0.55)	-0.5388*** (-2.62)	2.6550*** (4.79)	0.4600 (0.68)	1.3545** (2.45)	-0.8834 (-1.30)	1.3786 (0.95)	0.6155 (0.36)
R^2-within	0.0801	0.0973	0.2325	0.2236	0.1443	0.2438	0.1321	0.1940
F-Value	5.0096	6.2518	17.4037	16.7067	9.6864	18.6969	4.0257	5.5130
N	1124	1014	1156	1134	1018	1140	1018	1140

注：***、**、*分别表示在1%、5%、10%水平上显著；估计系数下方括号中的数值为t值；本书通过F检验及Hausman检验后对非平衡面板数据回归模型设定为固定效应模型；F-Value值表示固定效应模型的整体显著性检验；R^2-within表示固定效应模型的拟合优度。

表6-8显示的是经济政策不确定性、区域社会资本对银行债务融资五个代理变量的估计结果。检验结果如表6-8所示，第（1）列报告了交互项（EPU×RSC）对银行贷款总额（BLA）的回归结果，经济政策不确定性（EPU）与区域社会资本（RSC）的交互项（EPU×RSC）估计系数为-0.2149，且不具有显著相关性（t值为-0.25），经济政策不确定性（EPU）对银行贷款总额影响的显著性由1%降低至不显著（t值由-3.17转变为-0.25），说明在未来经济政策不确定性上升的情况下，区域社会资本发展水平越高，越有利于增强银企之间的信任程度，提高合作效率，缓解经济政策不确定性对民营企业获得银行贷款总额产生的负面影响，从而提高民营企业获得银行贷款的能力。第（2）列报告了经济政策不确定性和区域社会资本的交互项（EPU×RSC）对银行贷款期限（BLT）的回归结果，交互项（EPU×RSC）的估计系数为-1.3266，且不具有显著相关性（t值为-1.19），经济政策不确定性（EPU）对银行贷款期限影响的显著性由负向的5%水平上显著转变为不具有显著性（t值由-2.52转变为-1.19），说明在经济政策不确定的情况下，区域的社会资本越高，民营企业获得长期银行贷款的能力越强，抵御经济政策不确定性导致的筹资风险能力越强。第（3）列报告了经济政策不确定性和区域社会资本的交互项（EPU×RSC）对银行贷款利率（BLR）的回归结果，交互项（EPU×RSC）的估计系数为-1.2576，且在10%水平上具有显著负相关性（t值为-1.95），经济政策不确定性（EPU）对银行贷款利率影响的显著性由5%转变为10%水平上显著（t值由2.02转变为-1.95），说明在经济政策不确定的情况下，区域社会资本有助于提升企业的声誉度、增强议价能力和融资能力，从而降低企业的银行贷款利率水平和融资成本。第（4）列报告了经济政策不确定性和区域社会资本的交互项（EPU×RSC）对银行贷款方式（BLW）的回归结果，交互项（EPU×RSC）的估计系数为

0.2635，且在1%水平上具有显著相关性（t值为3.12），经济政策不确定性（EPU）对银行贷款方式作用的显著性由-1%转变为不显著（t值由-4.86转变为3.12），说明在经济政策不确定性上升的情况下，银行通常要求民营企业提供有形资产（固定资产等）或者无形资产（专利技术等）作为银行贷款的抵押担保或者质押担保，高管的社会资本量越高，越有利于提升企业的商誉，建立良好的企业形象，从而提高民营企业获得信用担保类贷款数量，减少抵押和质押类贷款数量。第（5）列报告了经济政策不确定性和区域社会资本的交互项（EPU×RSC）对银行贷款偏离度（D_BLA）的回归结果，交互项（EPU×RSC）的估计系数为-0.5443，且具有显著相关性（t值为-2.62），经济政策不确定性（EPU）对银行贷款偏离度作用的显著性由1%转变为不显著（t值由2.69转变为-2.62），区域的社会资本额越高，预期经济政策不确定性上升导致的银行贷款总额和银行最优负债比例之差的绝对值越小，区域社会资本能有效降低经济政策不确定性导致的银行贷款总额与最优负债比例之间的波动幅度和不稳定性，我国民营企业获得银行贷款的稳定性会显著增强。以上的实证分析结果总体上支持研究假设H_{6-4}。

表6-8　　经济政策不确定性、区域社会资本与银行债务融资关系的静态估计结果

变量	(1) BLA	(2) BLT	(3) BLR	(4) BLW	(5) D_BLA
Intercept	0.3104***	0.3671***	10.1979***	3.5554***	0.1037***
	(7.16)	(6.46)	(10.69)	(5.70)	(3.38)
EPU	1.5855***	-0.2992	2.9421	0.1020	0.0960
	(3.93)	(-0.56)	(0.78)	(0.01)	(0.79)

续表

变量	(1) BLA	(2) BLT	(3) BLR	(4) BLW	(5) D_BLA
RSC	-0.0521	-0.0555	-1.2630	-3.2879***	-0.0757**
	(-1.03)	(-0.84)	(-1.30)	(-4.51)	(-2.42)
EPU×RSC	-0.2149	-1.3266	-1.2576*	0.2635***	-0.5443***
	(-0.25)	(-1.19)	(-1.95)	(3.12)	(-2.62)
ROA	-0.5858**	0.3576	-15.0877**	-9.0257***	-0.3443*
	(-2.31)	(1.07)	(-2.53)	(-3.45)	(-1.80)
DEP	0.5253	-1.0937*	10.2926	0.8154	-0.1429
	(1.06)	(-1.68)	(0.89)	(0.17)	(-0.38)
GDPGR	-0.0658*	0.0019	0.7163	0.2924	-0.0010
	(-1.78)	(0.04)	(0.79)	(0.77)	(-0.03)
FIX	0.0511	-0.1605**	-5.8325***	1.0250	-0.0281
	(0.84)	(-2.00)	(-4.08)	(1.42)	(-0.61)
DM1	0.1110	-0.1158	3.1071	0.3147	0.0626
	(0.82)	(-0.65)	(0.92)	(0.25)	(0.58)
RATE	-0.0223***	-0.0472***	-0.3407*	0.2595***	-0.0052
	(-2.97)	(-4.79)	(-1.95)	(2.92)	(-0.93)
TOP	0.3122***	0.4981***	-3.7964*	-2.1474***	0.1283**
	(3.68)	(4.48)	(-1.91)	(-2.77)	(2.01)
MFE	0.2357*	0.0592	0.4855	1.7465	0.1341
	(1.80)	(0.34)	(0.16)	(1.43)	(1.36)
TQ	0.0196***	0.0037	0.1152	0.0376	0.0015
	(4.10)	(0.59)	(1.02)	(0.73)	(0.42)
SGR	0.0956	-0.0201	4.1937*	2.2650**	0.0822
	(1.04)	(-0.17)	(1.95)	(2.43)	(1.19)

续表

变量	(1) BLA	(2) BLT	(3) BLR	(4) BLW	(5) D_BLA
R^2 - within	0.0591	0.0511	0.0334	0.0950	0.0272
F - Value	6.2695	5.3819	3.4496	6.2993	2.7907
P	0.0000	0.0000	0.0000	0.0000	0.0000
N	1488	1488	1488	1488	1488

注：***、**、* 分别表示在1％、5％、10％水平上显著；估计系数下方括号中的数值为t值；本书通过F检验及Hausman检验后将非平衡面板数据回归模型设定为固定效应模型；R^2 - within 表示固定效应模型的拟合优度；F - Value 值表示固定效应模型的整体显著性检验值；P值表示固定效应模型的显著性检验统计量。

为了更直观地考察不同区域社会资本水平下，经济政策不确定性对银行债务融资五个代理变量的影响，本书按照高管社会资本得分的中位数将其分为高低两个对照组（区域社会资本得分高于中位数的取值为1，否则为0）分别进行回归。检验结果如表6-9所示，在第（1）列高水平的区域社会资本研究样本组，经济政策不确定性（EPU）对银行贷款总额（BLA）的回归系数由表4-4中第（1）列的1％水平上显著负相关（t值为 -3.71），转变为1％水平上显著（t值为2.95）；在第（2）列低水平的区域社会资本低组别中，经济政策不确定性（EPU）的系数在10％的水平上显著为负（t值为 -1.96），说明区域社会资本较高的民营企业，经济政策不确定性上行的压力不会导致银行贷款总额的显著降低，区域社会资本能有效抑制经济政策不确定性对银行贷款总额造成的负面效应；区域社会资本额较低的企业，银行贷款总额显著降低，经济政策不确定性对银行贷款具有显著的负面效应。在第（3）列高水平的区域社会资本组别中，经济政策不确定性（EPU）对银行贷款期限（BLT）的回归系数由表4-4中第（2）列的5％水平上显著负相关（t 值为 -2.52），转变为 5% 水平上显著正相关（t 值为 2.50）；在第（4）列低水平的区域社会资本组别中，经济政策不确定性（EPU）的系数呈现不显著（t 值为 1.46），说明区域的社会资本能够有效抑制筹资风险能力越强；区域社会资本越低，企业获取长期贷款的能力越弱。在第（5）列高水平的区域社会资本组别中，经济政策不确定性（EPU）对银行贷款利率（BLR）的回归系数由表 4-4 中第（3）列的 5% 水平上显著正相关（t 值为 2.02），转变为不显著（t 值为 0.50）；第（6）列在低水平的区域社会资本组别中，经济政策不确定性（EPU）的系数为 5% 水平上的显著正相关（t 值为 2.49），说明低水平的区域社会资本对银行贷款利率上升的抑制作用较弱。在第（7）列高水平的区域社会资本组别中，经济政策不确定性（EPU）对银行贷款方式（BLW）的回归系数由表 4-4 中第（4）列的 1% 水平上显著为负（t 值为 -4.86），转变为不显著（t 值为 -1.29）；第（8）列在低水平的区域社会资本组别中，经济政策不确定性（EPU）的系数为 1% 水平上显著负相关（t 值为 -4.04），说明在预期经济政策不确定性上升的情况下，区域的社会资本额越高，越有利于民营企业获得信用担保类贷款数量，减少抵押和质押类贷款数量；区域社会资本额越低，民营企业获取信用贷款的数量越少，抵押和质押贷款数量越多。在第（9）列高水平的区域社会资本组别中，经济政策不确定性（EPU）对银行贷款方偏离度（D_BLA）的回归系数由表 4-4 中第（5）列的 1% 水平上显著为正（t 值为 2.69），转变为不显著（t 值为 0.52）；第（10）列在低水平的区域社会资本组别中，经济政策不确定性（EPU）的系数为 10% 水平上显著正相关（t 值为 1.83），说明在预期经济政策不确定性上升的情况下，区域社会资本能有效降低经济政策不确定性导致的银行贷款总额与最优负债比例之间的偏离程度，从而提高民营企业获得银行贷款的持续性和稳定性。以上的实证分析结果总体上支持研究假设 H_{6-4}。

表6-9 经济政策不确定性、区域社会资本与银行债务融资关系的分组估计结果

变量	BLA 高RSC (1)	BLA 低RSC (2)	BLT 高RSC (3)	BLT 低RSC (4)	BLR 高RSC (5)	BLR 低RSC (6)	BLW 高RSC (7)	BLW 低RSC (8)	D_BLA 高RSC (9)	D_BLA 低RSC (10)
Intercept	0.2449*** (3.39)	0.5189*** (5.47)	0.3547*** (4.88)	0.3549*** (3.80)	7.6822*** (4.46)	12.1692*** (9.62)	3.3509*** (3.31)	4.8702*** (9.50)	0.0861 (1.19)	0.0656 (0.90)
EPU	1.5603*** (2.95)	-2.3555* (-1.96)	0.6852** (2.50)	0.4145 (1.46)	2.6091 (0.50)	11.9038** (2.49)	-7.5309 (-1.29)	-19.4670*** (-4.04)	0.4759 (0.52)	1.6940* (1.83)
ROA	-0.9821*** (-2.93)	-0.2071 (-0.52)	0.3514 (0.68)	-0.0744 (-0.16)	-13.8672** (-1.65)	-16.6117* (-1.85)	-12.3831*** (-3.63)	-3.1401 (-0.74)	0.0811 (0.27)	-0.6272** (-2.50)
DEP	0.2938 (0.42)	0.1781 (0.25)	-2.1217** (-2.35)	0.4662 (0.49)	16.2972 (0.93)	5.4067 (0.34)	6.2689 (0.79)	-6.2825 (-0.99)	-1.0720** (-2.00)	1.1399** (2.17)
GDPGR	-0.0822 (-1.61)	-0.0133 (-0.25)	0.0024 (0.04)	0.0421 (0.56)	1.6887 (1.22)	-0.5303 (-0.44)	0.4729 (0.91)	0.7124 (1.48)	-0.0642 (-1.57)	-0.0268 (-0.69)
FIX	0.1124 (1.21)	-0.0327 (-0.38)	-0.2032* (-1.83)	-0.0548 (-0.44)	-1.8841 (-0.82)	-6.5370*** (-3.39)	-0.4556 (-0.45)	2.6323** (2.49)	0.0695 (1.06)	-0.0753 (-1.09)
DM1	0.4142** (2.24)	-0.2842 (-1.42)	0.0354 (0.13)	0.1988 (0.75)	0.9134 (0.19)	9.1283** (1.97)	-0.0403 (-0.02)	-2.0944 (-1.20)	-0.0300 (-0.20)	0.1502 (1.09)
RATE	-0.0402*** (-4.17)	-0.0164 (-1.14)	-0.0560*** (-3.93)	-0.0443*** (-3.34)	0.2041 (0.84)	-0.9485*** (-3.82)	0.5501*** (5.49)	-0.0111 (-0.11)	-0.0126 (-1.14)	0.0206** (2.29)

续表

变量	BLA 高 RSC (1)	BLA 低 RSC (2)	BLT 高 RSC (3)	BLT 低 RSC (4)	BLR 高 RSC (5)	BLR 低 RSC (6)	BLW 高 RSC (7)	BLW 低 RSC (8)	D_BLA 高 RSC (9)	D_BLA 低 RSC (10)
TOP	0.5911*** (3.40)	0.2876*** (2.75)	0.5006*** (3.76)	0.3791 (1.60)	-3.2125 (-0.74)	-4.0578* (-1.75)	-2.4777 (-1.07)	-2.5568*** (-2.96)	0.2446*** (3.05)	-0.1241 (-0.95)
MFE	0.2332 (1.55)	0.0952 (0.39)	0.6600** (2.03)	-0.2330 (-1.14)	-0.5163 (-0.14)	1.8184 (0.32)	0.2082 (0.15)	2.3496 (1.05)	-0.1523 (-0.81)	0.1405 (1.26)
TQ	0.0211*** (3.06)	0.0165** (2.42)	0.0112 (1.28)	-0.0070 (-0.74)	0.1735 (1.00)	-0.0089 (-0.06)	-0.0254 (-0.37)	0.0745 (1.05)	0.0115** (2.21)	-0.0129** (-2.50)
SGR	0.2972** (2.51)	-0.0570 (-0.39)	0.0860 (0.46)	-0.0468 (-0.29)	1.7759 (0.60)	6.5223** (2.00)	4.2602*** (3.67)	0.2503 (0.16)	-0.0299 (-0.27)	0.1135 (1.29)
R^2-within	0.0953	0.0408	0.0887	0.0350	0.0131	0.0622	0.1402	0.1135	0.0452	0.0374
F-Value	6.0617	2.4644	5.6456	2.0848	0.7619	3.8496	5.3079	4.6895	2.7472	2.2378
P	0.0000	0.0000	0.0000	0.0000	0.0000	0.0000	0.0000	0.0000	0.0000	0.0000
N	744	744	744	744	744	744	744	744	744	744

注：***、**、*分别表示在1%、5%、10%水平上显著；估计系数下方括号中的数值为t值；本书通过F检验及Hausman检验后对非平衡面板数据回归模型设定为固定效应模型；R^2-within 表示固定效应模型的拟合优度；F-Value 值表示固定效应模型的整体显著性检验值；P值表示固定效应模型的显著性检验统计量。

6.4.2 动态估计结果分析

(1) 经济政策不确定性、高管社会资本与债务融资的动态估计结果分析

表6-10中第(1)列是以商业信用模式(TC_1)为被解释变量,以滞后一期($L.TC_1$)被解释变量(TC_1)、高管社会资本与经济政策不确定性交互项($EPU \times ESC$)为解释变量,总资产收益率(ROA)等变量组成的向量组为控制变量,对交互项($EPU \times ESC$)和商业信用模式(TC_1)之间的动态调整模型进行系统GMM估计分析。从表6-10系统GMM估计结果所报告的统计量表明,系统GMM估计系数为0.3778,且在1%水平上显著正相关(z值为5.11),滞后期变量的系数表现为显著正相关关系,表明当期的商业信用模式与前期商业信用模式之间具有显著的正向累计效应。交互项($EPU \times ESC$)的系统GMM估计系数为-0.0333,且在1%水平上显著负相关(z值为-7.97),表明高管社会资本能有效抑制预期经济政策不确定性上升对商业信用模式(TC_1)的正向作用,高管社会资本发展水平越高,预期经济政策不确定性上升对企业获取高成本的商业信用融资的正向作用越小,越有利于企业获得低成本的商业信用融资。系统GMM估计模型的Sargan检验(P值为0.9984,大于0.05),即工具变量有效,说明在5%的显著性水平上,我们不能拒绝工具变量有效性的零假设(P值大于0.05),Sargan检验中模型估计所选用的工具变量是合适的,上述模型的系统GMM估计结果中新增工具变量是有效的且不存在过度识别的问题。

表6-10中第(2)列是以商业信用获取(TC_2)为被解释变量,以滞后一期($L.TC_2$)被解释变量(TC_2)、高管社会资本与经济政策不确定性交互项($EPU \times ESC$)为解释变量,总资产收益率(ROA)等变量组成的向量组为控制变量,对交互项(EPU ×

ESC）和商业信用获取（TC_2）之间的动态调整模型进行系统 GMM 估计分析。从表 6-10 中第（2）列的系统 GMM 估计结果所报告的统计量表明，系统 GMM 估计系数为 0.7871，且在 1% 水平上显著正相关（z 值为 12.71），滞后期变量的系数表现为显著正相关关系，表明当期的商业信用获取与前期商业信用获取之间具有显著的正向累计效应。交互项（EPU×ESC）的系统 GMM 估计系数为 0.1081，且在 1% 水平上显著正相关（z 值为 6.50），表明高管社会资本能有效抑制预期经济政策不确定性上升对商业信用获取（TC_2）的负向作用，高管社会资本发展水平越高，预期经济政策不确定性上升对企业获取商业信用融资的负向作用越小，越有利于企业获得低成本的商业信用融资。系统 GMM 估计模型的 Sargan 检验（P 值为 0.4959，大于 0.05），即工具变量有效，说明在 5% 的显著性水平上，我们不能拒绝工具变量有效性的零假设（P 值大于 0.05），Sargan 检验中模型估计所选用的工具变量是合适的，上述模型的系统 GMM 估计结果中新增工具变量是有效的且不存在过度识别的问题。

表 6-10 中第（3）列是以商业信用供给（TC_3）为被解释变量，以滞后一期（L.TC_3）被解释变量（TC_3）、高管社会资本与经济政策不确定性交互项（EPU×ESC）为解释变量，总资产收益率（ROA）等变量组成的向量组为控制变量，对交互项（EPU×ESC）和商业信用供给（TC_3）之间的动态调整模型进行系统 GMM 估计分析。从表 6-10 中第（3）列的系统 GMM 估计结果所报告的统计量表明，系统 GMM 估计系数为 0.5622，且在 1% 水平上显著正相关（z 值为 12.35），滞后期变量的系数表现为显著正相关关系，表明当期的商业信用供给与前期商业信用供给之间具有显著的正向累计效应。交互项（EPU×ESC）的系统 GMM 估计系数为 -0.0297，且在 10% 水平上显著负相关（z 值为 -1.71），表明高管社会资本能有效抑制预期经济政策不确定性上升对商业信用供给

(TC_3）的正向作用，高管社会资本发展水平越高，预期经济政策不确定性上升对企业对外提供商业信用融资的正向促进作用越小，越有利于企业降低企业对外提供商业信用融资的水平。系统 GMM 估计模型的 Sargan 检验（P 值为 0.4882，大于 0.05），说明在 5% 的显著性水平上，我们不能拒绝工具变量有效性的零假设（P 值大于 0.05），Sargan 检验中模型估计所选用的工具变量是合适的，上述模型的系统 GMM 估计结果中新增工具变量是有效的且不存在过度识别的问题。

表 6-10 中第（4）列是以净商业信用（NTC）为被解释变量，以滞后一期（L. NTC）被解释变量（NTC）、高管社会资本与经济政策不确定性交互项（EPU×ESC）为解释变量，总资产收益率（ROA）等变量组成的向量组为控制变量，对交互项（EPU×ESC）和净商业信用（NTC）之间的动态调整模型进行系统 GMM 估计分析。从表 6-10 系统 GMM 估计结果所报告的统计量表明，系统 GMM 估计系数为 0.6647，且在 1% 水平上显著正相关（z 值为 14.55），滞后期变量的系数表现为显著正相关关系，表明当期的净商业信用与前期净商业信用之间具有显著的正向累计效应。交互项（EPU×ESC）的系统 GMM 估计系数为 0.1752，且在 1% 水平上显著正相关（z 值为 9.95），表明高管社会资本能有效抑制预期经济政策不确定性上升对净商业信用（NTC）的负向作用，高管社会资本发展水平越高，预期经济政策不确定性上升对企业获取净商业信用的负向促进作用越小，越有利于企业获得净商业信用融资，企业通过商业信用的方式获取间接融资的能力越强。系统 GMM 估计模型的 Sargan 检验（P 值为 0.6278，大于 0.05），即工具变量有效，说明在 5% 的显著性水平上，我们不能拒绝工具变量有效性的零假设（P 值大于 0.05），Sargan 检验中模型估计所选用的工具变量是合适的，上述模型的系统 GMM 估计结果中新增工具变量是有效的且不存在过度识别的问题。

表6-10　经济政策不确定性、高管社会资本与商业信用融资的系统GMM动态估计结果

变量	(1) TC_1	(2) TC_2	(3) TC_3	(4) NTC
Intercept	0.2738*** (6.36)	0.0405*** (9.94)	0.1158*** (4.00)	0.0117*** (2.95)
L.TC_1	0.3778*** (5.11)			
L.TC_2		0.7871*** (12.71)		
L.TC_3			0.5622*** (12.35)	
L.NTC				0.6647*** (14.55)
EPU	1.3025*** (8.60)	-0.2520*** (-19.22)	0.0494*** (3.57)	-0.3082*** (-25.02)
ESC	-0.0278*** (-2.69)	-0.0183*** (-11.78)	-0.0094*** (-5.77)	0.0115*** (5.95)
EPU×ESC	-0.0333*** (-7.97)	0.1081*** (6.50)	-0.0297* (-1.71)	0.1752*** (9.95)
ROA	-0.1252 (-1.43)	-0.1759*** (-5.07)	-0.3712*** (-17.16)	0.1641*** (5.84)
DEP	-0.0468 (-0.19)	0.3349*** (9.95)	0.1030*** (3.55)	0.1907*** (9.08)
GDPGR	-0.0116 (-1.57)	-0.0133*** (-8.56)	0.0299*** (19.99)	-0.0424*** (-13.33)
FIX	-0.2538*** (-7.85)	-0.0672*** (-9.85)	0.0148*** (2.89)	-0.0752*** (-12.72)

续表

变量	(1) TC$_1$	(2) TC$_2$	(3) TC$_3$	(4) NTC
DM1	-0.8758***	0.0410***	-0.1731***	0.2198***
	(-31.76)	(4.36)	(-17.66)	(16.56)
RATE	-0.0272***	0.0028***	-0.0128***	0.0054***
	(-5.00)	(4.22)	(-23.94)	(6.08)
TOP	-0.0685***	0.0062*	-0.0025	-0.0247***
	(-3.01)	(1.78)	(-0.47)	(-3.29)
MFE	0.3435***	0.0926***	0.0949***	-0.0699***
	(4.79)	(6.58)	(9.30)	(-4.79)
TQ	0.0128***	-0.0008*	0.0035***	-0.0090***
	(5.34)	(-1.69)	(7.12)	(-9.26)
SGR	-0.1821***	0.0016	0.0358***	-0.0396***
	(-6.31)	(0.15)	(5.53)	(-3.87)
AR(1)	0.0012	0.0000	0.0000	0.0000
AR(2)	0.2617	0.6003	0.6687	0.3661
Sargan 检验	0.9984	0.4959	0.4882	0.6278
N	1488	1488	1488	1488

注：(1) ***、**、* 分别表示在1%、5%、10%水平上显著；(2) 估计系数下方括号中的数值为z统计量；(3) 表中结果均使用Stata13.1中的"xtdpdsys"程序分析，并且最多使用三阶被解释变量作为工具变量（maxldep），所有参数估计值都为两阶段GMM估计量。

表 6-11 中第（1）列是以银行贷款总额（BLA）为被解释变量，以滞后一期（L.BLA）被解释变量（BLA）、高管社会资本与经济政策不确定性交互项（EPU×ESC）为解释变量，总资产收益率（ROA）等变量组成的向量组为控制变量，对交互项（EPU×ESC）和银行贷款总额（BLA）之间的动态调整模型进行系统

GMM 估计分析。从表 6-11 中第（1）列的系统 GMM 估计结果所报告的统计量表明，系统 GMM 估计系数为 0.7876，且在 1% 水平上显著正相关（z 值为 7.85），滞后期变量的系数表现为显著正相关关系，表明当期的银行贷款总额与前期银行贷款总额之间具有显著的正向累计效应。交互项（EPU×ESC）的系统 GMM 估计系数为 1.1804，且在 1% 水平上显著正相关（z 值为 16.37），表明高管社会资本能有效抑制预期经济政策不确定性上升对银行贷款总额的负向作用，高管社会资本发展水平越高，预期经济政策不确定性上升对企业获取银行贷款总额的负向作用越小。系统 GMM 估计模型的 Sargan 检验（P 值为 0.2629，大于 0.05）显示工具变量有效，说明在 5% 的显著性水平上，我们不能拒绝工具变量有效性的零假设（P 值大于 0.05），Sargan 检验中模型估计所选用的工具变量是合适的，上述模型的系统 GMM 估计结果中新增工具变量是有效的且不存在过度识别的问题。

表 6-11　经济政策不确定性、高管社会资本与银行债务融资的系统 GMM 动态估计结果

变量	(1) BLA	(2) BLT	(3) BLR	(4) BLW	(5) D_BLA
Intercept	0.1505*** (11.68)	0.5067*** (8.32)	9.1526*** (4.97)	1.7419*** (4.30)	-0.0918*** (-3.72)
L.BLA	0.7876*** (7.85)				
L.BLT		0.6799*** (14.58)			
L.BLR			-0.0040 (-1.39)		
L.BLW				0.4902*** (25.31)	

续表

变量	(1) BLA	(2) BLT	(3) BLR	(4) BLW	(5) D_BLA
L.D_BLA					0.5882*** (31.29)
EPU	-1.4273*** (-6.06)	-5.7574*** (-4.66)	0.8959 (0.19)	1.0191*** (5.32)	0.6186*** (4.16)
ESC	-0.0246*** (-5.64)	-0.1997*** (-27.03)	1.6532*** (10.57)	-0.3265 (-1.40)	0.0407*** (4.35)
EPU×ESC	1.1804*** (16.37)	5.3032*** (26.24)	-2.9091*** (-6.05)	0.9408*** (3.28)	-0.8795*** (-2.65)
ROA	-0.1203*** (-3.96)	0.3264*** (7.66)	-13.4845*** (-10.65)	-6.7996*** (-9.79)	-0.2883*** (-4.98)
DEP	-0.5589*** (-7.62)	-0.8127*** (-17.02)	25.5692*** (15.28)	-3.1933*** (-4.24)	-0.2950 (-1.27)
GDPGR	0.0079 (1.43)	0.1006*** (5.36)	0.8538*** (10.32)	-0.4570*** (-6.34)	-0.0153 (-1.49)
FIX	0.0762*** (9.68)	-0.2015*** (-33.81)	3.0412*** (8.76)	3.5039*** (15.32)	0.2354*** (16.04)
DM1	-0.1217*** (-9.37)	-0.3632*** (-39.18)	0.8709 (1.41)	0.8173*** (4.29)	0.0862*** (3.55)
RATE	-0.0102*** (-5.97)	-0.0423*** (-5.60)	-0.6915*** (-17.78)	0.0553*** (6.60)	0.0225*** (6.18)
TOP	0.0731*** (7.99)	-0.0946*** (-11.85)	-2.9806*** (-12.55)	-3.0414*** (-3.48)	0.0879*** (5.22)
MFE	0.0611* (1.79)	0.4289*** (16.77)	4.1599*** (3.63)	1.0112** (2.17)	0.1317 (1.55)
TQ	-0.0016** (-2.04)	0.0010 (0.88)	0.1805*** (5.10)	0.0674*** (4.35)	0.0028 (1.45)

续表

变量	(1) BLA	(2) BLT	(3) BLR	(4) BLW	(5) D_BLA
SGR	−0.0526***	−0.0422***	0.1927	2.1367***	0.1584***
	(−4.72)	(−3.27)	(0.33)	(9.86)	(8.79)
AR（1）	0.0000	0.0000	0.0000	0.0112	0.0000
AR（2）	0.3839	0.7612	0.3829	0.1120	0.6965
Sargan 检验	0.2629	0.1827	0.4132	0.9664	1.0000
N	1488	1488	1488	1488	1488

注：(1)***、**、*分别表示在1%、5%、10%水平上显著；(2)估计系数下方括号中的数值为z统计量；(3)表中结果均使用Stata13.1中的"xtdpdsys"程序分析，并且最多使用三阶被解释变量作为工具变量（maxldep），所有参数估计值都为两阶段GMM估计量。

表6-11中第(2)列是以银行贷款期限（BLT）为被解释变量，以滞后一期（L.BLT）被解释变量（BLT）、高管社会资本与经济政策不确定性交互项（EPU×ESC）为解释变量，总资产收益率（ROA）等变量组成的向量组为控制变量，对交互项（EPU×ESC）和银行贷款期限（BLT）之间的动态调整模型进行系统GMM估计分析。表6-11中第(2)列的系统GMM估计结果所报告的统计量表明，系统GMM估计系数为0.6799，且在1%水平上显著正相关（z值为14.58），滞后期变量的系数表现为显著正相关关系，表明当期的银行贷款期限与前期银行贷款期限之间具有显著的正向累计效应。系统GMM估计系数为5.3032，且在1%水平上显著正相关（z值为26.24），表明高管社会资本能有效抑制预期经济政策不确定性上升对银行贷款期限的负向作用，高管社会资本发展水平越高，预期经济政策不确定性上升对银行贷款期限的负向作用越小，企业获取长期银行贷款的比重越大。系统GMM估计模型

的 Sargan 检验（P 值为 0.1827，大于 0.05）显示工具变量有效，说明在 5% 的显著性水平上，我们不能拒绝工具变量有效性的零假设（P 值大于 0.05），Sargan 检验中模型估计所选用的工具变量是合适的，上述模型的系统 GMM 估计结果中新增工具变量是有效的且不存在过度识别的问题。

表 6-11 中第（3）列是以银行贷款利率（BLR）为被解释变量，以滞后一期（L.BLR）被解释变量（BLR）、高管社会资本与经济政策不确定性交互项（EPU×ESC）为解释变量，总资产收益率（ROA）等变量组成的向量组为控制变量，对交互项（EPU×ESC）和银行贷款利率（BLR）之间的动态调整模型进行系统 GMM 估计分析。表 6-11 中系统 GMM 估计结果所报告的统计量表明，系统 GMM 估计系数为 -0.0040，且在 1% 水平上不具有显著负相关性（z 值为 -1.39），滞后期变量的系数表现为不具有显著负相关关系，表明当期的银行贷款利率与前期银行贷款利率之间具有的负向累计效应。交互项（EPU×ESC）的系统 GMM 估计系数为 -2.9091，且在 1% 水平上显著负相关（z 值为 -6.05），表明高管社会资本能有效抑制预期经济政策不确定性上升对银行贷款利率的正向作用，高管社会资本发展水平越高，预期经济政策不确定性上升对银行贷款利率的正向作用越小，企业获取长期银行贷款的利率越低。系统 GMM 估计模型的 Sargan 检验（P 值为 0.4132，大于 0.05），即工具变量有效，说明在 5% 的显著性水平上，我们不能拒绝工具变量有效性的零假设（P 值大于 0.05），Sargan 检验中模型估计所选用的工具变量是合适的，上述模型的系统 GMM 估计结果中新增工具变量是有效的且不存在过度识别的问题。

表 6-11 中第（4）列是以银行贷款方式（BLW）为被解释变量，以滞后一期（L.BLW）被解释变量（BLW）、高管社会资本与经济政策不确定性交互项（EPU×ESC）为解释变量，总资产收益率（ROA）等变量组成的向量组为控制变量，对交互项（EPU×

ESC）和银行贷款方式（BLW）之间的动态调整模型进行系统GMM 估计分析。表 6-11 中第（4）列系统 GMM 估计结果所报告的统计量表明，系统 GMM 估计系数为 0.4902，且在 1% 水平上显著正相关（z 值为 25.31），滞后期变量的系数表现为显著正相关，表明当期的银行贷款方式与前期银行贷款方式之间具有显著的正向累计效应。系统 GMM 估计系数为 0.9408，且在 1% 水平上显著正相关（z 值为 3.28），表明高管社会资本能有效抑制预期经济政策不确定性上升对银行贷款方式的负向作用，高管社会资本发展水平越高，预期经济政策不确定性上升对银行贷款方式的负向作用越小，企业能够获得更多的信用和担保类银行贷款。系统 GMM 估计模型的 Sargan 检验（P 值为 0.9664，大于 0.05）显示工具变量有效，说明在 5% 的显著性水平上，我们不能拒绝工具变量有效性的零假设（P 值大于 0.05），Sargan 检验中模型估计所选用的工具变量是合适的，上述模型的系统 GMM 估计结果中新增工具变量是有效的且不存在过度识别的问题。

表 6-11 中第（5）列是以银行贷款偏离度（D_BLA）为被解释变量，以滞后一期（L.D_BLA）被解释变量（D_BLA）、高管社会资本与经济政策不确定性交互项（EPU×ESC）为解释变量，总资产收益率（ROA）等变量组成的向量组为控制变量，对交互项（EPU×ESC）和银行贷款偏离度（L.D_BLA）之间的动态调整模型进行系统 GMM 估计分析。表 6-11 第（5）列的系统 GMM 估计结果所报告的统计量表明，系统 GMM 估计系数为 0.5882，且在 1% 水平上显著正相关（z 值为 31.29），滞后期变量的系数表现为显著正相关，表明当期的银行贷款偏离度与前期银行贷款偏离度之间具有显著的正向累计效应。系统 GMM 估计系数为 -0.8795，且在 1% 水平上显著负相关（z 值为 -2.65），表明高管社会资本能有效抑制预期经济政策不确定性上升对银行贷款偏离度的正向作用，高管社会资本发展水平越高，预期经济政策不确定性上升对银行贷

款偏离度的正向作用越小,企业获得银行贷款的偏离度越小,银行贷款渠道就越稳定。系统 GMM 估计模型的 Sargan 检验(P 值为 1.0000,大于 0.05)显示工具变量无效,说明在 5% 的显著性水平上,我们可以拒绝工具变量有效性的零假设(P 值大于 0.05),Sargan 检验中模型估计所选用的工具变量不合适,上述模型的系统 GMM 估计结果中新增工具变量是无效的且存在过度识别的问题。

(2)经济政策不确定性、区域社会资本与债务融资的动态估计结果分析

表 6-12 中第(1)列是以商业信用模式(TC_1)为被解释变量,以滞后一期($L.TC_1$)被解释变量(TC_1)、区域社会资本与经济政策不确定性交互项($EPU \times RSC$)为解释变量,总资产收益率(ROA)等变量组成的向量组为控制变量,对交互项($EPU \times RSC$)和商业信用模式(TC_1)之间的动态调整模型进行系统 GMM 估计分析。从表 6-12 中第(1)列的系统 GMM 估计结果所报告的统计量表明,系统 GMM 估计系数为 0.3075,且在 1% 水平上显著正相关(z 值为 23.90),滞后期变量的系数表现为显著正相关关系,表明当期的商业信用模式与前期商业信用模式之间具有显著的正向累计效应。交互项($EPU \times RSC$)的系统 GMM 估计系数为 -1.7393,且在 1% 水平上显著负相关(z 值为 -22.24),表明区域社会资本能有效抑制预期经济政策不确定性上升对商业信用模式(TC_1)的正向作用,区域社会资本发展水平越高,预期经济政策不确定性上升对企业获取高成本的商业信用融资的正向作用越小,越有利于企业获得低成本的商业信用融资。系统 GMM 估计模型的 Sargan 检验(P 值为 0.3877,大于 0.05)显示工具变量有效,说明在 5% 的显著性水平上,我们不能拒绝工具变量有效性的零假设(P 值大于 0.05),Sargan 检验中模型估计所选用的工具变量是合适的,上述模型的系统 GMM 估计结果中新增工具变量是有效的且不存在过度识别的问题。

第6章 经济政策不确定性、社会资本与债务融资

表6-12 经济政策不确定性、区域社会资本与商业信用融资的系统GMM动态估计结果分析

变量	(1) TC_1	(2) TC_2	(3) TC_3	(4) NTC
Intercept	0.7018***	0.0294***	0.0911***	-0.0102*
	(32.46)	(6.05)	(26.30)	(-1.81)
L.TC_1	0.3075***			
	(23.90)			
L.TC_2		0.7853***		
		(12.83)		
L.TC_3			0.5289***	
			(9.69)	
L.NTC				0.6586***
				(11.95)
EPU	-0.7473***	0.1726***	0.3549***	0.2560***
	(-19.23)	(4.00)	(10.05)	(4.03)
RSC	-0.0016	-0.0148***	-0.0191***	-0.0323***
	(-0.11)	(-3.73)	(-4.38)	(-9.70)
EPU×RSC	-1.7393***	0.9470***	-0.6468***	1.8685***
	(-22.24)	(8.21)	(-5.44)	(20.16)
ROA	0.0197	-0.1194***	-0.4150***	0.1414***
	(0.33)	(-4.01)	(-18.90)	(4.43)
DEP	-0.3735***	0.2048***	0.2951***	0.0627**
	(-3.57)	(5.71)	(9.46)	(2.26)
GDPGR	0.0819***	-0.0050***	0.0273***	-0.0366***
	(11.62)	(-3.92)	(13.49)	(-17.02)
FIX	-0.2097***	-0.0769***	-0.0063	-0.0561***
	(-7.99)	(-15.97)	(-1.11)	(-8.70)

续表

变量	(1) TC_1	(2) TC_2	(3) TC_3	(4) NTC
DM1	-0.8699*** (-28.05)	0.1244*** (14.90)	-0.1529*** (-31.42)	0.2938*** (30.43)
RATE	-0.0306*** (-17.32)	0.0018* (1.94)	-0.0120*** (-25.56)	0.0073*** (5.49)
TOP	-0.4391*** (-17.58)	-0.0057 (-1.48)	-0.0059 (-0.85)	-0.0148 (-1.59)
MFE	-0.2542*** (-3.81)	0.1162*** (10.74)	0.2016*** (16.10)	-0.1107*** (-5.02)
TQ	-0.0037* (-1.92)	-0.0010*** (-3.01)	0.0057*** (11.21)	-0.0091*** (-11.96)
SGR	-0.2694*** (-9.38)	-0.0136 (-1.31)	0.0426*** (6.31)	-0.0237** (-2.17)
AR (1)	0.0001	0.0000	0.0000	0.0000
AR (2)	0.9599	0.4098	0.6615	0.2502
Sargan 检验	0.3877	0.3070	0.4408	0.5217
N	1488	1488	1488	1488

注：(1)***、**、*分别表示在1%、5%、10%水平上显著；(2)估计系数下方括号中的数值为z统计量；(3)表中结果均使用Stata13.1中的"xtdpdsys"程序分析，并且最多使用三阶被解释变量作为工具变量（maxldep），所有参数估计值都为两阶段GMM估计量。

表6-12第（2）列是以商业信用获取（TC_2）为被解释变量，以滞后一期（$L.TC_2$）被解释变量（TC_2）、区域社会资本与经济政策不确定性交互项（EPU×RSC）为解释变量，总资产收益率（ROA）等变量组成的向量组为控制变量，对交互项（EPU×RSC）和商业信用获取（TC_2）之间的动态调整模型进行系统GMM估计

分析。从表 6-12 中第（2）列的系统 GMM 估计结果所报告的统计量表明，系统 GMM 估计系数为 0.7853，且在 1% 水平上显著正相关（z 值为 12.83），滞后期变量的系数表现为显著正相关关系，表明当期的商业信用获取与前期商业信用获取之间具有显著的正向累计效应。交互项（EPU×RSC）的系统 GMM 估计系数为 0.9470，且在 1% 水平上显著正相关（z 值为 8.21），表明区域社会资本能有效抑制预期经济政策不确定性上升对商业信用获取（TC_2）的负向作用，区域社会资本发展水平越高，预期经济政策不确定性上升越有利于企业。系统 GMM 估计模型的 Sargan 检验（P 值为 0.3070，大于 0.05）显示工具变量有效，说明在 5% 的显著性水平上，我们不能拒绝工具变量有效性的零假设（P 值大于 0.05），Sargan 检验中模型估计所选用的工具变量是合适的，上述模型的系统 GMM 估计结果中新增工具变量是有效的且不存在过度识别的问题。

表 6-12 中第（3）列是以商业信用供给（TC_3）为被解释变量，以滞后一期（L.TC_3）被解释变量（TC_3）、区域社会资本与经济政策不确定性交互项（EPU×RSC）为解释变量，总资产收益率（ROA）等变量组成的向量组为控制变量，对交互项（EPU×RSC）和商业信用供给（TC_3）之间的动态调整模型进行系统 GMM 估计分析。从表 6-12 中第（3）列的系统 GMM 估计结果所报告的统计量表明，系统 GMM 估计系数为 0.5289，且在 1% 水平上显著正相关性（z 值为 9.69），滞后期变量的系数表现为显著负相关关系，表明当期的商业信用供给与前期商业信用供给之间具有显著的负向累计效应。交互项（EPU×RSC）的系统 GMM 估计系数为 -0.6468，且在 1% 水平上显著负相关（z 值为 -5.44），表明区域社会资本能有效抑制预期经济政策不确定性上升对商业信用供给（TC_3）的正向作用，区域社会资本发展水平越高，预期经济政策不确定性上升对企业对外提供商业信用融资的正向促进作用越小，

越有利于企业降低企业对外提供商业信用融资的水平。系统 GMM 估计模型的 Sargan 检验（P 值为 0.4408，大于 0.05），说明在 5% 的显著性水平上，我们不能拒绝工具变量有效性的零假设（P 值大于 0.05），Sargan 检验中模型估计所选用的工具变量是合适的，上述模型的系统 GMM 估计结果中新增工具变量是有效的且不存在过度识别的问题。

表 6-12 中第（4）列是以净商业信用（NTC）为被解释变量，以滞后一期（L. NTC）被解释变量（NTC）、区域社会资本与经济政策不确定性交互项（EPU×RSC）为解释变量，总资产收益率（ROA）等变量组成的向量组为控制变量，对交互项（EPU×RSC）和净商业信用（NTC）之间的动态调整模型进行系统 GMM 估计分析。从表 6-12 中第（4）列的系统 GMM 估计结果所报告的统计量表明，系统 GMM 估计系数为 0.6586，且在 1% 水平上显著正相关（z 值为 11.95），滞后期变量的系数表现为显著正相关关系，表明当期的净商业信用与前期净商业信用之间具有显著的正向累计效应。交互项（EPU×RSC）的系统 GMM 估计系数为 1.8685，且在 1% 水平上具有显著相关性（z 值为 20.16），表明区域社会资本能有效抑制预期经济政策不确定性上升对净商业信用（NTC）的负向作用，区域社会资本发展水平越高，预期经济政策不确定性上升对企业获取净商业信用的负向促进作用越小，越有利于企业获得净商业信用融资，企业通过商业信用的方式获取间接融资的能力越强。系统 GMM 估计模型的 Sargan 检验（P 值为 0.5217，大于 0.05）显示工具变量有效，说明在 5% 的显著性水平上，我们不能拒绝工具变量有效性的零假设（P 值大于 0.05），Sargan 检验中模型估计所选用的工具变量是合适的，上述模型的系统 GMM 估计结果中新增工具变量是有效的且不存在过度识别的问题。

表 6-13 中第（1）列是以银行贷款总额（BLA）为被解释变

量,以滞后一期(L. BLA)被解释变量(BLA)、区域社会资本与经济政策不确定性交互项(EPU × RSC)为解释变量,总资产收益率(ROA)等变量组成的向量组为控制变量,对交互项(EPU × RSC)和银行贷款总额(BLA)之间的动态调整模型进行系统GMM 估计分析。从表 6-13 中第(1)列的系统 GMM 估计结果所报告的统计量表明,系统 GMM 估计系数为 0.7900,且在 1% 水平上显著正相关(z 值为 19.20),滞后期变量的系数表现为显著正相关关系,表明当期的银行贷款总额与前期银行贷款总额之间具有显著的正向累计效应。交互项(EPU × RSC)的系统 GMM 估计系数为 0.6572,且不具有显著相关性(z 值为 1.42),表明区域社会资本能有效抑制预期经济政策不确定性上升对银行贷款总额的负向作用,区域社会资本发展水平越高,预期经济政策不确定性上升对获取银行贷款总额的负向作用越小,银行贷款总额越大。系统 GMM 估计模型的 Sargan 检验(P 值为 0.3501,大于 0.05)显示工具变量有效,说明在 5% 的显著性水平上,我们不能拒绝工具变量有效性的零假设(P 值大于 0.05),Sargan 检验中模型估计所选用的工具变量是合适的,上述模型的系统 GMM 估计结果中新增工具变量是有效的且不存在过度识别的问题。

表 6-13　经济政策不确定性、区域社会资本与银行债务融资的系统 GMM 动态估计结果分析

变量	(1) BLA	(2) BLT	(3) BLR	(4) BLW	(5) D_BLA
Intercept	0.1264 *** (7.97)	0.2083 *** (5.61)	9.2971 *** (26.80)	2.4554 *** (29.84)	-0.0938 *** (-6.86)
L. BLA	0.7900 *** (19.20)				
L. BLT		0.6880 *** (14.90)			

续表

变量	(1) BLA	(2) BLT	(3) BLR	(4) BLW	(5) D_BLA
L.BLR			0.0028		
			(0.61)		
L.BLW				0.5585***	
				(5.11)	
L.D_BLA					0.6243***
					(7.07)
EPU	-0.8764***	-0.0533***	-4.1476	-0.7196***	0.0616
	(-5.03)	(-2.61)	(-0.82)	(-5.02)	(0.42)
RSC	-0.0402**	0.0853***	-0.2343	-0.3011***	0.1836***
	(-2.28)	(32.78)	(-0.63)	(-5.55)	(22.00)
EPU×RSC	0.6572	1.3300***	-2.7138***	4.8585***	-4.4163***
	(1.42)	(33.16)	(-3.14)	(15.07)	(-18.64)
ROA	-0.1013***	0.1666***	-12.4545***	-2.0642***	-0.6596***
	(-3.42)	(6.28)	(-7.73)	(-11.62)	(-22.72)
DEP	-0.6280***	-0.9311***	26.9493***	-3.6141***	0.2617***
	(-14.29)	(-30.52)	(14.36)	(-10.59)	(3.89)
GDPGR	0.0095**	0.0661***	0.8345***	-0.0334**	-0.0268***
	(2.16)	(23.24)	(7.94)	(-2.06)	(-6.75)
FIX	0.0413***	-0.1613***	3.1873***	1.0816***	0.1260***
	(4.22)	(-23.34)	(6.97)	(10.02)	(19.45)
DM1	-0.1590***	-0.2810***	-0.0960	-0.0834	0.1570***
	(-10.29)	(-29.05)	(-0.13)	(-1.63)	(9.90)
RATE	-0.0112***	-0.0200***	-0.6873***	-0.0628***	0.0284***
	(-5.82)	(-31.37)	(-12.94)	(-7.52)	(12.49)
TOP	0.0948***	-0.0614***	-2.6021***	-2.2778***	0.0871***
	(10.00)	(-7.55)	(-6.36)	(-14.35)	(8.94)

续表

变量	(1) BLA	(2) BLT	(3) BLR	(4) BLW	(5) D_BLA
MFE	0.3113***	0.6108***	3.4932***	1.2924***	0.0015
	(6.13)	(19.21)	(3.59)	(6.36)	(0.07)
TQ	-0.0032***	-0.0006	0.1931***	-0.0362***	-0.0020
	(-4.67)	(-0.65)	(6.10)	(-11.98)	(-1.62)
SGR	-0.0476***	-0.0610***	-0.4010	1.3374***	0.1712***
	(-4.08)	(-5.52)	(-0.58)	(28.00)	(15.12)
AR (1)	0.0000	0.0000	0.0000	0.0019	0.0000
AR (2)	0.3521	0.6327	0.4011	0.3419	0.9994
Sargan 检验	0.3501	0.3784	0.3475	0.7202	0.5092
N	1488	1488	1488	1488	1488

注：(1) ***、**、* 分别表示在1%、5%、10%水平上显著；(2) 估计系数下方括号中的数值为 z 统计量；(3) 表中结果均使用 Stata13.1 中的 "xtdpdsys" 程序分析，并且最多使用三阶被解释变量作为工具变量（maxldep），所有参数估计值都为两阶段 GMM 估计量。

表6-13中第（2）列是以银行贷款期限（BLT）为被解释变量，以滞后一期（L.BLT）被解释变量（BLT）、区域社会资本与经济政策不确定性交互项（EPU×RSC）为解释变量，总资产收益率（ROA）等变量组成的向量组为控制变量，对交互项（EPU×RSC）和银行贷款期限（BLT）之间的动态调整模型进行系统GMM估计分析。表6-13第（2）列的系统GMM估计结果所报告的统计量表明，系统GMM估计系数为0.6880，且在1%水平上显著正相关（z值为14.90），滞后期变量的系数表现为显著正相关关系，表明当期的银行贷款期限与前期银行贷款期限之间具有显著的正向累计效应。交互项（EPU×RSC）的系统GMM估计系数为1.3300，且在1%水平上显著正相关（z值为33.16），表明区域社

会资本能有效抑制预期经济政策不确定性上升对银行贷款期限的负向作用，区域社会资本发展水平越高，预期经济政策不确定性上升对银行贷款期限的负向作用越小，企业获取长期银行贷款的比重越大。系统 GMM 估计模型的 Sargan 检验（P 值为 0.3784，大于 0.05），即工具变量有效，说明在 5% 的显著性水平上，我们不能拒绝工具变量有效性的零假设（P 值大于 0.05），Sargan 检验中模型估计所选用的工具变量是合适的，上述模型的系统 GMM 估计结果中新增工具变量是有效的且不存在过度识别的问题。

表 6-13 中第（3）列是以银行贷款利率（BLR）为被解释变量，以滞后一期（L.BLR）被解释变量（BLR）、区域社会资本与经济政策不确定性交互项（EPU×RSC）为解释变量，总资产收益率（ROA）等变量组成的向量组为控制变量，对交互项（EPU×RSC）和银行贷款利率（BLR）之间的动态调整模型进行系统 GMM 估计分析。表 6-13 中第（3）列的系统 GMM 估计结果所报告的统计量表明，系统 GMM 估计系数为 0.0028，且在 1% 水平上不具有显著相关性（z 值为 0.61），滞后期变量的系数表现为不具有显著负相关关系，表明当期的银行贷款利率与前期银行贷款利率之间具有负向累计效应，但是不具有显著性。交互项（EPU×RSC）的系统 GMM 估计系数为 -2.7138，且在 1% 水平上显著负相关（z 值为 -3.14），表明区域社会资本不能有效抑制预期经济政策不确定性上升对银行贷款利率的正向作用，区域社会资本对银行贷款利率水平的影响较弱。系统 GMM 估计模型的 Sargan 检验（P 值为 0.3475，大于 0.05）显示工具变量有效，说明在 5% 的显著性水平上，我们不能拒绝工具变量有效性的零假设（P 值大于 0.05），Sargan 检验中模型估计所选用的工具变量是合适的，上述模型的系统 GMM 估计结果中新增工具变量是有效的且不存在过度识别的问题。

表 6-13 中第（4）列是以银行贷款方式（BLW）为被解释变

量,以滞后一期(L. BLW)被解释变量(BLW)、区域社会资本与经济政策不确定性交互项(EPU×RSC)为解释变量,总资产收益率(ROA)等变量组成的向量组为控制变量,对交互项(EPU×RSC)和银行贷款方式(BLW)之间的动态调整模型进行系统GMM估计分析。表6-13中第(4)列的系统GMM估计结果所报告的统计量表明,系统GMM估计系数为0.5585,且在1%水平上显著正相关(z值为5.11),滞后期变量的系数表现为显著正相关,表明当期的银行贷款方式与前期银行贷款方式之间具有显著的正向累计效应。交互项(EPU×RSC)的GMM估计系数为4.8585,且具有1%显著相关性(z值为15.07),表明区域社会资本能有效抑制预期经济政策不确定性上升对银行贷款方式的负向作用,区域社会资本发展水平越高,预期经济政策不确定性上升对银行贷款方式的负向作用越小,企业能够获得更多的信用和担保类银行贷款。系统GMM估计模型的Sargan检验(P值为0.7202,大于0.05)显示工具变量有效,说明在5%的显著性水平上,我们不能拒绝工具变量有效性的零假设(P值大于0.05),Sargan检验中模型估计所选用的工具变量是合适的,上述模型的系统GMM估计结果中新增工具变量是有效的且不存在过度识别的问题。

表6-13中第(5)列是以银行贷款偏离度(D_BLA)为被解释变量,以滞后一期(L. D_BLA)被解释变量(D_BLA)、区域社会资本与经济政策不确定性交互项(EPU×RSC)为解释变量,总资产收益率(ROA)等变量组成的向量组为控制变量,对交互项(EPU×RSC)和银行贷款偏离度(L. D_BLA)之间的动态调整模型进行系统GMM估计分析。表6-13中第(5)列的系统GMM估计结果所报告的统计量表明,系统GMM估计系数为0.6243,且在1%水平上显著正相关(z值为7.07),滞后期变量的系数表现为显著正相关,表明当期的银行贷款偏离度与前期银行贷款偏离度之间具有显著的正向累计效应。系统GMM估计系数为-4.4163,且在

1%水平上显著负相关（z值为-18.64），表明区域社会资本能有效抑制预期经济政策不确定性上升对银行贷款偏离度的正向作用，即区域社会资本发展水平越高，预期经济政策不确定性上升对银行贷款偏离度的正向作用越小，企业获得银行贷款的偏离度越小，银行贷款渠道越稳定。系统GMM估计模型的Sargan检验（P值为0.5092，大于0.05）显示工具变量有效，说明在5%的显著性水平上，我们可以接受工具变量有效性的零假设（P值大于0.05），Sargan检验中模型估计所选用的工具变量合适，上述模型的系统GMM估计结果中新增工具变量是有效的且不存在过度识别的问题。

6.5 稳健性检验

6.5.1 静态估计的稳健性检验

（1）经济政策不确定性、高管社会资本与债务融资的静态估计稳健性检验

上文主要采用的是基于 Baker et al.（2016）发布的中国经济政策不确定性指数来计算季度变量（EPU）并进行回归分析，为了检验本书研究结论的稳健性，我们借鉴 Ang et al.（2007）的简单菲利普斯曲线法，对未来物价预期指数和实际通货膨胀率进行滚动回归，利用回归生成的残差值间接衡量经济政策不确定性变量（INEPU），重新对经济政策不确定性、高管社会资本和商业信用融资四个代理变量进行如下的回归分析。

表6-14中的回归结果表明，经济政策不确定性值和高管社会资本的交互项（INEPU×ESC）与商业信用融资模式（TC_1）的估计系数由5%水平显著正相关转变为不显著（t值为1.16）；交互项（INEPU×ESC）与商业信用获取（TC_2）的估计系数由1%水

平显著负相关转变为不显著（t值为1.58）；交互项（INEPU × ESC）与商业信用供给（TC₃）的估计系数由10%水平显著正相关转变为不显著（t值为0.59）；交互项（INEPU × ESC）与净商业信用融资（NTC）的估计系数由负相关转变为1%水平显著正相关（t值为3.43）。本书的研究结论显示具有较强的稳健性。

表6-14　经济政策不确定性、高管社会资本与商业信用融资的静态估计稳健性检验

变量	(1) TC_1	(2) TC_2	(3) TC_3	(4) NTC
Intercept	0.6690*** (11.05)	0.2288*** (11.21)	0.2062*** (10.80)	0.1731*** (4.02)
INEPU	0.6701*** (3.03)	-0.0427 (-0.57)	0.1130 (1.62)	-1.8101*** (-4.51)
ESC	-0.1073** (-2.50)	0.0325** (2.24)	-0.0228* (-1.68)	0.0195 (0.84)
INEPU × ESC	0.5468 (1.16)	0.1350 (1.58)	0.0497 (0.59)	0.0193*** (3.43)
ROA	-0.1914 (-0.52)	-0.7078*** (-5.65)	-0.2088* (-1.77)	-0.7621*** (-3.49)
MFE	-0.5868*** (-3.09)	-0.1360** (-2.12)	-0.3298*** (-5.52)	0.2165** (2.15)
DEP	0.1129 (0.16)	0.1953 (0.81)	0.3779* (1.67)	-0.2915 (-0.65)
FIX	-0.3500*** (-3.92)	0.0444 (1.48)	0.0634** (2.24)	-0.0048 (-0.09)
TQ	0.0030 (0.43)	-0.0088*** (-3.74)	0.0012 (0.55)	-0.0167*** (-4.10)

续表

变量	(1) TC_1	(2) TC_2	(3) TC_3	(4) NTC
RATE	-0.0461***	-0.0035	-0.0079**	0.0240***
	(-4.34)	(-0.99)	(-2.36)	(3.40)
TOP	0.2216*	-0.1336***	0.0080	-0.2375***
	(1.80)	(-3.22)	(0.20)	(-3.23)
GDPGR	0.0433	0.0167	0.0150	0.0736*
	(0.77)	(0.88)	(0.89)	(1.93)
DM1	-0.1236	0.0953	-0.0993	0.1696
	(-0.60)	(1.38)	(-1.60)	(1.43)
SGR	-0.1868	0.2847***	0.0969**	0.2526***
	(-1.40)	(6.31)	(2.29)	(3.42)
R^2 – within	0.0621	0.0662	0.0503	0.0938
F – Value	6.6232***	7.0853***	5.3002***	6.0064***
N	2138	2290	2158	2158

注：***、**、* 分别表示在1%、5%、10%水平上显著；估计系数下方括号中的数值为 t 值；本书通过 F 检验及 Hausman 检验后对非平衡面板数据回归模型设定为固定效应模型；F – Value 值表示固定效应模型的整体显著性检验值；R^2 – within 表示固定效应模型的拟合优度。

表6-15中的回归结果表明，经济政策不确定性值和高管社会资本的交互项（INEPU×ESC）与银行贷款总额（BLA）的估计系数由第（1）列中 INEPU 系数的1%水平显著负相关转变为不显著（t 值由 -3.71 转变为 0.19）；交互项（INEPU×ESC）与银行贷款期限（BLT）的估计系数由第（2）列中 EPU 系数的5%水平显著负相关转变为 5% 水平上显著正相关（t 值由 -2.52 转变为 2.26）；交互项（INEPU×ESC）与银行贷款利率（BLR）的估计系数由第（3）列中 EPU 系数的5%水平显著正相关转变为不显著（t 值由 2.02 转变为 0.06）；交互项（INEPU×ESC）与银行贷款方式

（BLW）的估计系数由第（4）列中 EPU 系数 1% 水平上显著负相关转变为不显著（t 值由 -4.86 转变为 -0.71）；交互项（INEPU × ESC）与银行贷款偏离度（D_BLA）的估计系数由第（5）列中 EPU 系数 1% 水平上显著正相关转变为不显著（t 值由 2.69 转变为 1.23）。本书的研究结论具有较强的稳健性。

表 6-15　经济政策不确定性、高管社会资本与银行债务融资的静态估计稳健性检验

变量	(1) BLA	(2) BLT	(3) BLR	(4) BLW	(5) D_BLA
Intercept	0.2973*** (6.82)	0.3873*** (7.17)	10.0409*** (10.26)	3.7910*** (10.06)	0.0989*** (2.99)
INEPU	1.7328*** (4.48)	0.1703 (0.87)	6.8255* (1.87)	-6.0354*** (-3.73)	0.6506** (2.22)
ESC	0.0329 (0.94)	-0.1079*** (-2.81)	0.0667 (0.10)	0.3576* (1.91)	-0.0488* (-1.84)
INEPU × ESC	0.0904 (0.19)	0.5370** (2.26)	0.2442 (0.06)	-1.2122 (-0.71)	0.4342 (1.23)
ROA	-0.5933** (-2.34)	0.2714 (0.82)	-15.5650*** (-2.61)	-8.9557*** (-3.44)	-0.3615* (-1.88)
DEP	0.5760 (1.16)	-1.0638* (-1.66)	11.1648 (0.96)	2.3734 (0.49)	0.0690 (0.18)
GDPGR	-0.0751** (-2.07)	-0.0057 (-0.12)	0.6814 (0.75)	0.1511 (0.40)	-0.0251 (-0.91)
FIX	0.0604 (0.98)	-0.1883** (-2.36)	-5.7863*** (-4.01)	1.2865* (1.78)	-0.0402 (-0.86)
DM1	0.1335 (1.00)	-0.0078 (-0.04)	4.5438 (1.37)	-2.5103* (-1.92)	0.0703 (0.69)

续表

变量	(1) BLA	(2) BLT	(3) BLR	(4) BLW	(5) D_BLA
RATE	-0.0236***	-0.0481***	-0.3450**	0.2127***	-0.0082
	(-3.22)	(-5.07)	(-2.01)	(2.85)	(-1.48)
TOP	0.3178***	0.5092***	-3.4171*	-2.3109***	0.1414**
	(3.76)	(4.62)	(-1.72)	(-3.02)	(2.21)
MFE	0.2329*	0.0916	0.3655	1.1997	0.1312
	(1.78)	(0.54)	(0.12)	(0.98)	(1.33)
TQ	0.0196***	0.0015	0.1030	0.0662	0.0024
	(4.10)	(0.25)	(0.92)	(1.33)	(0.68)
SGR	0.1004	-0.0011	4.3577**	2.4977***	0.0930
	(1.10)	(-0.01)	(2.02)	(2.69)	(1.34)
R^2-within	0.0587	0.0568	0.0285	0.1018	0.0190
F-Value	6.2257	6.0116	2.9337	6.7984	1.9359
P	0.0000	0.0000	0.0000	0.0000	0.0000
N	1488	1488	1488	1488	1488

注：***、**、*分别表示在1%、5%、10%水平上显著；估计系数下方括号中的数值为t值；本书通过F检验及Hausman检验后将非平衡面板数据回归模型设定为固定效应模型；F-Value值表示固定效应模型的整体显著性检验值；R^2-within表示固定效应模型的拟合优度。

(2) 经济政策不确定性、区域社会资本与债务融资的静态估计稳健性检验

表6-16的回归结果表明，经济政策不确定性值和区域社会资本的交互项（INEPU×RSC）与商业信用融资模式（TC_1）的估计系数由第（1）列的5%水平显著正相关转变为不显著（t值为0.25）；第（2）列交互项（INEPU×RSC）与商业信用获取（TC_2）的估计系数由1%水平显著负相关转变为接近10%水平上

显著（t 值为 1.56）；第（3）列交互项（INEPU×RSC）与商业信用供给（TC_3）的估计系数由 10% 水平显著正相关转变为 5% 显著性水平上的负相关（t 值为 -2.54）；第（4）列交互项（INEPU×RSC）与净商业信用融资（NTC）的估计系数由负相关转变接近 10% 水平显著正相关（t 值为 1.59），说明本书的研究结论具有较强的稳健性。

表 6-16　经济政策不确定性、区域社会资本与商业信用融资的静态估计稳健性检验

变量	(1) TC_1	(2) TC_2	(3) TC_3	(4) NTC
Intercept	0.8002***	2.1681***	2.1027***	-0.0421
	(8.22)	(10.24)	(10.36)	(-1.01)
INEPU	-2.5037*	-1.7896***	-2.4650***	1.2644**
	(-1.90)	(-9.06)	(-3.06)	(2.23)
RSC	-0.0916	-1.5737***	-1.4212***	-0.0729*
	(-0.97)	(-6.38)	(-6.87)	(-1.80)
INEPU×RSC	0.5331	6.4767	-3.5004**	1.4450
	(0.25)	(1.56)	(-2.54)	(1.59)
ROA	-0.0643	-4.8975***	-1.0047	-0.5620***
	(-0.17)	(-3.92)	(-0.79)	(-3.50)
DEP	0.4369	-1.0057	2.3801	-0.2460
	(0.60)	(-0.41)	(0.97)	(-0.79)
GDPGR	0.0276	0.6689***	0.7901***	-0.0202
	(0.49)	(3.69)	(4.08)	(-0.84)
FIX	-0.3337***	0.6639**	-0.0418	-0.0313
	(-3.73)	(2.22)	(-0.14)	(-0.81)
DM1	-0.4620**	-2.5858***	-4.3146***	0.2764***
	(-2.31)	(-3.92)	(-5.99)	(3.21)

续表

变量	(1) TC$_1$	(2) TC$_2$	(3) TC$_3$	(4) NTC
RATE	-0.0617***	0.1900***	0.0860**	0.0138**
	(-4.46)	(5.17)	(2.32)	(2.32)
TOP	0.2022	-2.1296***	-0.9566**	-0.1137**
	(1.62)	(-5.13)	(-2.27)	(-2.12)
MFE	-0.6743***	-1.1903*	-3.2505***	0.1839**
	(-3.55)	(-1.86)	(-4.98)	(2.25)
TQ	0.0083	-0.1651***	-0.0523**	-0.0119***
	(1.17)	(-7.06)	(-2.19)	(-3.92)
SGR	-0.1916	2.2755***	0.6387	0.1958***
	(-1.43)	(5.05)	(1.39)	(3.39)
R^2 - within	0.0515	0.2321	0.1295	0.0422
F - Value	5.4157	30.1533	14.8448	4.3991
N	2138	2290	2158	2158

注: ***、**、* 分别表示在1%、5%、10%水平上显著; 估计系数下方括号中的数值为 t 值; 本书通过 F 检验及 Hausman 检验后将非平衡面板数据回归模型设定为固定效应模型; F - Value 表示固定效应模型的整体显著性检验值; R^2 - within 表示固定效应模型的拟合优度。

表 6 - 17 中的回归结果表明, 经济政策不确定性值和区域社会资本的交互项 (INEPU × RSC) 与银行贷款总额 (BLA) 的估计系数由第 (1) 列中 EPU 系数的 1% 水平显著负相关转变为不显著 (t 值由 -3.71 转变为 -0.77); 交互项 (INEPU × RSC) 与银行贷款期限 (BLT) 的估计系数由第 (2) 列中 EPU 系数的 5% 水平显著负相关转变为不具有显著相关性 (t 值由 -2.52 转变为 -0.94); 交互项 (INEPU × RSC) 与银行贷款利率 (BLR) 的估计系数由第 (3) 列中 EPU 系数的 5% 水平显著正相关转变为不显著 (t 值由 2.02 转变为 -1.32); 交互项 (INEPU × RSC) 与银行贷款方式

（BLW）的估计系数由第（4）列中EPU系数1%水平上显著负相关转变为不显著（t值由-4.86转变为1.04）；交互项（INEPU×RSC）与银行贷款偏离度（D_BLA）的估计系数由第（5）列中EPU系数1%水平上显著正相关转变为不显著（t值由2.69转变为-1.02），说明本书的研究结论具有较强的稳健性。

表6-17　经济政策不确定性、区域社会资本与银行债务融资的静态估计稳健性检验

变量	（1）BLA	（2）BLT	（3）BLR	（4）BLW	（5）D_BLA
Intercept	0.3488***	0.3422***	1.0158***	4.2116***	0.0314
	(8.57)	(6.43)	(10.70)	(10.10)	(0.62)
INEPU	0.5480***	0.3495*	2.0095	-1.4027***	1.0490
	(3.39)	(1.66)	(0.57)	(-3.30)	(1.54)
RSC	-0.0477	-0.0572	-1.4826	0.6299	-0.0707
	(-1.15)	(-1.05)	(-1.54)	(1.07)	(-1.45)
INEPU×RSC	-0.2112	-0.3397	-9.2777	8.8234	-1.1126
	(-0.77)	(-0.94)	(-1.32)	(1.04)	(-1.02)
ROA	-0.5929**	0.3133	-15.3328**	-8.8418***	-0.3676*
	(-2.33)	(0.94)	(-2.55)	(-3.40)	(-1.91)
DEP	0.1281	-1.1439*	11.6480	-1.9147	-0.1716
	(0.26)	(-1.77)	(1.01)	(-0.39)	(-0.46)
GDPGR	-0.0328	0.0305	0.5137	0.4074	-0.0246
	(-0.85)	(0.60)	(0.59)	(1.12)	(-0.85)
FIX	0.0695	-0.1672**	-5.8736***	1.4577**	-0.0230
	(1.14)	(-2.09)	(-4.10)	(2.01)	(-0.50)
DM1	0.2644*	0.0202	2.2231	-0.4025	0.0493
	(1.83)	(0.11)	(0.69)	(-0.32)	(0.48)

续表

变量	(1) BLA	(2) BLT	(3) BLR	(4) BLW	(5) D_BLA
RATE	-0.0191**	-0.0476***	-0.3115*	0.2428***	0.0052
	(-2.56)	(-4.88)	(-1.79)	(3.27)	(0.73)
TOP	0.3284***	0.5046***	-3.7079*	-2.3270***	0.1531**
	(3.87)	(4.55)	(-1.86)	(-3.03)	(2.37)
MFE	0.2184*	0.1064	0.2206	1.1556	0.1075
	(1.67)	(0.62)	(0.07)	(0.94)	(1.10)
TQ	0.0163***	0.0024	0.1079	0.0541	0.0005
	(3.40)	(0.38)	(0.96)	(1.08)	(0.14)
SGR	0.0948	-0.0145	4.1267*	2.4370***	0.0836
	(1.03)	(-0.12)	(1.92)	(2.62)	(1.21)
R^2-within	0.0557	0.0535	0.0313	0.1039	0.0239
F-Value	5.8852	5.6481	3.2230	6.9562	2.4488
P	0.0000	0.0000	0.0000	0.0000	0.0000
N	1488	1488	1488	1488	1488

注：***、**、*分别表示在1%、5%、10%水平上显著；估计系数下方括号中的数值为t值；本书通过F检验及Hausman检验后将非平衡面板数据回归模型设定为固定效应模型；F-Value 表示固定效应模型的整体显著性检验值；R^2-within 表示固定效应模型的拟合优度。

6.5.2 动态估计的稳健性检验

(1) 经济政策不确定性、高管社会资本与债务融资的动态估计稳健性检验

上文主要采用的是基于 Baker et al. (2016) 发布的中国经济政策不确定性指数来计算季度变量 (EPU) 并进行回归分析，为了检验本书研究结论的稳健性，我们借鉴 Ang et al. (2007) 的简单

菲利普斯曲线法，对未来物价预期指数和实际通货膨胀率进行滚动回归，利用回归生成的残差值作为间接衡量经济政策不确定性变量（INEPU），重新对经济政策不确定性、高管社会资本和银行债务融资五个代理变量进行如下的系统 GMM 动态回归分析。

表6-18中第（1）列是以商业信用模式（TC_1）为被解释变量，以滞后一期（L.TC_1）被解释变量（TC_1）、高管社会资本与经济政策不确定性交互项（INEPU×ESC）为解释变量，总资产收益率（ROA）等变量组成的向量组为控制变量，对交互项（INEPU×ESC）和商业信用模式（TC_1）之间的动态调整模型进行系统 GMM 估计分析。表5-31中系统 GMM 估计结果所报告的统计量表明，系统 GMM 模型检验结果中被解释变量商业信用模式一阶滞后项（L.TC_1）的估计系数为0.3677，且在1%水平上显著正相关（z值为8.60），滞后期变量的系数表现为显著正相关关系，表明当期的商业信用模式与前期商业信用模式之间具有显著的正向累计效应。交互项（INEPU×ESC）的系统 GMM 估计系数为-0.0109，且在1%水平上显著负相关（z值为-5.63），交互项（INEPU×ESC）与商业信用模式（TC_1）的估计系数由第（1）列中 EPU 系数的1%水平显著正相关转变为1%水平上显著负相关（t值由2.64转变为-5.63），表明高管社会资本能有效抑制预期经济政策不确定性上升对商业信用模式的正向作用，高管社会资本发展水平越高，预期经济政策不确定性上升对企业获得高成本的商业信用模式融资的正向作用越小，越有利于企业获得低成本的商业信用融资。系统 GMM 估计模型的 Sargan 检验（P值为0.4908，大于0.05）证明工具变量有效，说明在5%的显著性水平上，我们不能拒绝工具变量有效性的零假设（P值大于0.05），Sargan 检验中模型估计所选用的工具变量是合适的，上述模型的系统 GMM 估计结果中新增工具变量是有效的且不存在过度识别的问题。

表6-18中第（2）列是以商业信用获取（TC_2）为被解释变

量，以滞后一期（L. TC_2）被解释变量（TC_2）、高管社会资本与经济政策不确定性交互项（INEPU×ESC）为解释变量，总资产收益率（ROA）等变量组成的向量组为控制变量，对交互项（INEPU×ESC）和商业信用获取（TC_2）之间的动态调整模型进行系统 GMM 估计分析。从表 6-18 系统 GMM 估计结果所报告的统计量表明，系统 GMM 模型检验结果中被解释变量商业信用获取一阶滞后项（L. TC_2）的估计系数为 0.7854，且在 1% 水平上显著正相关（z 值为 14.35），滞后期变量的系数表现为显著正相关关系，表明当期的商业信用获取与前期商业信用获取之间具有显著的正向累计效应。交互项（INEPU×ESC）的系统 GMM 估计系数为 0.0951，且在 1% 水平上显著正相关（z 值为 4.36），交互项（INEPU×ESC）与商业信用获取（TC_2）的估计系数由第（2）列中 EPU 系数的 1% 水平显著负相关转变为 1% 水平上显著正相关（t 值由 -10.37 转变为 4.36），表明高管社会资本能有效抑制预期经济政策不确定性上升对商业信用获取的负向作用，高管社会资本发展水平越高，越有利于企业。系统 GMM 估计模型的 Sargan 检验（P 值为 0.4184，大于 0.05）证明工具变量有效，说明在 5% 的显著性水平上，我们不能拒绝工具变量有效性的零假设（P 值大于 0.05），Sargan 检验中模型估计所选用的工具变量是合适的，上述模型的系统 GMM 估计结果中新增工具变量是有效的且不存在过度识别的问题。

表 6-18 中第（3）列是以商业信用供给（TC_3）为被解释变量，以滞后一期（L. TC_3）被解释变量（TC_3）、高管社会资本与经济政策不确定性交互项（INEPU×ESC）为解释变量，总资产收益率（ROA）等变量组成的向量组为控制变量，对交互项（INEPU×ESC）和商业信用供给（TC_3）之间的动态调整模型进行系统 GMM 估计分析。从表 6-18 中第（3）列的系统 GMM 估计结果所报告的统计量表明，系统 GMM 模型检验结果中被解释变量商业信

用供给一阶滞后项（L. TC₃）的估计系数为 0.5567，且在 1% 水平上显著正相关（z 值为 12.42），滞后期变量的系数表现为显著正相关关系，表明当期的商业信用供给与前期商业信用供给之间具有显著的正向累计效应。交互项（INEPU×ESC）的系统 GMM 估计系数为 -1.1557，且在 1% 水平上显著负相关（z 值为 -9.45），交互项（INEPU×ESC）与商业信用供给（TC₃）的估计系数由第（3）列中 EPU 系数的 5% 水平显著正相关转变为 1% 水平上显著负相关（t 值由 2.41 转变为 -9.45），表明高管社会资本能有效抑制预期经济政策不确定性上升对商业信用供给的正向作用，高管社会资本发展水平越高，预期经济政策不确定性上升对企业对外提供商业信用融资的正向作用越小，越有利于企业降低被占用的商业信用融资水平。系统 GMM 估计模型的 Sargan 检验（P 值为 0.3514，大于 0.05）证明工具变量有效，说明在 5% 的显著性水平上，我们不能拒绝工具变量有效性的零假设（P 值大于 0.05），Sargan 检验中模型估计所选用的工具变量是合适的，上述模型的系统 GMM 估计结果中新增工具变量是有效的且不存在过度识别的问题。

表 6-18 中第（4）列是以净商业信用融资（NTC）为被解释变量，以滞后一期（L. NTC）被解释变量（NTC）、高管社会资本与经济政策不确定性交互项（INEPU×ESC）为解释变量，总资产收益率（ROA）等变量组成的向量组为控制变量，对交互项（INEPU×ESC）和商业信用供给（NTC）之间的动态调整模型进行系统 GMM 估计分析。表 6-18 第（4）列的系统 GMM 估计结果所报告的统计量表明，系统 GMM 估计系数为 0.6659，且在 1% 水平上显著正相关（z 值为 12.01），滞后期变量的系数表现为显著正相关关系，表明当期的净商业信用融资与前期净商业信用融资之间具有显著的正向累计效应。交互项（INEPU×ESC）的系统 GMM 估计系数为 0.0201，且不具有显著相关性（z 值为 0.01），交互项（INEPU×ESC）与净商业信用融资（NTC）的估计系数由第（4）

列中 EPU 系数的 1% 水平显著负相关转变为不具有显著正相关性（t 值由 -7.97 转变为 0.01），表明高管社会资本能有效抑制预期经济政策不确定性上升对净商业信用融资的负向作用，高管社会资本发展水平越高，预期经济政策不确定性上升对企业获取净商业信用融资（NTC）的负向作用越小，越有利于企业通过商业信用融资的方式间接获得信贷融资。系统 GMM 估计模型的 Sargan 检验（P 值为 0.6702，大于 0.05）证明工具变量有效，说明在 5% 的显著性水平上，我们不能拒绝工具变量有效性的零假设（P 值大于 0.05），Sargan 检验中模型估计所选用的工具变量是合适的，上述模型的系统 GMM 估计结果中新增工具变量是有效的且不存在过度识别的问题。

表 6-18 经济政策不确定性、高管社会资本与商业信用融资的系统 GMM 的动态估计稳健性检验

变量	(1) TC_1	(2) TC_2	(3) TC_3	(4) NTC
Intercept	0.3180 *** (10.17)	0.0379 *** (8.05)	0.1692 *** (34.90)	0.0041 (0.92)
L. TC_1	0.3677 *** (8.60)			
L. TC_2		0.7854 *** (14.35)		
L. TC_3			0.5567 *** (12.42)	
L. NTC				0.6659 *** (12.01)
INEPU	0.9475 *** (15.31)	-0.0349 ** (-2.25)	-1.0216 *** (-8.53)	-0.2612 *** (-7.41)
ESC	0.0677 *** (3.79)	-0.0176 *** (-12.15)	0.0301 *** (6.39)	0.0171 *** (5.16)

续表

变量	(1) TC$_1$	(2) TC$_2$	(3) TC$_3$	(4) NTC
INEPU×ESC	-0.0109***	0.0951***	-1.1557***	0.0000
	(-5.63)	(4.36)	(-9.45)	(0.00)
ROA	0.0054	-0.1758***	-0.3561***	0.2214***
	(0.04)	(-5.35)	(-13.98)	(8.02)
DEP	-0.2899	0.2581***	0.1962***	-0.0728**
	(-1.08)	(7.85)	(6.72)	(-2.23)
GDPGR	0.0809***	-0.0010	0.0423***	-0.0316***
	(6.84)	(-1.09)	(32.67)	(-10.77)
FIX	-0.2082***	-0.0717***	0.0137**	-0.0728***
	(-6.64)	(-10.85)	(2.30)	(-11.66)
DM1	-0.6274***	0.1128***	-0.1976***	0.2706***
	(-17.15)	(11.08)	(-25.81)	(16.62)
RATE	-0.0260***	0.0013	-0.0188***	0.0066***
	(-4.73)	(1.47)	(-33.93)	(6.57)
TOP	-0.0841***	0.0099**	0.0055	-0.0148**
	(-2.84)	(2.24)	(0.98)	(-2.16)
MFE	0.2449***	0.0989***	0.0617***	-0.0510***
	(4.03)	(6.50)	(7.44)	(-2.71)
TQ	0.0137***	-0.0010**	0.0046***	-0.0081***
	(4.67)	(-2.25)	(11.08)	(-8.11)
SGR	-0.2414***	-0.0063	0.0553***	-0.0418***
	(-9.39)	(-0.62)	(6.63)	(-3.96)
AR(1)	0.0017	0.0000	0.0000	0.0000
AR(2)	0.4034	0.5406	0.6400	0.3067
Sargan检验	0.4908	0.4184	0.3514	0.6702
N	1488	1488	1488	1488

注：(1) ***、**、*分别表示在1%、5%、10%水平上显著；(2) 估计系数下方括号中的数值为z统计量；(3) 表中结果均使用Stata13.1中的"xtdpdsys"程序分析，并且最多使用三阶被解释变量作为工具变量(maxldep)，所有参数估计值都为两阶段GMM估计量。

表6-19中第（1）列是以银行贷款总额（BLA）为被解释变量，以滞后一期（L.BLA）被解释变量（BLA）、高管社会资本与经济政策不确定性交互项（INEPU×ESC）为解释变量，总资产收益率（ROA）等变量组成的向量组为控制变量，对交互项（INEPU×ESC）和银行贷款总额（BLA）之间的动态调整分析。一阶滞后项的估计系数为0.7857，且在1%水平上显著正相关（z值为7.29），滞后期变量的系数表现为显著正相关关系，表明当期的银行贷款总额与前期银行贷款总额之间具有显著的正向累计效应。交互项（INEPU×ESC）的系统GMM估计系数为1.1995，且在1%水平上显著正相关（z值为14.75），交互项（INEPU×ESC）与银行贷款总额（BLA）的估计系数由第（1）列中EPU系数的1%水平显著负相关转变为1%水平上显著正相关（t值由-5.89转变为14.75），表明高管社会资本能有效抑制预期经济政策不确定性上升对银行贷款总额的负向作用，高管社会资本发展水平越高，预期经济政策不确定性上升对企业获取银行贷款总额的负向作用越小。系统GMM估计模型的Sargan检验（P值为0.2785，大于0.05），即工具变量有效，说明在5%的显著性水平上，我们不能拒绝工具变量有效性的零假设（P值大于0.05），Sargan检验中模型估计所选用的工具变量是合适的，上述模型的系统GMM估计结果中新增工具变量是有效的且不存在过度识别的问题。

表6-19中第（2）列是以银行贷款期限（BLT）为被解释变量，以滞后一期（L.BLT）被解释变量（BLA）、高管社会资本与经济政策不确定性交互项（INEPU×ESC）为解释变量，总资产收益率（ROA）等变量组成的向量组为控制变量，对交互项（INEPU×ESC）和银行贷款期限（BLT）之间的动态调整模型进行系统GMM估计分析。表6-19中第（2）列的系统GMM估计结果所报告的统计量表明，系统GMM估计系数为0.6890，且在1%水平上显著正相关（z值为17.55），滞后期变量的系数表现为显著正相关

关系，表明当期的银行贷款期限与前期银行贷款期限之间具有显著的正向累计效应。交互项（INEPU×ESC）的系统 GMM 估计系数为 0.5336，且在 1% 水平上显著正相关（z 值为 8.91），交互项（INEPU×ESC）与银行贷款期限（BLT）的估计系数由 EPU 系数的 1% 水平显著负相关转变为 1% 水平上显著正相关（t 值由 -3.78 转变为 8.91），表明高管社会资本能有效抑制预期经济政策不确定性上升对银行贷款期限的负向作用，高管社会资本发展水平越高，预期经济政策不确定性上升对银行贷款期限的负向作用越小，企业获取长期银行贷款的比重越大。系统 GMM 估计模型的 Sargan 检验（P 值为 0.2467，大于 0.05）证明工具变量有效，说明在 5% 的显著性水平上，我们不能拒绝工具变量有效性的零假设（P 值大于 0.05），Sargan 检验中模型估计所选用的工具变量是合适的，上述模型的系统 GMM 估计结果中新增工具变量是有效的且不存在过度识别的问题。

表 6-19 中第（3）列是以银行贷款利率（BLR）为被解释变量，以滞后一期（L.BLR）被解释变量（BLA）、高管社会资本与经济政策不确定性交互项（INEPU×ESC）为解释变量，总资产收益率（ROA）等变量组成的向量组为控制变量，对交互项（INEPU×ESC）和银行贷款利率（BLR）之间的动态调整模型系统 GMM 估计分析。表 6-19 中第（3）列的系统 GMM 估计结果所报告的统计量表明，系统 GMM 模型检验结果中被解释变量银行贷款利率一阶滞后项的估计系数为 0.0054，且在 10% 水平上显著正相关（z 值为 1.90），滞后期变量的系数表现为显著负相关关系，表明当期的银行贷款利率与前期银行贷款利率之间具有显著的负向累计效应。交互项（INEPU×ESC）的系统 GMM 估计系数为 -2.6641，且在 1% 水平上显著负相关（z 值为 -4.96），交互项（INEPU×ESC）与银行贷款利率（BLR）的估计系数由 EPU 系数的不显著转变为 1% 水平上显著负相关（t 值由 0.81 转变为

-4.96),表明高管社会资本能有效抑制预期经济政策不确定性上升对银行贷款利率的正向作用,高管社会资本发展水平越高,预期经济政策不确定性上升对银行贷款利率的正向作用越小,企业获取长期银行贷款的利率越低。系统 GMM 估计模型的 Sargan 检验(P 值为 0.3914,大于 0.05)证明工具变量有效,说明在 5% 的显著性水平上,我们不能拒绝工具变量有效性的零假设(P 值大于 0.05),Sargan 检验中模型估计所选用的工具变量是合适的,上述模型的系统 GMM 估计结果中新增工具变量是有效的且不存在过度识别的问题。

表 6-19 中第(4)列是以银行贷款方式(BLW)为被解释变量,以滞后一期(L.BLW)被解释变量(BLW)、高管社会资本与经济政策不确定性交互项(INEPU×ESC)为解释变量,总资产收益率(ROA)等变量组成的向量组为控制变量,对交互项(INEPU×ESC)和银行贷款方式(BLW)之间的动态调整模型进行系统 GMM 估计分析。表 6-19 第(4)列的系统 GMM 估计结果所报告的统计量表明,系统 GMM 模型检验结果中被解释变量银行贷款方式一阶滞后项(L.BLW)的估计系数为 0.5769,且在 1% 水平上显著正相关(z 值为 7.93),滞后期变量的系数表现为显著正相关,表明当期的银行贷款方式与前期银行贷款方式之间具有显著的正向累计效应。交互项(INEPU×ESC)的系统 GMM 估计系数为 0.8275,且在 1% 水平上显著正相关(z 值为 5.06),交互项(INEPU×ESC)与银行贷款方式(BLW)的估计系数由 EPU 系数的 1% 水平显著负相关转变为不具有显著相关性(t 值由 -5.71 转变为 5.06),表明高管社会资本能有效抑制预期经济政策不确定性上升对银行贷款方式的负向作用,高管社会资本发展水平越高,预期经济政策不确定性上升对银行贷款方式的负向作用越小,企业获得更多的信用和担保类银行贷款。系统 GMM 估计模型的 Sargan 检验(P 值为 0.8904,大于 0.05)证明工具变量有效,说明在 5% 的显

著性水平上，我们不能拒绝工具变量有效性的零假设（P 值大于 0.05），Sargan 检验中模型估计所选用的工具变量是合适的，上述模型的系统 GMM 估计结果中新增工具变量是有效的且不存在过度识别的问题。

表 6 - 19 中第（5）列是以银行贷款偏离度（D_BLA）为被解释变量，以滞后一期（L. D_BLA）被解释变量（D_BLA）、高管社会资本与经济政策不确定性交互项（INEPU × ESC）为解释变量，总资产收益率（ROA）等变量组成的向量组为控制变量，对交互项（INEPU × ESC）和银行贷款偏离度（L. D_BLA）之间的动态调整模型进行系统 GMM 估计分析。表 6 - 19 中第（5）列的系统 GMM 估计结果所报告的统计量表明，系统 GMM 模型检验结果中被解释变量银行贷款偏离度一阶滞后项（L. D_BLA）的估计系数为 0.6357，且在 1% 水平上显著正相关（z 值为 6.95），滞后期变量的系数表现为显著正相关，表明当期的银行贷款偏离度与前期银行贷款偏离度之间具有显著的正向累计效应。交互项（EPU × ESC）的系统 GMM 估计系数为 - 0.0202，且在 1% 水平上不具有显著负相关性（z 值为 - 0.51），交互项（INEPU × ESC）与银行贷款偏离度（D_BLA）的估计系数由 EPU 系数的 1% 水平显著正相关转变为不具有显著相关性（t 值由 5.72 转变为 - 0.51），表明高管社会资本能有效抑制预期经济政策不确定性上升对银行贷款偏离度的正向作用，高管社会资本发展水平越高，预期经济政策不确定性上升对银行贷款偏离度的正向作用越小，企业获得银行贷款的偏离度越小，银行贷款渠道越稳定。系统 GMM 估计模型的 Sargan 检验（P 值为 0.5592，大于 0.05）证明工具变量有效，说明在 5% 的显著性水平上，我们不能拒绝工具变量有效性的零假设（P 值大于 0.05），Sargan 检验中模型估计所选用的工具变量是合适的，上述模型的系统 GMM 估计结果中新增工具变量是有效的且不存在过度识别的问题。

表 6-19 经济政策不确定性、高管社会资本与银行债务融资的系统 GMM 的动态估计稳健性检验

变量	(1) BLA	(2) BLT	(3) BLR	(4) BLW	(5) D_BLA
Intercept	0.0805*** (10.54)	0.2283*** (5.35)	9.4650*** (3.98)	2.7546*** (4.11)	-0.1009*** (-14.74)
L.BLA	0.7857*** (7.29)				
L.BLT		0.6890*** (17.55)			
L.BLR			0.0054* (1.90)		
L.BLW				0.5769*** (7.93)	
L.D_BLA					0.6357*** (6.95)
INEPU	-0.1848*** (-2.71)	0.1180*** (2.60)	-5.6808*** (-3.43)	-0.5676*** (-5.82)	-0.1410*** (-3.51)
ESC	-0.0246*** (-5.79)	-0.0344*** (-10.34)	1.6664*** (8.14)	-0.1259*** (-3.59)	0.0413*** (9.14)
INEPU×ESC	1.1995*** (14.75)	0.5336*** (8.91)	-2.6641*** (-4.96)	0.8275*** (5.06)	-0.0202 (-0.51)
ROA	-0.1523*** (-3.93)	0.1748*** (5.43)	-1.41275*** (-9.84)	-1.6024*** (-9.15)	-0.6136*** (-17.59)
DEP	-0.6595*** (-10.94)	-0.8772*** (-25.81)	2.62536*** (15.89)	-1.4332*** (-5.34)	0.3931*** (7.52)
GDPGR	0.0014 (0.27)	0.0694*** (26.14)	0.8636*** (10.95)	-0.0600*** (-3.04)	-0.0209*** (-4.08)
FIX	0.0769*** (9.57)	-0.1732*** (-25.24)	2.4236*** (8.04)	0.7556*** (10.27)	0.1688*** (13.73)

续表

变量	(1) BLA	(2) BLT	(3) BLR	(4) BLW	(5) D_BLA
DM1	-0.1449*** (-11.74)	-0.3319*** (-27.52)	1.1463* (1.78)	-0.0763 (-1.50)	0.1251*** (6.15)
RATE	-0.0018 (-1.27)	-0.0189*** (-24.62)	-0.7036*** (-17.50)	-0.0660*** (-7.26)	0.0236*** (13.55)
TOP	0.0866*** (10.31)	-0.1112*** (-12.18)	-2.8441*** (-12.05)	-2.9554*** (-16.06)	0.0647*** (6.02)
MFE	0.0734** (1.98)	0.4889*** (26.30)	3.9275*** (3.54)	1.0969*** (8.27)	0.1467*** (7.42)
TQ	-0.0022*** (-3.08)	-0.0016* (-1.79)	0.1833*** (5.19)	-0.0251*** (-12.37)	-0.0007 (-0.51)
SGR	-0.0509*** (-3.68)	-0.0698*** (-5.39)	0.2962 (0.48)	0.7802*** (12.17)	0.1594*** (17.69)
AR(1)	0.0000	0.0000	0.0000	0.0023	0.0000
AR(2)	0.4235	0.7449	0.4163	0.3120	0.9489
Sargan 检验	0.2785	0.2467	0.3914	0.8904	0.5592
N	1488	1488	1488	1488	1488

注：(1) ***、**、* 分别表示在1%、5%、10%水平上显著；(2) 估计系数下方括号中的数值为z统计量；(3) 表中结果均使用Stata13.1中的"xtdpdsys"程序分析，并且最多使用三阶被解释变量作为工具变量（maxldep），所有参数估计值都为两阶段GMM估计量。

(2) 经济政策不确定性、区域社会资本与债务融资的静态估计稳健性检验

表6-20中第（1）列是以商业信用模式（TC_1）为被解释变量，以滞后一期（$L.TC_1$）被解释变量（TC_1）、区域社会资本与经济政策不确定性交互项（INEPU×RSC）为解释变量，总资产收益率（ROA）等变量组成的向量组为控制变量，对交互项（INE-

PU×RSC）和商业信用模式（TC_1）之间的动态调整模型进行系统 GMM 估计分析。表 6-20 中第（1）列的系统 GMM 估计结果所报告的统计量表明，系统 GMM 模型检验结果中被解释变量商业信用模式一阶滞后项（L.TC_1）的估计系数为 0.3038，且在 1% 水平上显著正相关（z 值为 3.00），滞后期变量的系数表现为显著正相关关系，表明当期的商业信用模式与前期商业信用模式之间具有显著的正向累计效应。交互项（INEPU×RSC）的系统 GMM 估计系数为 -2.2934，且在 1% 水平上显著负相关（z 值为 -5.83），交互项（INEPU×RSC）与商业信用模式（TC_1）的估计系数由 EPU 系数的 1% 水平显著正相关转变为 1% 水平上显著负相关（t 值由 2.64 转变成 z 值为 -5.83），表明区域社会资本能有效抑制预期经济政策不确定性上升对商业信用模式的正向作用，区域社会资本发展水平越高，预期经济政策不确定性上升对企业获得高成本的商业信用模式融资的正向作用越小，越有利于企业获得低成本的商业信用融资。系统 GMM 估计模型的 Sargan 检验（P 值为 0.4797，大于 0.05）证明工具变量有效，说明在 5% 的显著性水平上，我们不能拒绝工具变量有效性的零假设（P 值大于 0.05），Sargan 检验中模型估计所选用的工具变量是合适的，上述模型的系统 GMM 估计结果中新增工具变量是有效的且不存在过度识别的问题。

表 6-20 中第（2）列是以商业信用获取（TC_2）为被解释变量，以滞后一期（L.TC_2）被解释变量（TC_2）、区域社会资本与经济政策不确定性交互项（INEPU×RSC）为解释变量，总资产收益率（ROA）等变量组成的向量组为控制变量，对交互项（INEPU×RSC）和商业信用获取（TC_2）之间的动态调整模型进行系统 GMM 估计分析。表 6-20 中第（2）列的系统 GMM 估计结果所报告的统计量表明，系统 GMM 模型检验结果中被解释变量商业信用获取一阶滞后项（L.TC_2）的估计系数为 0.7889，且在 1% 水平上显著正相关（z 值为 17.47），滞后期变量的系数表现为显著正相关

关系，表明当期的商业信用获取与前期商业信用获取之间具有显著的正向累计效应。交互项（INEPU×RSC）的系统 GMM 估计系数为 0.7805，且在 1% 水平上显著正相关（z 值为 11.43），交互项（INEPU×RSC）与商业信用获取（TC_2）的估计系数由 EPU 系数的 1% 水平显著负相关转变为 1% 水平上显著正相关（t 值由 -10.37 转变成 z 值为 11.43），表明区域社会资本能有效抑制预期经济政策不确定性上升对商业信用获取的负向作用，区域社会资本发展水平越高，预期经济政策不确定性上升越有利于企业。系统 GMM 估计模型的 Sargan 检验（P 值为 0.3578，大于 0.05）证明工具变量有效，说明在 5% 的显著性水平上，我们不能拒绝工具变量有效性的零假设（P 值大于 0.05），Sargan 检验中模型估计所选用的工具变量是合适的，上述模型的系统 GMM 估计结果中新增工具变量是有效的且不存在过度识别的问题。

表 6-20 中第（3）列是以商业信用供给（TC_3）为被解释变量，以滞后一期（L.TC_3）被解释变量（TC_3）、区域社会资本与经济政策不确定性交互项（INEPU×RSC）为解释变量，总资产收益率（ROA）等变量组成的向量组为控制变量，对交互项（INEPU×RSC）和商业信用供给（TC_3）之间的动态调整模型进行系统 GMM 估计分析。表 6-20 中第（3）列的系统 GMM 估计结果所报告的统计量表明，系统 GMM 模型检验结果中被解释变量商业信用供给一阶滞后项（L.TC_3）的估计系数为 0.5289，且在 1% 水平上显著正相关（z 值为 9.69），滞后期变量的系数表现为显著正相关关系，表明当期的商业信用供给与前期商业信用供给之间具有显著的正向累计效应。交互项（INEPU×RSC）的系统 GMM 估计系数为 -0.6468，且在 1% 水平上显著负相关（z 值为 -5.44），交互项（INEPU×RSC）与商业信用供给（TC_3）的估计系数由 EPU 系数的 5% 水平显著正相关转变为 1% 水平上显著负相关（t 值由 2.41 转变为 -5.44），表明区域社会资本能有效抑制预期经济政策不确

定性上升对商业信用供给的正向作用，区域社会资本发展水平越高，预期经济政策不确定性上升对企业对外提供商业信用融资的正向作用越小，越有利于企业降低被占用的商业信用融资水平。系统GMM估计模型的Sargan检验（P值为0.4408，大于0.05）表明工具变量有效，说明在5%的显著性水平上，我们不能拒绝工具变量有效性的零假设（P值大于0.05），Sargan检验中模型估计所选用的工具变量是合适的，上述模型的系统GMM估计结果中新增工具变量是有效的且不存在过度识别的问题。

表6-20中第（4）列是以净商业信用融资（NTC）为被解释变量，以滞后一期（L.NTC）被解释变量（NTC）、区域社会资本与经济政策不确定性交互项（INEPU×RSC）为解释变量，总资产收益率（ROA）等变量组成的向量组为控制变量，对交互项（INEPU×RSC）和商业信用供给（NTC）之间的动态调整模型进行系统GMM估计分析。表6-20中第（4）列的系统GMM估计结果所报告的统计量表明，系统GMM模型检验结果中被解释变量商业信用供给一阶滞后项（L.NTC）的估计系数为0.6586，且在1%水平上显著正相关（z值为11.95），滞后期变量的系数表现为显著正相关关系，表明当期的净商业信用融资与前期净商业信用融资之间具有显著的正向累计效应。交互项（INEPU×RSC）的系统GMM估计系数为1.8685，且在1%水平上具有显著相关性（z值为20.16），交互项（INEPU×RSC）与净商业信用融资（NTC）的估计系数由EPU系数的1%水平显著负相关转变为1%水平上具有显著正相关性（t值由-7.97转变成z值为20.16），表明区域社会资本能有效抑制预期经济政策不确定性上升对净商业信用融资的负向作用，区域社会资本发展水平越高，预期经济政策不确定性上升对企业获取净商业信用融资（NTC）的负向作用越小，越有利于企业通过商业信用融资的方式间接获得信贷融资。系统GMM估计模型的Sargan检验（P值为0.5217，大于0.05）表明工具变量有效，

说明在5%的显著性水平上，我们不能拒绝工具变量有效性的零假设（P值大于0.05），Sargan检验中模型估计所选用的工具变量是合适的，上述模型的系统GMM估计结果中新增工具变量是有效的且不存在过度识别的问题。

表6-20 经济政策不确定性、区域社会资本与商业信用融资的系统GMM的动态估计稳健性检验

变量	(1) TC_1	(2) TC_2	(3) TC_3	(4) NTC
Intercept	0.7093 *** (4.82)	0.0398 *** (5.71)	0.0911 *** (26.30)	-0.0102 * (-1.81)
L. TC_1	0.3038 *** (3.00)			
L. TC_2		0.7889 *** (17.47)		
L. TC_3			0.5289 *** (9.69)	
L. NTC				0.6586 *** (11.95)
INEPU	-0.9017 *** (-5.08)	0.0093 (0.10)	0.3549 *** (10.05)	0.2560 *** (4.03)
RSC	0.0459 *** (2.61)	-0.0039 (-1.14)	-0.0191 *** (-4.38)	-0.0323 *** (-9.70)
INEPU × RSC	-2.2934 *** (-5.83)	0.7805 *** (11.43)	-0.6468 *** (-5.44)	1.8685 *** (20.16)
ROA	-0.2347 *** (-4.40)	-0.1505 *** (-6.24)	-0.4150 *** (-18.90)	0.1414 *** (4.43)
DEP	-0.1433 (-1.56)	0.1974 *** (7.30)	0.2951 *** (9.46)	0.0627 ** (2.26)

续表

变量	(1) TC_1	(2) TC_2	(3) TC_3	(4) NTC
GDPGR	0.0934***	-0.0014	0.0273***	-0.0366***
	(13.21)	(-1.02)	(13.49)	(-17.02)
FIX	-0.1874***	-0.0746***	-0.0063	-0.0561***
	(-7.13)	(-15.28)	(-1.11)	(-8.70)
DM1	-0.8526***	0.1177***	-0.1529***	0.2938***
	(-25.90)	(13.35)	(-31.42)	(30.43)
RATE	-0.0314***	0.0011	-0.0120***	0.0073***
	(-18.04)	(1.00)	(-25.56)	(5.49)
TOP	-0.4047***	-0.0067*	-0.0059	-0.0148
	(-15.81)	(-1.83)	(-0.85)	(-1.59)
MFE	-0.2647***	0.1092***	0.2016***	-0.1107***
	(-3.29)	(8.04)	(16.10)	(-5.02)
TQ	-0.0066***	-0.0011***	0.0057***	-0.0091***
	(-3.34)	(-3.41)	(11.21)	(-11.96)
SGR	-0.2511***	-0.0038	0.0426***	-0.0237**
	(-12.76)	(-0.36)	(6.31)	(-2.17)
AR(1)	0.0000	0.0000	0.0000	0.0000
AR(2)	0.7826	0.4354	0.6615	0.2502
Sargan 检验	0.4797	0.3578	0.4408	0.5217
N	1488	1488	1488	1488

注：(1)***、**、*分别表示在1%、5%、10%水平上显著；(2)估计系数下方括号中的数值为z统计量；(3)表中结果均使用Stata13.1中的"xtdpdsys"程序分析，并且最多使用三阶被解释变量作为工具变量（maxldep），所有参数估计值都为两阶段GMM估计量。

表6-21中第（1）列是以银行贷款总额（BLA）为被解释变量，以滞后一期（L.BLA）被解释变量（BLA）、区域社会资本与经济政策不确定性交互项（INEPU×RSC）为解释变量，总资产收益率（ROA）等变量组成的向量组为控制变量，对交互项（INEPU×RSC）和银行贷款总额（BLA）之间的动态调整模型进行系统GMM估计分析。表6-21中第（1）列的系统GMM估计结果所报告的统计量表明，一阶滞后项的估计系数为0.7820，且在1%水平上显著正相关（z值为11.25），滞后期变量的系数表现为显著正相关关系，表明当期的银行贷款总额与前期银行贷款总额之间具有显著的正向累计效应。交互项（INEPU×RSC）的系统GMM估计系数为0.6338，且在1%水平上显著正相关（z值为3.32），交互项（INEPU×RSC）与银行贷款总额（BLA）的估计系数由EPU系数的1%水平显著负相关转变为1%水平上显著正相关（t值由-5.89转变为3.32），表明区域社会资本能有效抑制预期经济政策不确定性上升对银行贷款总额的负向作用，区域社会资本发展水平越高，预期经济政策不确定性上升对企业获取银行贷款总额的负向作用越小，获得银行信贷融资金额越大。系统GMM估计模型的Sargan检验（P值为0.2882，大于0.05）表明工具变量有效，说明在5%的显著性水平上，我们不能拒绝工具变量有效性的零假设（P值大于0.05），Sargan检验中模型估计所选用的工具变量是合适的，上述模型的系统GMM估计结果中新增工具变量是有效的且不存在过度识别的问题。

表6-21中第（2）列是以银行贷款期限（BLT）为被解释变量，以滞后一期（L.BLT）被解释变量（BLT）、区域社会资本与经济政策不确定性交互项（INEPU×RSC）为解释变量，总资产收益率（ROA）等变量组成的向量组为控制变量，对交互项（INEPU×RSC）和银行贷款期限（BLT）之间的动态调整模型进行系统GMM估计分析。表6-21中第（2）列的系统GMM估计结果所报

告的统计量表明,一阶滞后项的估计系数为 0.6908,且在 1% 水平上显著正相关(z 值为 16.28),滞后期变量的系数表现为显著正相关关系,表明当期的银行贷款期限与前期银行贷款期限之间具有显著的正向累计效应。交互项(INEPU × RSC)的系统 GMM 估计系数为 4.0295,且在 1% 水平上显著正相关(z 值为 4.58),交互项(INEPU × RSC)与银行贷款期限(BLT)的估计系数由 EPU 系数的 1% 水平显著负相关转变为 1% 水平上显著正相关(t 值由 −3.78 转变为 4.58),表明区域社会资本能有效抑制预期经济政策不确定性上升对银行贷款期限的负向作用,区域社会资本发展水平越高,预期经济政策不确定性上升对银行贷款期限的负向作用越小,企业获取长期银行贷款的比重越大。系统 GMM 估计模型的 Sargan 检验(P 值为 0.4453,大于 0.05)表明工具变量有效,说明在 5% 的显著性水平上,我们不能拒绝工具变量有效性的零假设(P 值大于 0.05),Sargan 检验中模型估计所选用的工具变量是合适的,上述模型的系统 GMM 估计结果中新增工具变量是有效的且不存在过度识别的问题。

表 6−21 中第(3)列是以银行贷款利率(BLR)为被解释变量,以滞后一期(L.BLR)被解释变量(BLR)、区域社会资本与经济政策不确定性交互项(INEPU × RSC)为解释变量,总资产收益率(ROA)等变量组成的向量组为控制变量,对交互项(INEPU × RSC)和银行贷款利率(BLR)之间的动态调整模型系统 GMM 估计分析。表 6−21 中第(3)列的系统 GMM 估计结果所报告的统计量表明,系统 GMM 模型检验结果中被解释变量银行贷款利率一阶滞后项的估计系数为 −0.0106,且在 5% 水平上显著正相关(z 值为 2.49),滞后期变量的系数表现为负相关关系,表明当期的银行贷款利率与前期银行贷款利率之间具有负向累计效应。交互项(INEPU × RSC)的系统 GMM 估计系数为 2.5099,且在 1% 水平上显著相关(z 值为 −9.37),交互项(INEPU × RSC)与银

行贷款利率（BLR）的估计系数由 EPU 系数的不显著转变为 10% 水平上显著正相关（t 值由 0.81 转变为 -9.37），表明区域社会资本能有效抑制预期经济政策不确定性上升对银行贷款利率的正向作用，但是区域社会资本对银行贷款利率的作用较小且不具有显著性。系统 GMM 估计模型的 Sargan 检验（P 值为 0.4035，大于 0.05）表明工具变量有效，说明在 5% 的显著性水平上，我们不能拒绝工具变量有效性的零假设（P 值大于 0.05），Sargan 检验中模型估计所选用的工具变量是合适的，上述模型的系统 GMM 估计结果中新增工具变量是有效的且不存在过度识别的问题。

表 6-21 中第（4）列是以银行贷款方式（BLW）为被解释变量，以滞后一期（L.BLW）被解释变量（BLW）、区域社会资本与经济政策不确定性交互项（INEPU×RSC）为解释变量，总资产收益率（ROA）等变量组成的向量组为控制变量，对交互项（INEPU×RSC）和银行贷款方式（BLW）之间的动态调整模型进行系统 GMM 估计分析。表 6-21 中第（4）列的系统 GMM 估计结果所报告的统计量表明，系统 GMM 模型检验结果中被解释变量银行贷款方式一阶滞后项（L.BLW）的估计系数为 0.6282，且在 1% 水平上显著正相关（z 值为 7.39），滞后期变量的系数表现为显著正相关，表明当期的银行贷款方式与前期银行贷款方式之间具有显著的正向累计效应。交互项（INEPU×RSC）的系统 GMM 估计系数为 -1.6115，且不具有显著相关性（z 值为 -1.27），交互项（INEPU×RSC）与银行贷款方式（BLW）的估计系数由 EPU 系数的 1% 水平显著负相关转变为不具有显著相关性（t 值由 -5.71 转变为 -1.27），表明区域社会资本能有效抑制预期经济政策不确定性上升对银行贷款方式的负向作用，区域社会资本发展水平越高，预期经济政策不确定性上升对银行贷款方式的负向作用越小，企业能够获得更多的信用和担保类银行贷款。系统 GMM 估计模型的 Sargan 检验（P 值为 0.4480，大于 0.05）表明工具变量有效，说明在

5%的显著性水平上，我们不能拒绝工具变量有效性的零假设（P值大于0.05），Sargan检验中模型估计所选用的工具变量是合适的，上述模型的系统GMM估计结果中新增工具变量是有效的且不存在过度识别的问题。

表6-21中第（5）列是以银行贷款偏离度（D_BLA）为被解释变量，以滞后一期（L.D_BLA）被解释变量（D_BLA）、区域社会资本与经济政策不确定性交互项（INEPU×RSC）为解释变量，总资产收益率（ROA）等变量组成的向量组为控制变量，对交互项（INEPU×RSC）和银行贷款偏离度（L.D_BLA）之间的动态调整模型进行系统GMM估计分析。表6-21中第（5）列的系统GMM估计结果所报告的统计量表明，系统GMM模型检验结果中被解释变量银行贷款偏离度一阶滞后项（L.D_BLA）的估计系数为0.6166，且在1%水平上显著正相关（z值为7.39），滞后期变量的系数表现为显著正相关，表明当期的银行贷款偏离度与前期银行贷款偏离度之间具有显著的正向累计效应。交互项（EPU×RSC）的系统GMM估计系数为-3.9520，且在1%水平上具有显著负相关性（z值为-14.85），交互项（INEPU×RSC）与银行贷款偏离度（D_BLA）的估计系数由EPU系数的1%水平显著正相关转变为1%水平上具有显著相关性（t值由5.72转变为-14.85），表明区域社会资本能有效抑制预期经济政策不确定性上升对银行贷款偏离度的正向作用，区域社会资本发展水平越高，预期经济政策不确定性上升对银行贷款偏离度的正向作用越小，企业获得银行贷款的偏离度越小，银行贷款渠道越稳定。系统GMM估计模型的Sargan检验（P值为0.4480，大于0.05）表明工具变量有效，说明在5%的显著性水平上，我们不能拒绝工具变量有效性的零假设（P值大于0.05），Sargan检验中模型估计所选用的工具变量是合适的，上述模型的系统GMM估计结果中新增工具变量是有效的且不存在过度识别的问题。

第 6 章 经济政策不确定性、社会资本与债务融资

表 6 – 21　　经济政策不确定性、区域社会资本与银行债务
融资的系统 GMM 的动态估计稳健性检验

变量	(1) BLA	(2) BLT	(3) BLR	(4) BLW	(5) D_BLA
Intercept	0.0646 *** (8.59)	0.2190 *** (4.13)	8.9877 *** (27.16)	1.7982 *** (22.00)	-0.1060 *** (-12.48)
L.BLA	0.7820 *** (11.25)				
L.BLT		0.6908 *** (16.28)			
L.BLR			0.0106 ** (2.49)		
L.BLW				0.6282 *** (7.39)	
L.D_BLA					0.6166 *** (7.39)
INEPU	0.3264 *** (5.22)	-0.4966 *** (-9.71)	2.8559 (1.44)	5.7647 *** (7.37)	0.2495 *** (4.37)
RSC	-0.0428 *** (-4.27)	0.2104 *** (4.49)	2.3219 *** (11.74)	-0.0792 (-1.46)	0.1740 *** (20.92)
INEPU × RSC	0.6338 *** (3.32)	4.0295 *** (4.58)	-2.5099 *** (-9.37)	-1.6115 (-1.27)	-3.9520 *** (-14.85)
ROA	-0.1495 *** (-5.51)	0.2080 *** (6.58)	-12.6862 *** (-8.25)	-2.0272 *** (-11.86)	-0.6497 *** (-22.89)
DEP	-0.6258 *** (-14.99)	-0.8747 *** (-26.35)	27.3483 *** (14.60)	-2.2379 *** (-9.29)	0.3185 *** (4.85)
GDPGR	0.0035 (0.64)	0.0588 *** (30.33)	0.9432 *** (8.26)	-0.2004 *** (-9.66)	-0.0282 *** (-7.41)
FIX	0.0439 *** (4.19)	-0.1912 *** (-22.48)	2.9240 *** (6.54)	0.8135 *** (8.24)	0.1292 *** (13.74)

续表

变量	(1) BLA	(2) BLT	(3) BLR	(4) BLW	(5) D_BLA
DM1	-0.1516***	-0.2954***	-0.3261	-0.1758***	0.1613***
	(-10.07)	(-33.15)	(-0.45)	(-4.01)	(10.00)
RATE	-0.0048***	-0.0122***	-0.6923***	-0.0545***	0.0288***
	(-5.22)	(-19.04)	(-14.05)	(-5.86)	(16.08)
TOP	0.1001***	-0.1007***	-2.6000***	-1.7079***	0.0954***
	(12.37)	(-12.75)	(-6.19)	(-13.53)	(8.60)
MFE	0.2827***	0.5881***	3.2400***	1.0788***	-0.0160
	(7.79)	(20.79)	(3.17)	(4.24)	(-0.76)
TQ	-0.0028***	-0.0009	0.2295***	-0.0271***	-0.0017
	(-3.60)	(-1.57)	(5.48)	(-11.27)	(-1.44)
SGR	-0.0395***	-0.0688***	-0.4049	0.9609***	0.1670***
	(-4.61)	(-6.12)	(-0.58)	(17.60)	(14.31)
AR(1)	0.0000	0.0000	0.0000	0.0018	0.0000
AR(2)	0.3718	0.7048	0.4266	0.1137	0.9848
Sargan检验	0.2882	0.4453	0.4035	0.6168	0.4480
N	1488	1488	1488	1488	1488

注：(1) ***、**、* 分别表示在1%、5%、10%水平上显著；(2) 估计系数下方括号中的数值为z统计量；(3) 表中结果均使用Stata13.1中的"xtdpdsys"程序分析，并且最多使用三阶被解释变量作为工具变量（maxldep），所有参数估计值都为两阶段GMM估计量。

6.6 本章小结

本书使用沪深两市A股上市民营企业组成的非平衡面板数据为样本，实证检验经济政策不确定性、两个维度的社会资本如何影响商业信用融资和银行债务融资（贷款总额、贷款期限、贷款利率、贷款方式和贷款偏离度），以及社会资本能否有效地抑制预期经济政策不确定性上升对民营企业信用融资和银行债务融资的负面影响。

研究发现：（1）预期经济政策不确定性上升，民营企业使用高成本商业信用融资模式的比例越高、获取商业信用融资的金额越少、对外提供的商业信用融资金额越多、净商业信用融资金额越少；（2）民营企业的社会资本水平越高，经济政策不确定性对使用高成本商业信用融资模式的正向影响作用越弱、对获取商业信用融资负向影响作用越弱、对外提供的商业信用融资正向影响作用越弱、对净商业信用融资负向影响作用越弱；（3）经济政策不确定性越高，民营企业获得银行贷款总额越少、贷款期限越短、贷款利率越高、贷款偏离度越大且贷款担保方式越严格；（4）民营企业的社会资本水平越高，企业获得银行贷款总额越大、贷款期限越长、贷款利率越低、贷款偏离度越小且贷款担保方式越宽松；（5）民营企业的社会资本水平越高，越有助于抑制经济政策不确定性对企业获得银行贷款总额和贷款期限的负向影响，有助于削弱经济政策不确定性对贷款利率、贷款偏离度的正向作用，有助于降低经济政策不确定性对贷款担保方式的要求标准。

第 7 章

结论与展望

7.1 主要研究结论

由于银行贷款和商业信用融资影响因素可能受到外部金融环境和制度环境等的影响,所以基于经济政策不确定性视角(一种基于当前经济政策不确定性对未来经济政策不确定性的判断)和一种非正式制度环境研究公司债务融资方式。通过对中国民营上市公司的融资制度背景进行全面地剖析,本书对社会资本的发展脉络、定义内涵和度量方法进行了详细地阐述,并结合中国融资制度背景构建适合中国上市公司的社会资本综合度量指标体系,对上市公司社会资本的指数特征进行深入地分析。基于中国特殊的融资制度背景,研究宏观经济因素(经济政策不确定性)、社会资本如何影响公司债务融资,以及经济政策不确定性与公司债务融资之间的关系如何受社会资本的影响。

本书基于沪深两市 A 股上市民营企业组成的非平衡面板数据为样本,运用 OLS 回归、固定效应回归等静态估计技术,系统 GMM 等动态估计技术,检验预期经济政策不确定性、三个维度社会资本如何影响公司银行贷款(贷款总额、贷款期限、贷款利率、贷款方式和贷款偏离度)和商业信用融资(商业信用模式、商业信用获取、商业信用供给、净商业信用),以及三个维度的社会资本能否有效地抑制预期经济政策不确定性上升对民营企业银行债务融资和商业信用融资的负面影响。本书的具体研究结论体现在以下几个方面:

第一,预期经济政策不确定性越高,民营企业获得银行贷款总额越少、贷款期限越短、贷款利率越高、贷款偏离度越大且贷款担保方式越严格;民营企业使用高成本商业信用融资模式的比例越高、获取商业信用融资的金额越少、对外提供的商业信用融资金额越多、净商业信用融资金额越少。

第二,民营企业三个维度的社会资本水平越高,企业获得银行贷款总额越大、贷款期限越长、贷款利率越低、贷款偏离度越小且贷款担保方式越宽松;民营企业使用高成本商业信用融资模式的比例越低、获取商业信用融资的金额越多、对外提供的商业信用融资金额越少、净商业信用融资金额越多。

第三,民营企业两个维度的社会资本越高,越有助于抑制预期经济政策不确定性对企业获得银行贷款总额和贷款期限的负向影响,有助于削弱预期经济政策不确定性对贷款利率、贷款偏离度的正向作用,有助于降低预期经济政策不确定性对贷款担保方式的要求标准。预期经济政策不确定性对使用高成本商业信用融资模式的正向影响作用减弱、对获取商业信用融资负向影响作用减弱、对外提供的商业信用融资正向影响作用减弱、对净商业信用融资负向影响作用减弱。

7.2 主要研究创新点

本研究的创新主要体现在:

第一,本书在探讨影响债务融资的因素层面进行了创新,本研究从宏观经济（经济政策不确定性）视角开展债务融资研究，并将社会学领域的社会资本和财务学领域的股价波动性纳入研究框架，构建一个经济政策不确定性、社会资本与债务融资之间关系的理论框架，利用因子分析法、滚动回归、静态面板分析和动态GMM分析等方法将宏观经济现象（经济政策不确定性）、社会资本等现有研究所忽略的因素引入到债务融资研究模型中，丰富和完善已有的研究成果。

第二，本书在探讨社会资本和债务融资研究对象层面进行了创新，突破了社会资本衡量指标的局限，将微观层面（高管社会资本）的衡量指标体系拓展至三个维度，将宏观层面（区域社会资本）的衡量指标体系拓展至四个维度，逐一考察不同层面社会资本对债务融资（银行贷款融资和商业信用融资）的影响关系。首先，本书解决了社会资本是否有效抑制不良宏观经济现象（经济政策不确定性上升）对微观财务行为（债务融资）的负向传导机制问题。目前，虽然从宏观经济的视角研究公司财务行为成为热点，但是国内外几乎没有学者从社会资本的视角研究其成为不良宏观经济现象与微观财务行为之间的"防火墙"作用。

第三，本书在研究债务融资的功能层面进行了创新，为我国民营企业构建社会资本和增强债务融资能力提供理论依据。在实证设计上，本研究在单独检验社会资本如何影响企业债务融资的基础上，进一步将经济政策不确定性与社会资本的交互效应对债务融资的影响纳入研究框架，以反映经济政策不确定性与企业债务融资行为之间的基本关系如何受到社会资本的影响，并考虑研究中的内生性问题和债务融资的多维度问题。本书对上述问题的研究，具有重要的政策参考价值。

7.3 主要研究贡献

本研究是一项涉及公司金融、公司治理、社会学和宏观经济学的交叉学科研究，研究贡献主要在于以下几个方面：

第一，考虑债务融资研究领域中的显性融资（银行债务融资）和隐形融资（商业信用融资），全面系统地分析银行债务融资的价格条款（贷款利率）、非价格条款（银行贷款总额、贷款期限、贷款方式）和银行贷款波动性（贷款偏离度）；分析商业信用融资的信用融资模式、信用融资获取总量、信用融资供给总量和净商业信用。

第二，考虑银行债务融资和商业信用融资之间的联立决定关系，构建面板数据的静态回归分析模型（OLS和固定效应模型）和动态回归分析模型（系统GMM估计分析法），使用工具变量法分别回归分析社会资本与债务融资之间的关系、经济政策不确定性与债务融资之间的关系，并探讨了经济政策不确定性与社会资本之间的交互项与债务融资之间的关系，探寻有利于提高企业银行贷款和信用融资能力的非正式制度因素，以及非正式社会制度因素对不良宏观经济现象（经济政策不确定性）在债务融资活动中的抑制作用，推动公司财务与金融、社会学、债务融资研究、宏观经济与微观财务行为研究等领域的创新和发展。

7.4 政策性启示

第一，本书通过实证检验社会资本对民营企业的银行贷款的影响，为研究非正式制度对企业融资提供了新的证据。首先，本书重新构建了衡量社会资本的指标体系，以样本企业所在省份的宏观层面（民间社会组织人均数量、社会参与度、地区信任度）和微观层面（领导层关系）两个维度对其社会资本的发展状况进行度量。实证检验结果发现，作为非正式制度的社会资本关系网络可以有效地缓解银行机构对民营企业的信贷歧视。这种基于非正式制度的契约关系有利于建立起民营企业与银行金融机构的关系网络。社会资本发展较好的地区和企业能够获得更多的银行贷款金额和更长的贷款期限，社会资本对民营企业获得银行贷款具有显著的促进作用。结合本书的研究结果，在我国市场经济体制建设不完善的条件下，建议民营企业可以通过构建社会资本关系网络降低融资门槛，找到更好的融资途径。

第二，本书的研究成果对于企业的经营管理具有现实意义。如何选择适合企业不同经营环境下的融资方式是管理者最为关心的问题之一。商业信用融资和银行贷款融资作为企业的主要融资方式，其融资模式和规模对企业的经营决策和公司价值都具有重要的影响。在预期经济政策不确定性上升时期，加强企业高管社会资本的构建，将有效地降低融资成本，增强融资能力，从而缓解企业的资金压力；其次，当经济政策不确定性增强时，高管社会资本较高的民营企业应该加大获取商业信用融资的总量，减少银行贷款和股权融资总量；高管社会资本较低的民营企业应该减少获取商业信用融资的总量，构建多元化的融资渠道。本书不仅从理论上提出了社会资本两个层面对经济政策不确定性的抑制作用及其对民营企业融资渠道的影响机制，而且从实践上有助于我们了解民营企业构建高管社会资本和区域社会资本的现实意义，进而对缓解民营企业融资难、融资成本高提供理论依据。

第三，在社会资本发展水平越高的地区，企业间通过商业信用方式进行短期融资越频繁，更容易凭借其经济实力和市场地位获取供应商的商业信用融资。同时，在社会资本发展水平越高的地区，企业银行贷款与商业信用间的"替代效应"就越显著，即企业在获取短期融资的方式选择上具有更大的选择权，这也从侧面间接说明社会资本的发展具有提升经济合作效率和增强企业融资效率的作用。结合本书的研究结果，由于民营企业在融资市场中处于劣势地位，大型金融机构更加倾向于服务国有企业，从而导致占据我国市场"半壁江山"的民营企业发展受到了严重的制约。社会资本发展程度较高地区的民营企业融资能力显著强于社会资本不发达地区的同行业企业，说明非正式的社会制度可以有效地增强经济主体的合作效率，所以培育良好的市场环境是推动我国民营企业增强融资能力的有效措施。建议在当前流动性不足的金融市场环境中，政府部门以及行业协会等机构可以通过加强企业间、政企和银企等关联方的交流，通过构建"软约束"的非正式社会制度间接提高市场主体的合作效率，加强中小金融机构建设力度和创新性融资方式，建立经济主体间的交流平台，为民营企业提供融资便利，从而有效地降低融资市场的准入门槛，为更多的民营企业提供更加公平的金融环境。

7.5　研究局限与未来研究展望

本书的研究局限及未来的研究展望体现如下：

第一，在本书构建的社会资本综合衡量指数中，区域社会资本衡量指标分别采用了中国城市商业信用环境指数官方网站和中国统计年鉴等数据库提供的相关指标。其中，社会信任采用商业信用环境指数和省级区域信任水平两个指标衡量，社会规范采用市场化法律保护指数和 GN 中国城市综合竞争力指数两个衡量指数，社会参与采用社区服务机构、区域献血率和金融发展深度三个衡量指标。上述指标数据均存在一定程度的缺失，因而不能全面地反映和度量出区域社会资本发展水平。在未来的研究中，可寻找更加权威的组织和机构提供的调查数据，建立系统完善的区域社会数据库。

第二，度量社会资本的方法具有一定的局限性。本书采用传统的主成分分析（因子分析）法，采用因子分析法对衡量社会资本的两个指标体系进行降维处理，提取两个社会资本维度的公因子，同时分别计算每个维度所获得公因子的方差贡献率，并以方差贡献率为权数构建社会资本的综合得分指数。这种方法会使综合后的指数信息含量降低，从而影响社会资本度量指标的准确性和完整性。在未来的研究中，通过进一步研究和探讨社会资本的表征指标，从社会关系网络的视角出发，利用最新的结构洞分析法，寻找一种更加合理且信息损失程度较小的社会资本度量方法。

第三，本书探讨了经济政策不确定性、社会资本与债务融资及其股价波动性的关系，当然其他的宏观经济制度也是影响债务融资和股票市场价格的重要制度因素，例如，宏观经济波动、经济周期、货币政策、房地产政策和汇率波动等，在未来的研究中，本研究领域还具有很强的可扩展性，可以更广泛的视角考察宏观经济制度、社会资本与债务融资及其股价波动性之间的影响机理。

参 考 文 献

[1] Abuhommous A. A. The Impact of offering trade credit on firms' profitability [J]. Journal of Corporate Accounting & Finance, 2017, 28 (6): 29 –40.

[2] Agostino M., Trivieri F. Does trade credit affect technical efficiency? Empirical evidence from Italian manufacturing [J]. Journal of Small Business Management, 2018, 12 (3): 99 –118.

[3] Agrawal A., Knoeber C. R., Tsoulouhas T. Ceo succession: Insiders versus outsiders [R]. Social Science Electronic Publishing, 2000.

[4] Allen F., Qian J., Qian M. Law, finance, and economic growth in china [J]. Journal of Financial Economics, 2005, 77 (1): 57 –116.

[5] Anagnostopoulou S. Accounting quality and loan pricing: The effect of cross – country differences in legal enforcement [J]. The International Journal of Accounting, 2017, 52 (2): 178 –200.

[6] Ang J., Cheng Y., Wu C. Social capital, cultural biases, and for investment in high tech firms: evidence from china [R]. SSRN Working Paper, 2009.

[7] Arellano M., Bond S. Some tests of specification for panel data: Monte carlo evidence and an application to employment equations [J]. Review of Economic Studies, 1991, 58 (2): 277 –297.

[8] Barclay M., Smith, C. W. On financial architecture: Lever-

age, maturity, and priority [J]. Journal of Applied Corporate Finance, 1996, 8 (4): 4 - 17.

[9] Baron R. A., Markman G. D. Beyond social capital: The role of entrepreneurs' social competence in the financial success [J]. Journal of Business Venturing, 2003, 18 (1): 41 - 60.

[10] Barro R. J. Inflation and economic growth [J]. Annals of Economics & Finance, 1995, 35: 8 - 29.

[11] Baum C. F. Caglayan M., Ozkan N. The impact of macroeconomic uncertainty on bank lending behavior [J]. Review of Financial Economics, 2002, 15 (4): 289 - 304.

[12] Bakaert G., Hoerova M., Duca M. Risk, uncertainty and monetary policy [J]. Journal of Monetary Economics, 2013, 60 (7): 771 - 788.

[13] Bachmann R., Elster S., Sims E. Uncertainty and economic activity: Evidence from business survey data [J]. American Economic Journal: Macroeconomics, 2013, 5 (2): 217 - 249.

[14] Baker M., Wurgler J. Investor sentiment in the stock market [J]. Journal of economic perspectives. 2007, 21 (2): 129 - 152.

[15] Baker S., Bloom N., Davis, S. Measuring economic policy uncertainty [J]. Quarterly Journal of Economic forthcoming, 2016, 21 (6): 28 - 42.

[16] Baschieri G., Carosi A., Mengoli S. Local ipos, local delistings and the firm location premium [J]. Journal of Banking and Finance, 2015, 53: 67 - 83.

[17] Bekaert G., Engstrom E. Inflation and the stock market: understanding the "fed model" [J]. Journal of Monetary Economics, 2010, 12 (57): 278 - 294.

[18] Bekaert G., Wang X. Inflation risk and the inflation risk

premium [J]. Economic Policy, 2010, 25 (64): 55 - 86.

[19] Bekiros S., Gupta R., Majumdar A. Incorporating economic policy uncertainty in US equity premium models: a nonlinear predictability analysis. Finance Research Letters, 2016.18 (3): 291 - 296.

[20] Bernal O., Gnabo J., and Guilmin G. Economic policy uncertainty and risk spillovers in the Eurozone [J]. Journal of International Money and Finance, 2016, 65 (4): 24 - 45.

[21] Bharath S., Sunder T., Sunder S. V. Accounting quality and debt contracting [J]. Accounting Review, 2008, 83 (1): 1 - 28.

[22] Biais B., Gollier C. Trade credit and credit rationing [J]. Review of Financial Studies, 1997, 10 (4): 03 - 37.

[23] Blundell R., Bond S. Initial conditions and moment restrictions in dynamic panel data models [J]. Journal of Econometrics, 1998, 87 (1): 115 - 143.

[24] Bourdieu P. The forms of capital [M]. Handbook of Theory and Research for the Sociology of Education, 1986, 23 (5): 241 - 258.

[25] Bowles S., Gintis H. Social capital and community governance [J]. Economic Journal, 2002, 112 (487): 419 - 436.

[26] Boytsun A., Deloof M., Matthyssens P. Social norms, social cohesion, and corporate governance [J]. Corporate Governance: An International Review, 2011, 19 (1): 41 - 60.

[27] Bomberger W. Disagreement as a measure of uncertainty [J]. Journal of money, Credit and Banking. 1996, 28 (3): 391 - 415.

[28] Bloom N. The impact of uncertainty shocks [J]. Econometrica, 2009, 77 (3): 623 - 685.

[29] Bloom N., Floetotto M., Jaimovich N. Really uncertain business cycles [R]. Working Paper, 2009.

[30] Bloom N., Bond S., Reenen J. Uncertainty and investment

dynamics [J]. Review of Economic Studies, 2010, 74 (2): 391 - 415.

[31] Bloom N. Fluctuations in uncertainty [J]. Journal of Economic Perspectives, 2014, 28 (2): 153 - 176.

[32] Bromiley P., Cummings L. Transaction costs in organizations with trust [J]. Reserarch in Negotiations, 1995, 20 (31): 220 - 238.

[33] Brogaard J., Detzel A. The asset pricing implications of government economic policy uncertainty [J]. Management Science, 2015, 15 (61): 3 - 18.

[34] Burkart M., Ellingsen T. In - kind finance: A theory of trade credit [J]. American Economic Review, 2004, 94 (3): 569 - 590.

[35] Burt R. S. Structural holes: the social structure of competition [M]. Cambridge: Harvard University Press, 1992.

[36] Cai G., Chen X., Xiao Z. The roles of bank and trade credits: theoretical analysis and empirical evidence [J]. Social Science Electronic Publishing, 2014, 23 (4): 583 - 598.

[37] Cao F., Ye K., Zhang N., Li S. Trade credit financing and stock price crash risk [J]. Journal of International Financial Management & Accounting, 2017, 29 (1): 30 - 56.

[38] Cassar A., Crowley L., Wydick B. The effect of social capital on group loan repayment: evidence from field experiments [J]. The Economic Journal, 2007, 117 (517): 85 - 106.

[39] Caggiano G., Castelnuovo E., Groshenny N. Uncertainty shocks and unemployment dynamics in US recessions [J]. Journal of Monetary Economics, 2014, 67 (3): 78 - 92.

[40] Cfa C. B., Harvey E. The strategic and tactical value of commodity futures [J]. Financial Analysts Journal, 2006, 62 (2):

69 – 97.

[41] Chava S., Roberts M. How does financing impact investment? The Role of Debt Covenants [J]. Journal of Finance, 2008, 63 (5): 85 – 121.

[42] Chen D. Classified boards, the cost of debt, and firm performance [J]. Journal of Banking & Finance, 2012, 36 (12): 346 – 365.

[43] Cheng C., Wang J., Zhang N. Bowling alone, bowling together: Is social capital priced in bank loans? [R]. SSRN Working Paper, 2016.

[44] Christou C., Cunado J., Gupta P., Hassapis C. Economic policy uncertainty and stock market returns in PacificRim countries: Evidence based on a Bayesian panel VAR model [J]. Journal of Multinational Financial Management. 2017, 40 (2): 92 – 102.

[45] Cole R., Sokolyk T. Debt financing, survival, and growth of start – up firms [J]. Journal of Corporate Finance, 2017, 60 (5): 85 – 121.

[46] Coleman J. Foundations of social theory [M]. Cambridge: Harvard University Press, 1990.

[47] Coleman J. Social capital in the creation of human capital [J]. American Journal of Sociology, 1988, 18 (94): 95 – 121.

[48] Costello A., Wittenberg – Moerman R. The impact of financial reporting quality on debt contracting: evidence from internal control weakness reports [J]. Journal of Accounting Research, 2011, 18 (14): 97 – 136.

[49] Colla P., Mele G. Information linkages and correlated trading [J]. Review of Financial Studies, 2010, 23 (1): 203 – 246.

[50] Cunat V. Trade credit: suppliers as debt collectors and insurance providers [J]. Review of Financial Studies, 2007, 20 (2):

491 – 527.

[51] Dass N., Massa M. The impact of a strong bank – firm relationship on the borrowing firm [J]. Review of Financial Studies, 2011, 24 (4): 204 – 260.

[52] Davydov D. Debt structure and corporate performance in emerging markets [J]. Research in International Business and Finance, 2016, 38 (15): 299 – 311.

[53] Damico S., Orphanides A. Uncertainty and disagreement in economic forecasting [R]. Finance and Economics Discussion Series, Federal Reserve Board, 2008.

[54] Demirgüç – Kunt T. Levine, R. Law and firms' access to finance [J]. American Law & Economics Review, 2005, 7 (1): 211 – 252.

[55] Demiroglu C., James C. The information content of bank loan covenants [J]. Review of Financial Studies, 2010, 23 (10): 70 – 107.

[56] Ding S., Liu M., Wu Z. Financial reporting quality and external debt financing constraints: The case of privately held firms [J]. Abacus, 2016, 52 (3): 351 – 373.

[57] Ding Z., Au K., Chiang F. Social trust and angel investors' decisions: A multilevel analysis across nations [J]. Journal of Business Venturing, 2015, 30 (2): 307 – 321.

[58] Du J., Guariglia A. Newman A. Do social capital building strategies influence the financing Behavior of chinese private small and medium – sized enterprises? [J]. Entrepreneurship Theory and Practice, 2013, 3 (6): 1 – 31.

[59] Du J., Guariglia A., Newman A. Does social capital affect the financing decisions of chinese small and medium – sized enterprises?

[J]. Discussion Papers, 2010, 28 (13): 252-276.

[60] Durlauf N., Fafchamps A. Empirical studies of social capital: A critical survey [J]. Journal of Chemical Physics, 2003, 41 (92): 359-376.

[61] Durlauf S. N. On the empirics of social capital [J]. Economic Journal, 2002, 112 (483): 459-479.

[62] Duan Y., Chen W., Zeng Q., Liu Z. Leverage effect, economic policy uncertainty and realized volatility with regime switching [J]. Physica A: Statistical Mechanics and its Applications, 2018, 49 (3): 148-154.

[63] Elsilä A. Trade credit risk management: The role of executive risk-taking incentives [J]. Journal of Business Finance & Accounting, 2015, 42 (10): 188-215.

[64] Engelberg J., Gao P., Parsons C. Friends with money [J]. Journal of Financial Economics, 2012, 103 (1): 169-188.

[65] Engle R., Ghysels E. Stock market volatility and macroeconomic fundamentals [J]. Review of Economics & Statistics, 2013, 95 (3): 776-797.

[66] Fama E., Schwert G. Asset returns and inflation [J]. Journal of Financial Economics, 1977, 5 (2): 115-146.

[67] Fan J., Wong. J. Corporate ownership structure and the informativeness of accounting earnings in East Asia [J]. Journal of Accounting and Economic, 2002, 33 (3): 401-425.

[68] Fan J., Rui O., Zhao M. Public governance and corporate finance: evidence from corruption cases [J]. Journal of Comparative Economics, 2008, 36 (3): 343-364.

[69] Fang L., Yu H., Li L. The effect of economic policy uncertainty on the long-term correlation between US stock and bond mar-

kets [J]. Economic Modelling, 2017, 66 (2): 139 - 145.

[70] Ferrary M. Trust and social capital in the regulation of lending activities [J]. Journal of Behavioral and Experimental Economics, 2003, 31 (6): 673 - 699.

[71] Ferris J. S. A transactions theory of trade credit use [J]. The Quarterly Journal of Economics, 1981, 21 (34): 243 - 270.

[72] Fisman R., Love I. Trade credit, financial intermediary development, and industry growth [J]. The Journal of Finance, 2003, 58 (1): 353 - 374.

[73] Francis B., Hasan I., Koetter M., Wu Q. The effectiveness of corporate boards: evidence from bank loan contracting [R]. Hitotsubashi University Working Paper Series, 2009.

[74] Fukuyama F. Social capital and the modern capitalist economy: creating a high trust workplace [J]. Stern Business Magazine, 1997, 4 (1): 1 - 16.

[75] Fukuyama F. Trust: the social virtues and the creation of prosperity [M]. New York Free Press, 1995.

[76] Ge Y., Qiu J. Financial development, bank discrimination and trade credit [J]. Journal of Banking & Finance, 2007, 31 (2): 513 - 530.

[77] Ge W., Kim B., Song B. Internal governance, legal institutions and bank loan contracting around the world [J]. Journal of Corporate Finance, 2012, 50 (21): 413 - 432.

[78] Giannetti M., Burkart M., Ellingsen T. What you sell is what you lend? Explaining trade credit contracts [J]. Review of Financial Studies, 2011, 24 (4): 261 - 298.

[79] Girardin E., Joyeux R. Macro fundamentals as a source stock market volatility in China: A garch - midas approach [J]. Eco-

nomic Modeling, 2013, 12 (34): 59 -68.

[80] Goss A., Roberts S. The impact of corporate social responsibility on the cost of bank loans [J]. Journal of Banking and Finance, 2011, 35 (7): 94 -110.

[81] Graham J., Li S., Qiu J. Corporate misreporting and bank loan contracting [J]. Journal of Financial Economics, 2008, 89 (1): 44 -61.

[82] Granovetter M. Economic action and social structure: The problem of embeddedness [J]. American Journal of Sociology, 1985, 91 (3): 481 -510.

[83] Grullon S., Underwood J., Weston P. Comovement and investment banking networks [J]. Journal of Financial Economics, 2014, 113 (1): 73 -89.

[84] Gray W., Kern R. Talking your book: Social networks and price discovery [R]. SSRN Working Paper. 2011.

[85] Guiso L., Sapienza P., Zingales L. The role of social capital in financial development [J]. American Economic Review, 2004, 94 (3): 526 -556.

[86] Gupta A., Raman K., Shang C. Social capital and the cost of equity [J]. Journal of Banking & Finance, 2018, 87 (35): 102 -117.

[87] Gulen H., Ion M. Policy uncertainty and corporate investment [J]. The Review of Financial Studies, 2015, 29 (3): 523 -564.

[88] Giordano P., Soederlind P. Inflation forecast uncertainty [J]. European Economic Review, 2003, 47 (6): 1037 -1059.

[89] Gilchrist S., Jae W., Zakrajsek E. Uncertainty, financial frictions, and investment dynamics [J]. Social Science Research Network, 2014, 27 (5): 124 -153.

[90] Haas R., Ferrra D., Taci A. What determines the composi-

tion of banks' loan portfolios? evidence from transition countries [J]. Journal of Banking & Finance, 2010, 34 (2): 388 - 398.

[91] Hanifan L. The rural school community center [J]. Annals of the American Academy of Political & Social Science, 1916, 67 (1): 130 - 138.

[92] Himmelberg C., Glenn R., Love I. Investor protection, ownership, and the cost of capital [R]. Social Science Electronic Publishing, 2002.

[93] Houston J., Jiang L., Lin C., Yue M. Political connections and the cost of bank loans [J]. Journal of Accounting Research, 2014, 52 (1): 193 - 243.

[94] Jackman R. Determinants of economic growth: a cross - country empirical study [J]. American Political Science Review, 1998, 92 (12): 476 - 497.

[95] Jacobson T., Schedvin E. Trade credit and the propagation of corporate failure: an empirical analysis [J]. Econometrica, 2015, 83 (4): 315 - 371.

[96] Javakhadze D., Ferris S., French D. Social capital, investments, and external financing [J]. Journal of Corporate Finance, 2016, 27 (18): 38 - 55.

[97] Jean T., Jean T. The theory of corporate finance [J]. Journal of Risk & Insurance, 2006, 78 (3): 791 - 793.

[98] Jensen M., Meckling H. Theory of the firm: managerial behavior, agency costs and ownership structure [J]. Journal of Financial Economics, 1976, 3 (4): 305 - 360.

[99] Julio B., Yook Y. Political uncertainty and corporate investment cycles [J]. Journal of Finance, 2012, 67 (1): 45 - 83.

[100] Kaplan S., Martel F., Strömberg P. How do legal differ-

ences and experience affect financial contracts? [J]. Journal of Financial Intermediation, 2007, 16 (3): 273 -311.

[101] Karolyi S. Personal lending relationships [J]. The Journal of Finance, 2017, 25 (3): 89 -105.

[102] Kaustia M., Kntipfer S. Peer performance and stock market entry [J]. Journal of Financial Economics, 2012, 104 (2): 321 -338.

[103] Kim M., Surroca J., Tribo J. A. The effect of social capital on financial capital [R]. SSRN Working Paper, 2009.

[104] Kim M., Surroca J. The effect of social capital on financial capital [J]. SSRN Electronic Journal, 2009, 38 (1): 122 -144.

[105] Kim H., Kung H. The asset redeployability channel: how uncertainty affects corporate investment [J]. Review of Financial Studies, 2017, 30 (2): 52 -78.

[106] Kouvelis P., Zhao W. The newsvendor problem and price-only contract when bankruptcy costs exist [J]. Production and Operations Management, 2011, 20 (6): 21 -36.

[107] Kyle J., Sydney Y., Ludvigson C., Serena N. Measuring uncertainty [J]. The American Economic Review, 2015, 105 (3): 1177 -1216.

[108] La Porta R., Lopez – de – Silanes F., Shlfer A., Vishny R. Law and finance [J]. Journal of Political Economy, 1998, 106 (6): 113 -150.

[109] Larcker D., Wang C. Boardroom centrality and firm performance [J]. Journal of Accounting and Economics, 2013, 55 (2): 225 -250.

[110] Lam W., Zhang D. Does policy uncertainty matter for international equity markets? [J]. SSRN Working Paper, 2013.

[111] Le N., Nguyen B. The impact of networking on bank finan-

cing: the case of small and medium - sized enterprises in vietnam [J]. Entrepreneurship Theory and Practice, 2009, 33 (4): 67 - 87.

[112] Li D. , Lu Y. Does trade credit really help? Evidence from china [R]. SSRN Working Paper, 2008.

[113] Liedong A. , Rajwani T. The impact of managerial political ties on corporate overnance and debt financing: evidence from ghana [J]. Long Range Planning, 2017, 57 (2): 131 - 145.

[114] Lin C. , Tsai W. , Hasan I. , Tuan L. Q. Private benefits of control and bank loan contracts [J]. Journal of Corporate Finance, 2018, 49 (28): 324 - 343.

[115] Lin C. , Chen Y. , Yen F. On the determinant of bank loan contracts: the roles of borrowers' ownership and board structures [J]. Quarterly Review of Economics & Finance, 2014, 51 (20): 500 - 512.

[116] Lin Z. , Song B. , Tian Z. Does director - level reputation matter? Evidence from bank loan contracting [J]. Journal of Banking & Finance, 2016, 70 (3): 160 - 176.

[117] Li X. New evidence on economic policy uncertainty and equity premium [J]. Pacific - Basin Finance Journal, 2017, 46 (3): 41 - 56.

[118] Li X. , Peng L. Economic policy uncertainty and comovements between Chinese and US stock markets [J]. Economic Modelling, 2017, 61 (3): 27 - 39.

[119] Liow K. , Liao W. , Huang G. Dynamics of international spillovers and interaction: Evidence from financial market stress and economic policy uncertainty [J]. Economic Modelling 2018, 68 (1): 96 - 116.

[120] Lock Lee L. , Guthrie J. , Gallery N. Corporate social capital

and firm performance [R]. Social Science Electronic Publishing, 2009.

[121] Loury G. A dynamic theory of racial income differences [M]. Lexington: Heath Publishers, 1977, 21 (15): 153 – 186.

[122] Liu Z., Ye Y., Ma F., Liu J. Can economic policy uncertainty help to forecast the volatility: A multifractal perspective [J]. Physica A, 2017, 48 (2): 181 – 188.

[123] Liu L., Zhang T. Economic policy uncertainty and stock market volatility [J]. Finance Research Letters, 2015, 15 (2): 99 – 105.

[124] Ludvigson S., Ng S. The empirical risk – return relation: A factor analysis approach [J]. Journal of Financial Economics, 2007, 83 (1): 171 – 222.

[125] Mansi S., Maxwell F., Miller D. Analyst forecast characteristics and the cost of debt [J]. Review of Accounting Studies, 2011, 16 (1): 116 – 142.

[126] Martínez S., García J., Martínez P. Trade credit policy and firm value [J]. Accounting & Finance, 2012, 53 (3): 91 – 108.

[127] McGuinness G., Hogan T., Powell R. European trade credit use and some survival [J]. Journal of Corporate Finance, 2018, 49 (31): 81 – 103.

[128] Molina C., Preve L. An empirical analysis of the effect of financial distress on trade credit [J]. Financial Management, 2012, 41 (1): 14 – 28.

[129] Mankiw N., Reis R., Wolfers J. Disagreement about inflation expectations [R]. NBER Macroeconomics Annual, 2004: 209 – 270.

[130] Nagar V., Rajan M. Measuring customer relationships: the case of the retail banking industry [J]. Management Science, 2005,

51 (6): 94-119.

[131] Neely C., Rapach E., Tu J., Zhou G. Forecasting the equity risk premium: the role of technical indicator [J]. Management Science, 2014, 60 (7): 1772-1791.

[132] Nilsen J. Trade credit and the bank lending channel [J]. Journal of Money Credit & Banking, 2002, 34 (1): 226-253.

[133] Nguyen N., Phan H. Policy uncertainty and mergers and acquisitions [J]. Journal of Financial & Quantitative Analysis, 2017, 52 (2): 613-644.

[134] Ongena S., Smith D. What determines the number of bank relationships? cross-country evidence [J]. Journal of Financial Intermediation, 2000, 9 (1): 26-56.

[135] Paige Fields L., Fraser D., Subrahmanyam A. Board quality and the cost of debt capital: The case of bank loans [J]. Journal of Banking & Finance, 2012, 36 (5): 136-147.

[136] Pareek A. Information networks: Implications for mutual fund trading behavior and stock returns [R]. SSRN Working Paper, 2012.

[137] Pastor L., Veronesi P. Political uncertainty and risk premia [J]. Journal of Financial Economics, 2013, 21 (110): 520-545.

[138] Peng M., Luo Y. Managerial ties and firm performance in a transition economy: the nature of a micro-macro link [J]. Academy of Management Journal, 2000, 43 (3): 486-501.

[139] Petersen M., Rajan G. Trade credit: theories and evidence [J]. Review of Financial Studies, 1997, 10 (3): 661-691.

[140] Petersen M., Rajan G. The benefits of lending relationships: evidence from small business data [J]. The Journal of Finance, 1994, 49 (1): 3-37.

[141] Portes A. Social capital: Its origins and applications in

modern sociology [J]. Annual Review of Sociology, 1998, 24 (8): 1 - 24.

[142] Putnam R. Making democracy work: civic traditions in modern Italy [M]. Princeton: Princeton University Press, 1993.

[143] Putnam R. Social capital: Measurement and consequences [J]. Canadian Journal of Policy Research, 2001, 2 (1): 41 - 51.

[144] Putnam R. Tuning in, tuning out: the strange disappearance of social capital in American [J]. Ps Political Science & Politics, 1995, 28 (4): 664 - 683.

[145] Putnam R. Bowling alone: The collapse and revival of American community [J]. Annual Review of Sociology, 2000, 41 (3): 327 - 357.

[146] Qian J., Strahan P. How laws and institutions shape financial contracts: The case of bank loans [J]. Journal of Finance, 2007, 62 (6): 83 - 104.

[147] Rahaman M., Zaman A. Management quality and the cost of debt: Does management matter to lenders? [J]. Journal of Banking & Finance, 2013, 37 (3): 54 - 74.

[148] Sabatini F. Social capital and economic development [R]. SSRN Working Paper, 2006.

[149] Skousen C., Song, X., Sun L. Ceo network centrality and bond ratings [J]. Advances in Accounting, 2018, 40 (20): 42 - 60.

[150] Stam W., Arzlanian S., Elfring T. Social capital of entrepreneurs and small firm performance: A meta - analysis of contextual and methodological moderators [J]. Journal of Business Venturing, 2014, 29 (1): 152 - 173.

[151] Stiglitz E., Wepus A. Credit rationing in markets with imperfect Information [J]. American Economic Review, 1981, 71

(3): 393-410.

[152] Stock J., Watson M. Forecasting inflation [J]. Journal of Monetary Economics, 1999, 28 (44): 293-335.

[153] Sycara K. Sharing Inventory risk in supply chain: The implication of financial constraints [J]. Journal of Business Venturing, 2009, 31 (18): 114-128.

[154] Talavera O., Xiong L., Xiong X. Social capital and access to bank financing: The case of chinese entrepreneurs [J]. Emerging Markets Finance and Trade, 2012, 48 (1): 55-69.

[155] Tanaka T. How Do managerial incentives affect the maturity structure of corporate public debt? [J]. Pacific-Basin Finance Journal, 2016, 40 (31): 130-146.

[156] Tsao Y. Trade credit and replenishment decisions considering default risk [J]. Computers & Industrial Engineering, 2017, 21 (17): 184-199.

[157] Tuli K., Bharadwaj S. Customer satisfaction and stock returns risk [R]. Social Science Electronic Publishing, 2013, 73 (6): 184-197.

[158] Van Horen N. Trade credit as a competitiveness tool: Evidence from developing countries [R]. World Bank Working Paper, 2005, 21 (45): 225-249.

[159] Woolcock M., Narayan D. Social capital: Implications for development theory, research, and policy [J]. World Bank Research Observer, 2000, 15 (2): 189-225.

[160] Yeh Y., Shu P., Chiu S. Political connections, corporate governance and preferential bank loans [J]. Pacific-Basin Finance Journal, 2013, 21 (1): 79-101.

[161] Zemzem A., Guesmi K., Ftouhi K. The role of banks in

the governance of nonfinancial firms: evidence from Europe [J]. Research in International Business and Finance, 2017, 42 (38): 84 - 93.

[162] 陈德球, 肖泽忠, 董志勇. 家族控制权结构与银行信贷合约: 寻租还是效率?[J]. 管理世界, 2013 (9): 130 - 143.

[163] 陈汉文, 周中胜. 内部控制质量与企业债务融资成本[J]. 南开管理评论, 2014 (3): 103 - 111.

[164] 陈国进, 张润泽, 赵向琴. 政策不确定性、消费行为与股票资产定价[J]. 世界经济, 2017 (1): 116 - 141.

[165] 陈国进, 张润泽, 姚莲莲. 政策不确定性与股票市场波动溢出效应[J]. 金融经济学研究, 2014, (5): 70 - 78.

[166] 陈胜蓝, 刘晓玲. 经济政策不确定性与公司商业信用供给[J]. 金融研究, 2018 (5): 172 - 190.

[167] 郭斌. 企业债务融资方式选择理论综述及其启示[J]. 金融研究, 2005 (3): 145 - 157.

[168] 胡奕明, 刘奕均. 公允价值会计与市场波动[J]. 会计研究, 2012 (6): 12 - 18.

[169] 李青原, 吴素云, 王红建. 经济政策不确定性与企业银行债务融资[J]. 金融研究, 2015 (11): 125 - 101.

[170] 李维安, 王鹏程, 徐业坤. 慈善捐赠、政治关联与债务融资——民营企业与政府的资源交换行为[J]. 南开管理评论, 2015 (1): 5 - 10.

[171] 李凤羽, 史永东. 经济政策不确定性与企业现金持有策略——基于中国经济政策不确定指数的实证研究[J]. 管理科学学报, 2016 (6): 157 - 170.

[172] 李增泉, 辛显刚, 于旭辉. 金融发展、债务融资约束与金字塔结构——来自民营企业集团的证据[J]. 管理世界, 2008 (1): 123 - 135.

[173] 刘凤委, 李琳, 薛云奎. 信任、交易成本与商业信用

模式[J]．经济研究，2009（8）：130-133．

[174] 罗党论，甄丽明．民营控制、政治关系与企业融资约束——基于中国民营上市公司的经验证据[J]．金融研究，2008（12）：164-178．

[175] 马述忠，张洪胜．集群商业信用与企业出口——对中国出口扩张奇迹的一种解释[J]．经济研究，2017（1）：13-27．

[176] 马文超，胡思玥．货币政策、信贷渠道与资本结构[J]．会计研究，2012（11）：39-48．

[177] 彭俞超，韩珣，李建军．经济政策不确定性与企业金融化[J]．中国工业经济，2018（1）：137-155．

[178] 邱兆祥，刘远亮．宏观经济不确定性与银行资产组合行为：1995~2009[J]．金融研究，2010（11）：34-44．

[179] 饶品贵，岳衡，姜国华．经济政策不确定性与企业存货调整行为[J]．经济学季刊，2016（1）：99-126．

[180] 饶品贵，张会丽．经济政策不确定性与企业现金持有行为[J]．金融研究，2015（1）：101-116．

[181] 饶品贵，岳衡，姜国华．经济政策不确定性与企业投资行为研究[J]．世界经济，2017（2）：27-51．

[182] 石晓军，张顺明．商业信用、融资约束及效率影响[J]．经济研究，2010（1）：102-114．

[183] 沈坤荣，谢勇．不确定性与中国城镇居民储蓄率的实证研究[J]．金融研究，2012（3）：1-13．

[184] 唐松，王俊杰，马杨，孙铮．可抵押资产、社会网络与商业信用[J]．南开管理评论，2017（3）：53-64．

[185] 谭小芬，张文婧．经济政策不确定性影响企业投资的渠道分析[J]．世界经济，2017（12）：25-36．

[186] 江伟，底璐璐，彭晨．客户集中度影响银行长期贷款吗？——来自中国上市公司的经验证据[J]．南开管理评论，

2017（2）：71-80.

［187］江伟，李斌．制度环境、国有产权与银行差别贷款［J］．金融研究，2006（11）：116-126.

［188］王彦超．金融抑制与商业信用二次配置功能［J］．经济研究，2014（6）：86-99.

［189］王营，曹廷求．董事网络增进企业债务融资的作用机理研究［J］．金融研究，2014（7）：189-206.

［190］王义中，宋敏．宏观经济不确定性、资金需求与公司投资［J］．经济研究，2014（2）：4-17.

［191］王红建，李青原，邢斐．经济政策不确定性、现金持有水平及其市场价值［J］．金融研究，2014（9）：53-68.

［192］王福胜，王摄琰．CEO网络嵌入性与企业价值［J］．南开管理评论，2012（15）：75-83.

［193］肖作平，廖理．公司治理影响债务期限水平吗？——来自中国上市公司的经验证据［J］．管理世界，2008（11）：143-156.

［194］肖作平，张樱．社会资本对银行贷款契约的影响［J］．证券市场导报，2014（12）：32-40.

［195］肖作平，张樱．终极控制股东，社会资本与银行贷款契约——来自中国上市公司的经验证据［J］．证券市场导报，2016（4）：35-48.

［196］徐倩．不确定性、股权激励与非效率投资［J］．会计研究，2014（3）：41-48.

［197］杨勇，黄曼丽，宋敏．银行贷款、商业信用融资及我国上市公司的公司治理［J］．南开管理评论，2009（5）：28-37.

［198］杨松令，王淼，刘亭立．董事联盟及其网络位置对股价崩盘风险的影响［J］．数理统计与管理，2018（6）：1115-1124.

［199］游家兴，邹雨菲．社会资本、多元化战略与公司业

绩——基于企业家嵌入性网络的分析视角 [J]. 南开管理评论, 2014 (5): 91-101.

[200] 余明桂, 潘红波. 金融发展、商业信用与产品市场竞争 [J]. 管理世界, 2010 (8): 117-129.

[201] 余明桂, 潘红波. 政府干预、法治、金融发展与国有企业银行贷款 [J]. 金融研究, 2008a (9): 1-22.

[202] 余明桂, 潘红波. 政治关系、制度环境与民营企业银行贷款 [J]. 管理世界, 2008b (8): 9-21.

[203] 袁卫秋, 汪立静. 信息披露质量、货币政策与商业信用融资 [J]. 证券市场导报, 2016 (7): 4-10.

[204] 张纯, 吕伟. 机构投资者、终极产权与融资约束 [J]. 管理世界, 2007 (11): 119-126.

[205] 张纯, 吕伟. 信息披露、市场关注与融资约束 [J]. 会计研究, 2007 (11): 32-38.

[206] 张敦力, 李四海. 社会信任、政治关系与民营企业银行贷款 [J]. 会计研究, 2012 (8): 17-24.

[207] 张杰, 刘元春, 翟福昕, 芦哲. 银行歧视、商业信用与企业发展 [J]. 世界经济, 2013 (9): 94-126.

[208] 张金鑫, 王逸. 会计稳健性与公司融资约束——基于两类稳健性视角的研究 [J]. 会计研究, 2013 (9): 44-50.

[209] 张新民, 王珏, 祝继高. 市场地位、商业信用与企业经营性融资 [J]. 会计研究, 2012 (8): 58-65.

[210] 张永冀, 孟庆斌. 经济政策不确定性与企业资产结构 [J]. 会计研究, 2016 (7): 27-34.

[211] 赵延东, 罗家德. 如何测量社会资本: 一个经验研究综述 [J]. 国外社会科学, 2005 (2): 18-24.

[212] 周定根, 杨晶晶. 商业信用、质量信息传递与企业出口参与 [J]. 管理世界, 2016 (7): 36-50.

[213] 朱凯, 陈信元. 金融发展、审计意见与上市公司融资约束 [J]. 金融研究, 2009 (7): 66-80.

[214] 郑挺国, 尚玉皇. 基于宏观基本面的股市波动度量与预测 [J]. 世界经济, 2014 (12): 118-139.